RECUEIL DES CHARTES

DE

L'ABBAYE ROYALE

DE

MONTMARTRE

PUBLIÉ ET ANNOTÉ

PAR

ÉDOUARD DE BARTHÉLEMY

PARIS
H. CHAMPION, LIBRAIRE
15, Quai Malaquais, 15.

M.D.CCC.LXXXIII.

RECUEIL DES CHARTES

DE L'ABBAYE ROYALE

DE MONTMARTRE

Arcis-sur-Aube. — Imprimerie Léon FRÉMONT

Tirage : 150 Exemplaires

RECUEIL DES CHARTES

DE

L'ABBAYE ROYALE

DE

MONTMARTRE

PUBLIÉ ET ANNOTÉ

PAR

ÉDOUARD DE BARTHÉLEMY

PARIS

H. CHAMPION, LIBRAIRE

15. Quai Malaquais, 15.

M.D.CCC.LXXXIII.

I

EN 1116, Gautier Payen, chevalier, et Hodierne Comtesse, sa femme, possédaient l'église de Montmartre, qui, remontant à une haute antiquité, était, comme bien d'autres édifices sacrés de cette époque, tombée entre des mains laïques ; ils la donnèrent cette même année au prieuré de Saint-Martin des Champs, de l'ordre de Cluny : ils y joignirent assez de terrain pour y installer un monastère, et y ajoutèrent encore le tiers de la dîme et de la seigneurie, la chapelle du Martyre, le cimetière, etc. : cette donation eut lieu très solennellement dans l'église du prieuré de Saint-Martin des Champs, et Bouchard de Montmorency, suzerain de Payen, posa lui-même la charte sur l'autel en renonçant à tous les droits qu'il pouvait personnellement avoir. En 1123, Adam de *Vinerolis*[1], compléta la part

---

1. Vigneux, canton de Boissy-Saint-Léger (Seine-et-Oise).

des dîmes jusqu'à concurrence de la moitié de leur quantité totale [1].

En 1133, lorsque Louis VI, dit le Gros, désira installer à Montmartre une abbaye de femmes, le prieur de Saint-Martin des Champs consentit à un échange, et abandonna au roi l'église de Montmartre avec toutes ses dépendances, les dîmes, la chapelle du Martyre, la culture Morel et la maison de Guerri le changeur, sur laquelle furent établies plus tard les grandes boucheries; il reçut en compensation l'église de Saint-Denis de la Chartre dans la cité. La même année, Pierre le Vénérable, abbé de Cluny[2], et l'évêque de Paris, approuvèrent cet échange ; en 1134, le roi promulga la charte de fondation, déclarant qu'il a bâti, de concert avec sa femme Adélaïde et son fils Louis, une église et une abbaye sur le mont des Martyrs pour des religieuses, auxquelles il donne comme dot le village de Menus[3], des terres et des rentes sises à Saint-Cloud, Paris, Clichy, Chelles, Senlis, Etampes, Melun, Saint-Ouen, Vincennes, Torfou[4], au Bouget (?) et en Gatinois, un four à Paris, une voiture de bois mort par jour dans le bois de Vincennes, les étaux installés près de la maison de Guerri le changeur et la voirie de cette maison achetée à Guillaume de Senlis, le

---

[1]. Cette même année, Etienne, évêque de Paris, décida le sire de Montmorency à renoncer au procès pendant depuis plusieurs années à cause de sa prétention à révoquer sa confirmation. (Sauval, I, 356).

[2]. Le prieuré bénédictin de Saint-Martin-des-Champs, dépendait de l'abbaye de Cluny.

[3]. Ancienne dénomination de ce village, qui reçut à partir du xive siècle celle de Boulogne-sur-Seine.

[4]. Canton de la Ferté-Alais (Seine-et-Oise).

village établi par ledit prince au Préau-Hilduin (depuis Bourg-la-Reine), sa pêche de Paris et le droit d'acquérir librement dans son fief. Le pape Innocent II, en 1137, confirma ce changement, et plus tard le pape Eugène III plaça le monastère sous la protection directe du Saint-Siège en le soumettant à la règle de saint Benoît. Il donna aux religieuses le droit d'élire leurs abbesses, et les rendit justiciables du Saint-Siège, sans l'assentiment duquel on ne pouvait exercer aucune rigueur contre elles.

Louis VII confirma la donation de son père en y ajoutant une rente de 20 livres sur le change de Paris, des biens à Bethisy, le verger, l'étang et le moulin de Saint-Léger, la place aux pêcheurs entre la boucherie et le Châtelet, des terres, vignes et prés au Marais, à Pompone, à Montmartre ; une rente de 5,000 harengs fut fondée par Mathilde, reine d'Angleterre, fille du comte de Boulogne, à prendre dans le port de ce nom (1144)[1].

La maison de Guerri le changeur était située entre le Châtelet et l'ancienne porte de Paris de ce côté ; dès l'époque de la fondation de l'abbaye, cette maison servait de boucherie et était garnie d'étaux et de boutiques. En face étaient les vieilles boucheries dans lesquelles le roi céda deux étaux à Guillaume de Senlis ; cette proximité fit nécessairement surgir des rivalités et des discussions qui forcèrent les religieuses à porter plainte au roi. Louis VII agit nettement ; il coupa

---

[1]. Donation approuvée par Milon, évêque de Thérouane, 1144.

court à tout conflit en supprimant les anciennes boucheries. C'est alors que les bouchers dépossédés, louèrent, pour ne pas être ruinés, la maison de Guerri moyennant un bail de 30 livres de rente; le roi les autorisa à reprendre leur métier et permit aux religieuses d'y annexer une petite maison voisine, donnée par Harcher le changeur (1155). On ajouta à cause de cela deux étaux aux vingt-trois existants et les fermiers prétendirent ne rien devoir pour cette augmentation. Le procès dura longtemps, le roi intervint enfin en 1210 et força les bouchers à élever leur prix de bail à 50 livres. Ceux-ci abandonnèrent alors les étaux qu'ils avaient près de Notre-Dame et, achetant encore quelques boutiques voisines de la maison de Guerri, ils firent en 1333 un grand établissement entouré de murailles qui prit le nom de *Grande Boucherie*.

Louis VI avait fait construire immédiatement les bâtiments nécessaires et réparer l'église paroissiale de Montmartre, en y ajoutant une chapelle pour les religieuses; il fit aussi relever l'ancienne chapelle dite du Martyre[1]. Les auteurs qui se sont occupés de l'abbaye de Montmartre ne pensent pas pouvoir décider d'où fut tirée la colonie chargée d'occuper le monastère et d'y établir la règle de saint Benoît. On sait cependant que la première abbesse fut Adélaïde, religieuse de

---

1. Ce petit bâtiment était construit sur la pente méridionale de la butte, à l'emplacement indiqué par la tradition comme lieu du supplice de saint Denis, — où se trouve aujourd'hui la rue Antoinette. — L'opinion générale est que cette chapelle existait à la fin du viie siècle. Dagobert en fit un lieu d'asile absolu pour les criminels, quelque grands que fussent leurs crimes. L'église paroissiale ne fut probablement élevée qu'au milieu du viiie siècle.

Saint-Pierre de Reims, et il est plus que probable que Montmartre doit être considéré comme fille de ce monastère champenois, car l'usage était que la première colonie fût fournie entièrement par la même maison [1].

Peu de temps après l'installation complète du monastère, il reçut la visite du pape Eugène III qui vint, le 21 avril 1147, officier à Montmartre à l'occasion de l'anniversaire de la découverte du corps de saint Denis, et consacrer sous le vocable de Saint-Pierre la partie occidentale de l'église destinée à devenir paroissiale; le Souverain Pontife eut dans cette cérémonie saint Bernard pour diacre [2] et Pierre-le-Vénérable pour sous-diacre; il perpétua le souvenir de cette journée en accordant des indulgences attachées à la célébration de ces anniversaires. Le 1er juin, Eugène III revint à Montmartre et dédia sous les vocables de la Sainte-Vierge et des saints Denis, Rustique et Eleuthère la partie orientale de la même église, exclusivement réservée aux religieuses, c'est-à-dire le chevet, l'abside et deux chapelles latérales [3]. Des indulgences furent également attachées aux jours commémoratifs de cette nouvelle cérémonie [4] par le pape qui, le 7 juin 1147, signa une bulle confirmative

---

[1]. Saint-Pierre fut fondée par saint Baudri à la fin du VIe siècle.

[2]. Saint Bernard donna à cette occasion à l'abbaye sa tunique en toile d'argent. Tous les riches objets du culte qui servirent à cette cérémonie disparurent avec la plus grande partie des archives dans l'incendie de 1559.

[3]. Ces deux dédicaces furent réunies plus tard et célébrées toutes deux le 21 avril.

[4]. Bulle datée de Meaux 13 juin 1147.

de tous les privilèges du monastère. A cette époque Montmartre comptait parmi ses religieuses la reine Adélaïde, veuve de Louis-le-Gros, puis de Mathieu de Montmorency : elle y mourut en 1154 et fut ensevelie, sur sa demande expresse, devant le maître-autel de l'église paroissiale [1].

II

L'histoire de l'abbaye de Montmartre présente peu de faits intéressants. Louis VII lui reconnut, en revenant de son pèlerinage de Compostelle, la seigneurie de Barbery, près de Senlis, donnée précédemment par sa mère, et les chartes que nous avons recueillies prouveront de la richesse des aumônes faites au monastère pendant le XIIe et le XIIIe siècle. Nous n'avons pas cependant retrouvé la donation faite en 1180 ou 1181 par Constance, comtesse de Toulouse et sœur du roi que mentionnent positivement les auteurs du *Gallia christiana*. Cette princesse constitua au profit des religieuses, sur l'hôpital de Saint-Jean-de-Jérusalem de Paris, une rente de cent sols destinée à payer le chapelain chargé de prier pour Louis-le-Gros, la reine

---

1. L'abbesse Marie de Beauvilliers fit transporter en 1643 ce tombeau dans la chapelle de l'abbaye, et Françoise de Lorraine le fit ensuite restaurer en y ajoutant une épitaphe en vers français. Cette tombe fut encore transférée au XVIIe siècle dans les nouveaux bâtiments réguliers, où elle existait intacte en 1789.

Adélaïde et Louis VII qui venait de mourir. Constance se réservait personnellement la nomination de cet ecclésiastique et l'abandonnait après elle à l'abbesse. La comtesse se fit ensuite céder viagèrement par les religieuses et moyennant une rente de vingt sols la terre de Chaumontel où elle se retira et fonda une chapellenie en mémoire de son fils Guillaume.

Nous mentionnerons l'abbesse Hélissende, qui dressa des règlements pour le régime matériel du monastère (1231), et l'abbesse Mahaut du Frenoy, à la mort de laquelle il se produisit un fait assez obscur (1280). Les religieuses auraient sollicité et obtenu du roi la permission d'élire leur abbesse, ce qui indiquerait que depuis la bulle d'Eugène III il s'était produit de grands changements dans l'organisation de l'abbaye. Le quatorzième siècle fut une période fâcheuse pour Montmartre : pendant la Jacquerie et les luttes qui précédèrent et suivirent cette révolte, Montmartre fut occupé plusieurs fois par les armées ennemies et les religieuses durent souvent chercher un refuge derrière les murs de Paris. Charles V accorda, au mois de juin 1364, des lettres de sauvegarde à l'abbaye, mais il fallut recourir aux grands moyens pour parvenir à recouvrer les biens successivement usurpés au milieu de troubles qui ne rendaient ces déprédations que trop faciles : Hugues Aubriot, prévôt de Paris, fut même impuissant à faire prévaloir le bon droit des religieuses, et, en 1365, le pape Urbain V excommunia tous les détenteurs de propriétés appartenant au monastère.

En 1376, Charles VI fit une neuvaine à la chapelle de l'abbaye pour le rétablissement de sa santé et il vint en grande pompe, peu de temps après, rendre grâces à Dieu de l'avoir sauvé lors de l'incendie qui signala le Ballet des Sauvages exécuté au palais. La fin du siècle fut encore plus fâcheuse, ainsi que le commencement du xv° : les guerres des Armagnac et des Bourguignons amenèrent sans cesse des forces militaires à Montmartre et mirent le comble à la misère du monastère, malgré les efforts du roi qui renouvella les lettres de sauvegarde de son prédécesseur (23 mai 1408) en chargeant encore le prévôt de Paris de les faire exécuter[1] : il n'y avait plus alors que six religieuses dans l'abbaye. Les choses s'aggravèrent cependant de plus en plus et les revenus de la maison furent tellement réduits que, vers 1440, l'abbesse Agnès Desjardins abandonna le monastère qui n'offrait plus de sécurité au milieu des partis ennemis, et se retira dans Paris avec ses religieuses dans l'hôtel du Plat-d'Etain, rue Saint-Honoré. L'état du monastère n'était en effet plus tenable : les bâtiments tombaient en ruine ; les

---

1. En 1382, l'abbesse demanda au connétable de Clisson un détachement de gens d'armes pour garder le monastère et ces gardes semblent avoir été des hôtes incommodes, à en juger par cet extrait de comptes cité par M. Chéronnet dans son *Histoire de Montmartre*, sans en indiquer la source ;

« Il est, le vendredi 16° janvier (1382), payé pour les dépenses de Gérard, chevaucheur du Roy nostre sire, et de plusieurs autres pour défendre aux gens d'armes qu'ils ne fissent du mal à l'église, pour ce, XII sols 4 deniers. »

Un autre compte cité par le même auteur, dressé par Guy Salomon, prêtre, receveur de l'abbaye, en 1403, établit qu'il n'y avait plus au monastère que l'abbesse, la prieure, Agnès de Cluny, sous-prieure, la trésorière et une religieuse, Marie du Condray.

droits seigneuriaux ne produisaient absolument rien ; les fermes du Gatinois rapportaient à peine vingt-six livres par an [1]. Il fallut vendre encore quelques biens pour rendre habitables les dortoirs, empêcher le cloître de tomber (1446) et refaire le clocher et la couverture de l'église (1460). Louis XI dut intervenir et il signa, le 4 février 1468, des lettres chargeant le prévôt de Paris d'assurer lui-même la perception des revenus et de régler l'administration du temporel de l'abbaye ; ce document, que nous reproduisons in-extenso, est des plus intéressants et explique l'état de trouble dans lequel la communauté était également tombé au spirituel. Le hasard des guerres avait naturellement facilité les abus de toutes sortes et les mœurs des religieuses s'en étaient gravement ressentis [2]. L'évêque Jean Simon voulut arrêter ce mal, mais il mourut avant d'avoir pu s'en occuper sérieusement ; Etienne Porcher, son successeur, acheva son œuvre : il choisit des religieuses de l'ordre de Fontevrault, tirées des abbayes de la Madeleine d'Orléans et de Fontaine-les-Senlis, toutes deux nouvellement réformées. En même temps il rédigea des statuts complètement remaniés et renfermant ces deux innovations capitales : création d'un visiteur ; élection de l'abbesse pour trois années seulement (1503)[3]. Comme pour mieux accentuer leur change-

[1]. Chéronnet, d'après le compte que l'abbesse aurait dressé à cette époque, page 86.

[2]. En 1493, il y avait l'abbesse, cinq sœurs et sept religieuses. (Chéronnet, *loc. cit.*)

[3]. Dom Lobineau, qui mentionne ces faits d'après « l'Histoire manuscrite de l'abbaye. »

ment, les religieuses adoptèrent alors la robe blanche à la place de l'habit noir.

L'abbesse Marie Langlois étant morte — avec cette particularité, soit dit en passant, que sentant sa fin arrivée, elle fit célébrer son service solennel quelques heures avant de mourir (9-10 juin 1503), — les religieuses s'empressèrent de demander à l'évêque l'autorisation d'élire une nouvelle abbesse : le prélat refusa. Les sœurs se rassemblèrent alors en chapitre, résolues à passer outre de l'avis de sept avocats consultés ; mais le promoteur diocésain les avertit d'attendre l'arrivée des grands vicaires qui devaient les éclairer et diriger leur choix : elles obéirent et élurent alors Marie Cornu, religieuse, venant de Fontevrault, dont l'évêque désirait l'avènement et autour de laquelle il appella immédiatement d'autres religieuses du même monastère. Mme Cornu s'empressa de révoquer le sieur Garrout, receveur du monastère depuis vingt-huit ans, et de lui substituer Guillaume Dutertre, sergent du Châtelet, qui reçut une procuration dont l'extension témoigne de la confiance absolue qu'il inspirait (11 juillet 1503)[1]. Il dut recourir aux huissiers pour obtenir la reddition des comptes de son prédécesseur et mit rapidement de l'ordre dans les affaires.

---

1. Chéronnet, *loco citato*. — Le même auteur nous apprend que les gages accordés à Guillaume Dutertre étaient de 24 livres par an.

III

L'année 1517 fut signalée par la cérémonie solennelle de la translation des reliques de saint Denis et de ses compagnons de la sacristie de l'église de l'abbaye dans trois riches châsses placées derrière le maître-autel (15 mars). L'abbesse essaya de remédier au désordre du temporel de son abbaye : elle obtint du roi des lettres-patentes du 15 septembre 1522, chargeant le prévôt de Paris et M. de Saint-Just, son chambellan, de nommer une commission pour réduire les spoliateurs du monastère. Guillaume Dutertre, notaire à Boissy-le-Repos, fut choisi par eux et il parvint, mais encore bien imparfaitement, à faire rentrer l'abbaye en possession de quelques-uns de ses domaines. Des baux de cette époque nous montrent la pauvreté des revenus de la maison : l'abbaye recevait 60 livres et 4 septiers de navets par an pour Boulogne et les Menus, près Saint-Cloud (janvier 1537), 60 livres et 12 chapons par an pour la seigneurie de Toufou; 4 muids et 10 septiers de blé, 30 septiers d'avoine pour les dîmes d'Auvers [1].

L'année 1534 fut signalée par la visite d'Ignace de Loyola qui vint avec ses compagnons prononcer ses

---

[1]. Canton de Pontoise (Seine-et-Oise).

vœux pour se consacrer entièrement au service du Christ dans la chapelle des Martyrs [1]. Malheureusement les choses allaient mal pendant ce temps au monastère ; la règle était de nouveau le plus souvent inobservée et les mœurs s'en ressentaient. Le Parlement intervint et ordonna, par un arrêt du 6 septembre 1547, que l'évêque de Paris chargerait les prieurs de Saint-Germain-des-Prés et des Chartreux de visiter l'abbaye et de prendre toutes les mesures nécessaires. L'enquête commença immédiatement, durant laquelle l'abbesse Marguerite Havard fut enfermée avec quelques religieuses dans le couvent des Filles-Dieu ; trois cordeliers se trouvèrent impliqués dans cette affaire qui fut poursuivie activement devant le Parlement, lequel décida l'incarcération de ces pères à Saint-Germain et dans la maison des Chartreux. Les prieurs de Saint-Germain, des Célestins, de Saint-Victor et de Saint-Martin-des-Champs furent ensuite commis à la réforme totale de l'abbaye dont le temporel fut provisoirement séquestré « sous la main du roi. » Dom Lobineau ajoute que cette réformation « dura probablement jusqu'en 1548, » époque où le roi institua une nouvelle abbesse, Catherine de Clermont, qui était dans un couvent de dominicaines à Grenoble, mais qui, par une bizarre coïncidence, vint recevoir l'habit de bénédictine dans l'abbaye de Saint-Pierre de Reims. Elle prit possession de Montmartre le 11 août 1549,

---

1. En 1537 l'abbesse fit refondre toutes les cloches de l'abbaye. (Chéronnet).

comptant soixante religieuses autour d'elle. C'est durant son abbatiat, qui se prolongea jusqu'en 1583, que le monastère fut en grande partie détruit, avec l'église, par un incendie, en 1559, allumé par l'imprudence d'une religieuse dans le dortoir.

Les guerres civiles qui signalèrent la fin du seizième siècle et qui amenèrent si souvent des armées sous les murs de Paris, empêchèrent la réforme de Mme de Clermont de porter des fruits durables, et en 1583 l'abbaye de Montmartre avait le plus déplorable renom. Cette même année, les religieuses procédèrent, sans que le roi songeât à revendiquer son nouveau droit, par élection, au remplacement de leur abbesse, et elles choisirent Claude de Beauvilliers, petite-nièce de Mme de Clermont, qui se démit dès l'année suivante de ses fonctions pour aller diriger l'abbaye de Pont-aux-Dames, après avoir, paraît-il, eu le triste honneur des faveurs du roi : elle avait alors dix-huit ans. Pendant le siège de Paris, une batterie royale fut installée sur les hauteurs de Montmartre et Henri IV était venu pendant la nuit de l'assaut dans l'abbaye pour mieux juger, écrit Sully, du mouvement de ses troupes[1]. Ce fut sous l'abbesse Catherine Havard que le siège s'acheva, et ce nom ne semble pas avoir porté bonheur au mo-

---

[1]. « Sa Majesté ayant partagé son armée en dix parts et icelles ordonnées pour attaquer en mesme temps les fauxbourgs..... s'en alla à l'abbaye de Mont-Martre, où il ne mena avec luy que des vieillards, les gens de plume et les blessés, qui ne pouvaient combattre, au nombre desquels était M. de Sully, auquel elle fit mesme apporter un siège auprès de luy, à sa mesme fenêtre où il entretenait M. du Plessis-Ruzé, M. de Fresne, et, ce nous semble, M. Alibour. » (*Mémoires de Sully*, édit. Michaud et Poujoulat, 2e série, tome II, p. 81).

nastère. Après elle, en 1598, le roi nomma à cet important bénéfice Marie de Beauvilliers qui devait jouer un rôle considérable et des plus salutaires à Montmartre.

Fille du comte de Saint-Agnan et de Marie Babou de la Bourdaisière, Marie de Beauvilliers naquit à la Ferté-Hubert en Sologne, en 1574; elle fut élevée à l'abbaye de Perray, en Anjou, par sa tante de la Bourdaisière, qui la dirigeait, et, après la mort de celle-ci, dans le monastère de Beaumont-les-Tours par une autre tante du même nom. A douze ans, elle fit tant d'instances qu'elle obtint de porter l'habit et elle fut admise à prononcer ses vœux en 1590[1]. Elle fut traitée très sévérement à Beaumont, exerçant successivement les emplois les plus humbles et les plus pénibles, si bien que portant un jour un poids trop pesant, elle se brisa une côte dont elle resta toute sa vie incommodée. Elle fut pourvue de l'abbaye de Montmartre par l'influence de M. de Fresne, son beau-frère, secrétaire d'Etat. On raconte que pendant les deux ans que se firent attendre les bulles d'institution, elle affecta de ne point le remercier, espérant

---

1. Je ne puis comprendre comment les auteurs de la biographie Didot ont pu écrire que Henri IV, lors du siége de Paris, avait remarqué Marie de Beauvilliers et l'avait ensuite délaissée, lui préférant sa cousine Gabrielle d'Estrées ; cette accusation est formellement démentie par les faits : en 1590, Mlle de Beauvilliers était à Beaumont et elle avait à peine seize ans. Ils ont confondu avec sa sœur aînée, Claude, qui était en effet, en 1590, abbesse de Montmartre, et dont la beauté séduisit Henri IV. M. de Lescure, dans son livre sur les *Amours de Henri IV*, commet la même erreur et attribue à Marie de Beauvilliers ce qui appartient à sa sœur aînée.

le mécontenter et par là être déchargée d'un honneur qu'elle redoutait : l'abbesse de Beaumont de son côté pesait beaucoup sur sa nièce pour l'empêcher d'accepter un monastère aussi décrié pour son relâchement. Marie de Beauvilliers se décida cependant à se rendre, en 1598, à Montmartre : elle fut reçue en passant à Paris par le roi qui lui remit 2,000 écus pour les restaurations les plus pressantes : elle fut installée le 7 février par le prieur de Saint-Victor, grand vicaire de l'évêque. La nouvelle abbesse trouva dans le couvent trente-trois religieuses : deux seulement étaient résolues à seconder la nouvelle abbesse dans tous ses efforts ; les autres étaient nettement décidées à vivre à leur guise, le plus agréablement possible.

L'état du monastère était déplorable : les revenus s'élevaient à 2,000 livres, les dettes à 10,000, la grange était saisie, la crosse engagée pour 600 livres, les fermes louées à de prix infimes par la malhonnêteté des gens d'affaires ; les meubles manquaient tellement que M. de Fresne dut en pourvoir complètement sa belle-sœur. Quant aux religieuses, elles n'observaient aucune clôture, aucune règle : « les entretiens de galanterie y étaient fort fréquents, et celles qui jeunoient, le faisoient par force, faute de ressources ; chacune mangeoit à son heure, suivant que ses amis avoient pensé ou non à lui envoyer de quoi se nourrir. » M. de Fresne ayant pris la charge d'envoyer chaque semaine un bœuf, un mouton et du vin, Marie de Beauvilliers put facilement rétablir le souper en commun, mais sans obtenir que les religieuses se soumissent au silence ou écoutassent une lecture ; celles-ci mangeaient des mets servis sur la table, sans s'inquiéter de leur abbesse et de ses deux compagnes qui devaient se contenter du pain bis ou des plats très grossiers. M. de Fresne fut aussi obligé de donner de l'argent pour acheter du bois et subvenir aux premières nécessités, comme enfin d'obtenir de nouvelles sommes du roi pour les travaux les plus urgents et payer les dettes les plus pressantes. Les religieuses de plus en plus mécontentes des efforts de leur abbesse, perdirent toute mesure ; deux fois elles essayèrent vainement de l'empoisonner ; une autre fois, elles décidèrent quelques-unes de « leurs amis » à l'assassiner, mais l'un d'eux recula devant ce crime et prévint Mme de Beauvilliers qui dès lors logea dans une chambre séparée, à porte double et ne mangea plus d'aucun plat qui ne fut préparé par une des deux sœurs converses sur lesquelles on pouvait compter. Le cardinal de Sourdis vint à Montmartre et écouta les plaintes de sa cousine ; il les transmit à l'évêque de Paris qui se transporta dans le monastère, rassembla les religieuses, leur parla très sévèrement et ordonna tout d'abord le rétablissement de la clôture ; toutes se levèrent et s'emportèrent, à ce qu'il paraît, de la façon la plus scandaleuse. Le prélat se retira en promettant à Mme de Beauvilliers de la défendre et en réalité il ne fit rien.

Mme de Beauvilliers, soutenue par son seul directeur, le P. Caufeld, prit résolument son parti ; elle tint un chapitre, déposa la prieure et la cellerière, nomma à ces offices ses deux bonnes religieuses, institua la « moins mauvaise des autres » portière, et ne s'inquiéta pas autrement des plaintes et des injures de ses turbulentes compagnes. Sur ces entrefaites, le P. Ange de Joyeuse succéda au P. Caufeld, rappelé en Angleterre ; il entreprit la conversion de ces malheureuses filles et, au bout de peu de temps, huit seulement demeurèrent récalcitrantes aux sages réformes proposées. Mme de Beauvilliers aurait pu alors quitter Montmartre, car au mois de juillet 1599, M. de Fresne lui offrit Saint-Pierre de Lyon. Elle crut de son devoir d'achever son œuvre et refusa, mais aussi elle se mit à y travailler encore plus activement. En 1600, à l'occasion du grand jubilé, elle obtint du pape un bref l'autorisant à réformer sa maison et à élire son visiteur particulier; et il avait fallu mener cette négociation avec un grand secret, car Sillery, notre ambassadeur auprès du Saint-Siège, avait à Montmartre une tante et deux cousines. Cette manifestation de l'autorité du Souverain Pontife intimida les religieuses opposantes ; elle produisit aussi un bon effet sur le public, car dans le courant de cette année, trois nouvelles recrues prirent le voile à Montmartre.

Mme de Beauvilliers entreprit de reformer le costume de ses religieuses ; elle aurait voulu substituer le noir en blanc, mais ne pouvant y parvenir, elle se rejeta sur les étoffes, la lingerie, les ornements où ces dames trouvaient les moyens d'introduire les arrangements les plus élégants et les moins édifiants.

Bref, sans efforts violents, par l'exemple de l'abbesse d'une part, par les sages conseils du P. de Joyeuse d'autre part, les religieuses acceptèrent assez rapidement la réforme et se soumirent à toutes ses sévérités introduites par Mme de Beauvilliers, et qui n'empêchaient pas les recrues d'affluer [1]. Le dernier changement qu'elle leur imposa fut la robe noire, après avoir eu soin de se munir d'un bref approuvant cette modification [2].

Mme de Beauvilliers, qui avait en même temps la coadjutorerie de l'abbaye de Beaumont, dut s'y rendre après la mort de sa tante arrivée au mois d'avril 1614; mais elle s'en démit au bout de six mois, après y avoir installée sa nièce Anne Babou de la Bourdaisière qui avait le titre de coadjutrice de Montmartre [3]. Mme de Beauvilliers reprit avec bonheur la direction de son monastère (octobre 1614); elle fit alors imprimer les statuts en tenant strictement la main à leur observation [4]. Elle sépara ensuite sa commmunauté en deux sections pour desservir éga-

1. En 1617, l'évêque de Paris autorise les religieuses sur leur demande, à s'abstenir d'aliments gras, tant que leur santé n'en souffrirait pas. En 1731, à l'occasion d'une épidémie, l'archevêque suspendit cette règle, rétablit aussitôt après la fin de la maladie.

2. Approuvé par décision épiscopale du 13 mars 1612.

3. Les religieuses inquiètes de cette absence, firent vœu d'ériger une chapelle à Saint-Benoît si Mme de Beauvilliers leur revenait promptement et elles ne manquèrent pas de se montrer fidèles à leur engagement.

4. Voir *Bibliothèque générale des écrivains de S. Benoit*, tome III, p. 452. — En 1837, M. Gaudreais, curé de Vaugirard a publié les *Conférences spirituelles d'une supérieure à ses religieuses*, supérieure qui n'est autre que Mme de Beauvilliers.

lement l'église d'en haut et celle des Martyrs[1] ; une galerie souterraine réunissait ces deux couvents, dont la séparation dura assez peu de temps[2].

Mme de Beauvilliers mourut dans son abbaye le 21 avril 1657, à 83 ans, après 60 années d'abbatiat, en donnant l'exemple de la plus admirable piété[3].

Il serait injuste de ne pas mentionner les derniers bienfaits de M. de Fresne, mort en 1610, auquel l'abbaye dut les ressources qui lui rendirent son existence matérielle. Il donna 6000 livres pour entourer de murs la vigne située entre l'abbaye et la chapelle des Martyrs ; par testament il demande à être enterré dans l'église du monastère et il lui légua encore 2000 livres et une rente de 334 livres. Sa veuve donna une somme importante pour les travaux exécutés quand Mme de Beauvilliers fit faire le second couvent, qui fut érigé en prieuré de Saint-Denis par décision épiscopale du 7 juin 1622, et constitua une rente de 2700 livres pour y entretenir dix religieuses, à condition que sa sœur ferait la même libéralité.

Mme de Beauvilliers avec les ressources que le roi, Mme de Fresnes et les dons des fidèles lui procurèrent, répara et augmenta la chapelle des Martyrs qui avait été saccagée pendant le siège de Paris. On

---

1. Henri IV était venu avec toute la cour, le 25 juillet 1593, immédiatement après son abjuration, prier sur les tombeaux des saints martyrs.

2. Nous avons emprunté tous ces détails sur Mme de Beauvilliers à l'*Histoire des Ordres religieux* du P. Hélyot.

3. Elle donna pendant son abbatiat le voile à 227 religieuses.

y établit un escalier pour descendre dans la crypte et un mur réunit à l'abbaye et la chapelle et la pièce de vigne qui le séparaît du monastère (juillet 1611). Les travaux firent découvrir une chapelle souterraine, ce qui causa une vive émotion, parceque l'opinion publique en fit aussitôt l'oratoire authentique de saint Denis. Doublet, dans son *Histoire chronologique*[1] a longuement décrit cette crypte qu'il visita sur la demande de l'abbesse. La reine y vint en pèlerinage avec toute la cour ; la foule accourut dans cet humble réduit et les aumônes affluèrent de manière à permettre le prompt et complet achèvement des constructions. Mme de Beauvilliers laissait en mourant l'abbaye dans un rare état de prospérité. Le noviciat qu'elle y avait fondé était une école en grande réputation qui assurait un recrutement exceptionnel pour le monastère. Elle-même faisait à ces jeunes élèves des conférences dont nous avons mentionné tout à l'heure la récente publication. Elle prenait un soin égal des intérêts temporels de la maison, suivant les procès, correspondant elle-même avec les avocats, ne négligeant rien en un mot pour satisfaire aux exigences de la mission qu'elle avait acceptée.

---

1. Pages 211-213. — En 1622, la duchesse de Guise fit construire à ses frais une longue galerie couverte, au milieu de laquelle était une chapelle de Notre-Dame de Lorette, qui réunissait le prieuré à l'abbaye. Cette chapelle devint un lieu très-fréquenté de pélerinage auquel les papes attachèrent d'importantes indulgences. Les nonces y venaient solennellement à leur arrivée et tous les ans le chapitre de Notre-Dame s'y rendait processionnellement. Mme de Beauvilliers y fit encore instituer la Royale Confrérie de saint Denis, à laquelle le roi et tous les grands de la cour se firent associer.

Mme de Beauvilliers, à la prière de Catherine d'Orléans et de Marguerite d'Estouteville, forma une colonie de huit de ses religieuses qui, sous la conduite de Marguerite d'Arbouze, allèrent fonder le prieuré de Notre-Dame des Grâces de la Ville-l'Evêque, le 12 avril 1613. Ces deux maisons furent d'abord unies, quoique la vie fut plus sévère dans le prieuré. La séparation fut prononcée amiablement, le 10 mai 1647, par un concordat souscrit par l'abbesse et la prieure, Louise Le Tellier; le prieuré versa à cette occasion 36,000 livres entre les mains de la trésorière de Montmartre et devint complètement indépendant.

IV

Ce fut encore une abbesse de Saint-Pierre de Reims qui succéda à Mme de Beauvilliers. Françoise-Renée de Lorraine, fille du duc de Guise, avait été remarquée par l'abbesse qui savait avec quel ordre parfait était dirigé le monastère rémois. Elle demanda à Mme de Lorraine de venir auprès d'elle comme coadjutrice et elle fut assez heureuse pour voir son vœu exaucé (1644) : elle n'eût qu'à se louer du choix qu'elle avait fait. Le 24 mai, Mme de Guise prit possession de la dignité abbatiale et cette même année elle reçut Louis XIV qui vint accomplir à Saint-

Denis le vœu fait par sa mère quand il fut si subitement et si gravement malade pendant le siège de Dunkerque ; à cette occasion il fit les frais de la restauration de l'église souterraine [1].

Mme de Guise dirigea l'abbaye pendant vingt-cinq ans. Douée d'une haute intelligence, elle était en relation avec les beaux esprits et les femmes élégantes du temps : le docteur Valant, le médecin de Mme de Sablé et de toute la société précieuse en même temps que de l'abbaye, nous a conservé plusieurs billets d'elle fort galamment tournés. Elle revint visiter son ancienne abbaye de Reims au mois d'octobre 1680 avec une suite nombreuse. Elle mourut à Montmartre le 4 décembre 1682, âgée de soixante-deux ans et fut enterrée dans la cour du prieuré. Son administration avait été très-favorable au monastère ; ce fut elle qui décida la réunion de toutes les religieuses dans le prieuré au lieu de les laisser, partie dans la maison conventuelle, résidence de l'abbesse, en haut de la colline, et partie au prieuré, à mi-côte, organisation qui facilitait les abus et rendait la surveillance très-difficile. Le roi seconda vivement Mme de Guise qui obtint une ordonnance archi-épiscopale en ce sens

---

1. Mme de Guise donna à l'abbaye un splendide soleil en or enrichi de diamants et des vases sacrés d'un grand prix. Le duc son frère lui offrit une crosse en vermeil pesant 35 marcs et du plus riche travail, et un anneau précieux. L'abbesse consacra toute sa fortune aux besoins de l'abbaye, soutint les procès à ses frais, recouvrit ainsi un grand nombre de biens, entr'autre le fief du *Bel-Air*, sis à mi-côte, vers le passage actuel des Beaux-Arts, près du boulevard extérieur, tous ceux du Gâtinois et ceux du Bourg-la-Reine. On assure qu'elle dépensa en outre près de 200,000 livres qu'elle obtint de sa famille.

le 12 août 1681. Le changement matériel ne fut effectué qu'après sa mort, sous l'abbatiat de sa cousine, Marie-Anne de Lorraine, fille du comte d'Harcourt, qu'elle avait élevée et qui se trouva investie de la crosse à l'âge de vingt-cinq ans. Les anciens bâtiments furent abattus, notamment le cloitre et l'hôtel abbatial ; le reste fut mis en location, converti en granges pour le service du monastère qui y installa aussi ses domestiques et une infirmerie pour le cas d'une épidémie. La chapelle fut réunie à l'église paroissiale en y conservant une grille de clôture. Mme de Lorraine mourut le 29 octobre 1699[1]; elle laissait l'abbaye dans un état relativement prospère avec soixante religieuses et douze converses ; les revenus de la maison s'élevaient alors à 28,000 livres auxquelles il convient d'ajouter une pension royale de 6,000 livres. Marie-Eléonore Gigault de Bellefonds, fille du maréchal de Bellefonds, lui succéda et suivit dignement ses exemples, habituée d'ailleurs au gouvernement d'un abbaye, car depuis seize ans, elle était abbesse de Bellefond, près de Rouen. Elle voulut compléter l'œuvre de sa devancière et libérer Montmartre des dettes qui grevaient la maison depuis les dépenses considérables causées par la réunion de toutes les religieuses dans une même maison en 1621 et l'agrandissement des bâtiments. Elle dut vendre les biens de l'abbaye à Bourg-la-Reine et la seigneurie

---

[1]. Voir la lettre circulaire adressée par la prieure à tous les couvents de l'ordre à ce sujet, le 23 décembre 1699 (Bib. Nat.).

de Clignancourt ; elle obtint 25,000 livres de secours du gouvernement et consacra à son entreprise toutes ses ressources personnelles, ce qui ne l'empêcha point de faire exécuter des travaux importants.

Marguerite de Rochechouart-Montpipeau qui lui succéda ne se montra pas moins prévoyante. Prieure de Fontevrault, elle était douée d'une érudition exceptionnelle et d'une rare entente des affaires. Elle sut obtenir encore des dons considérables et se montra très-habile à poursuivre les nombreux procès intentés à Montmartre par plusieurs curés et établissements religieux de Paris. C'est elle qui ordonna le classement et l'inventaire des archives de la maison, précisément pour faciliter les recherches des avocats, faisant copier les pièces altérées, ou existant dans d'autres dépôts. En même temps elle s'occupa de la décoration des bâtiments, de l'assainissement des logements, planta des allées et créa un vaste potager. L'affaire de Law lui fut d'abord avantageuse. La duchesse d'Orléans lui procura dix actions qu'elle vendit à temps et qui lui rapportèrent 39,000 livres; avec lesquelles elle annulla toutes les dettes antérieures à son arrivée ; mais bientôt le remboursement des rentes et les réductions jetèrent Montmartre dans des embarras pénibles (1727). Mme de Rochechouart eût cependant la consolation avant de mourir d'obtenir du roi une nouvelle pension de douze mille livres sur les loteries. Elle fut emportée presque subitement le 22 octobre 1727. Les abbesses qui lui succédèrent n'eurent qu'à suivre la voie tracée par elle et toutes se montrèrent également sages et prévoyantes : toutes trois d'ailleurs avaient fait leurs preuves avant d'arriver à Montmartre. Mme de la Tour d'Auvergne avait été pendant vingt ans abbesse de Villers-Cotterets ; Mme de la Rochefoucauld-Cousage avait dirigé l'abbaye de Saint-Jean, près d'Aurillac ; Mme la duchesse de Montmorency-Laval, depuis bien des années avait pris le voile à Montmartre et avait pu s'inspirer de ces pieux exemples. Elle tenait la crosse quand la Révolution éclata et le 14 août 1791, elle dut, avec ses religieuses, quitter le monastère. Mme de Montmorency se retira à Saint-Denis, d'où elle dût bientôt s'éloigner pour se réfugier à Bondy, chez la marquise de Crussol. C'est là que les agents de la commune vinrent la saisir pour l'emmener, malgré son grand âge et ses infirmités, dans les prisons de Saint-Lazare, puis du Luxembourg, d'où elle ne sortit que pour monter, le 5 thermidor an II (20 juillet 1794), sur l'échafaud révolutionnaire.

A la veille de la Révolution, l'abbaye était redevenue réellement prospère : les bâtiments étaient vastes, bien entretenus, les jardins dans le meilleur état, les revenus étaient régulièrement perçus, les dettes avaient été éteintes [1].

---

1. Le journal des recettes de 1770 au 20 février 1789, conservé aux Archives nationales, constate que le pensionnat de l'abbaye jouissait alors d'une faveur exceptionnelle; pendant cette période on y trouve les noms de la fille du duc de Penthièvre qui donna, en 1770, 8,000 livres pour les boiseries et les tableaux du chœur ; de Mlles de Beaumont, de Bouillé, de Breteuil, de Choiseul, de Cossé, de Maupeou, de Montferrand, de Montault, de Saint-Simon, de la Grange, d'Osmond, de Rochechouart, de Saulx-Tavanes, de Montmorency.

V

Les chartes que nous avons rassemblées, les documents que nous avons dépouillés ne nous ont pas fourni beaucoup de particularités concernant spécialement l'abbaye de Montmartre. Les religieuses firent peu parler d'elles. La volumineuse collection du *Olim* ne contient que deux procès soulevés par elles et encore malgré elles, et tous deux furent jugés en leur faveur. L'un était relatif à un individu qui avait fait sa vendange de vive force dans un pressoir du monastère et qui, absous par le prévôt de Paris, fut condamné en appel par le Parlement ; l'autre était relatif à un prisonnier capturé sur la terre de l'abbaye. Une fois encore l'abbesse eût à s'adresser au Parlement pour faire constater son droit à ériger un gibet dans le village de Barbery qui lui avait été donné par le roi avec toute la justice haute, moyenne et basse. Jamais on n'avait pensé à cette manifestation de la puissance seigneuriale, de sorte que quand Mathilde de Frenay voulut faire dresser la potence, on lui contesta ce droit. La cour par un arrêt rendu pendant l'octave de la Toussaint (1272), autorisa l'abbesse à faire élever des fourches patibulaires, bien que par le passé il n'y en ait pas eu en cet endroit.

Les religieuses suivaient à Montmartre les mêmes règles que dans tous les monastères bénédictins. Nous avons vu qu'en 1231, l'abbesse autorise ses sœurs à se munir de bottes fourrées à cause de la violence du froid et cette mesure est de nature à nous faire supposer qu'on n'exagéra jamais dans cette abbaye les rigueurs de l'observance. Le compte général dressé sous l'abbesse Agnès des Jardins vers 1440 et cité par M. Cherronet, établit ainsi qu'il suit les dépenses des dames de Montmartre.

Chaque religieuse était nourrie et recevait en outre 10 sols à Noël et à Pâques, 6 livres à la Saint-Denis, à la Toussaint, à la Dédicace, à l'Ascension et à la Pentecôte ; 4 livres à la Saint-Remy ; 6 livres pour le Carême ; deux boisseaux de pois, une pinte d'huile de noix, un quart de sel. Le même document établit que l'abbaye entretenait un chapelain qui chantait chaque jour la messe et recevait, outre la table, dix-huit livres par an. Un confesseur ne semble pas avoir été attaché spécialement à la maison, car nous le voyons recevoir quatorze sols chaque fois qu'il venait confesser ou célébrer la messe. Des documents du commencement du seizième siècle constatent qu'il y avait dans la première cour du monastère une communauté composée de prêtres et de frères laïs dits religieux de Montmartre, sous la direction de l'abbesse. Nous n'avons pu retrouver à quelle époque remontait cette institution, qui cependant nous semble relativement récente, car le renseignement fourni par le compte général de 1440 semble établir qu'à cette époque l'abbaye n'avait aucun ecclésiastique à demeure. L'abbaye avait en effet besoin d'un certain nombre de prêtres pour le service de son église d'abord, puis des chapelles du Martyre, de Coquenard, de Sainte-Anne, de Clignancourt et de ses diverses chapelles fondées par la piété des religieuses[1]. En 1533, l'abbesse Antoinette Auger affirme bien sa suprématie sur ce couvent d'hommes, puisqu'elle accorde au frère Florentin Marchand, « religieux de Montmartre, » la permission d'aller recevoir l'ordre de prêtrise à Notre-Dame de Paris.

Nous publions la formule de la profession des religieuses de Montmartre au seizième et au dix-huitième siècles :

« Ego soror Peretta Rouillard, promitto stabilitatem sub clausura, conversionem morum meorum, castitatem, paupertatem et obedientiam secundum statuta reformationis decreto sedis apostolicæ et Stephani Parisiensis episcopi, in hoc loco Montis Martyrum juxta regulam beati Benedicti ordinatam, in honorem Salvatoris, gloriosissimæque Matris ejus, sanctorum martyrum Dionysii et sociorum, beatissima Virginis Ursule, invictissimarum que suarum consortum, in quorum memoriam fundata est hæc ecclesiæ, inpresencia vestra, mater hujus monasterii abbatissa, anno

---

1. *Gallic.*, VII, col. 617. Le prieur prêtait serment devant l'évêque, d'obéissance à l'abbesse. Les auteurs du *Gallic.* indiquent que la formule de ce serment en français est dans la Constitution de Etienne Poncher, évêque de Paris, page 65. Ils ajoutent que la mention de ces frères convers existait depuis la fondation de l'abbaye jusqu'en 1522.

Domini millesimo quingentesimo tricesimo secundo, die vicesima octava mensis Julii. »

(Original sur parchemin).

Il existe dans le même carton, L 1030, plusieurs autres formules conçues en termes identiques, de 1544, 1546, 1675, 1714, 1719, 1725 et 1733. Les dernières sont en français. En voici le texte :

« Je sœur, Anne Boguet, dite de Saint-Hippolyte, promets stabilité sous cloture, conversion de mes mœurs, chasteté, pauvreté et obéissance selon la règle de notre bienheureux père Saint-Benoit, et les statuts de la reforme établie en ce saint lieu du Mont du Martyre, en vertu d'un décret du saint siège apostolique, par révérend père en Dieu Etienne Poncher, autrefois evesque de Paris et Henry de Gondy aussy évesque de Paris, en l'honneur de Nostre Sauveur Jésus-Christ, de sa très sainte mère, des martyrs S. Denis et ses compagnons, de sainte Ursule et ses compagnes, en mémoire desquels cette église est fondée ; en présence de révérendissime et illustrissime princesse Madame Louise-Emélie de la Tour d'Auvergne, mère et abbesse de ce monastère, l'an de grâce mil sept cent trente-trois, du mois d'aoust l'onzième.

Signé : Sœur Anne Boguet, dite de St-Hippolite. »

(Original sur parchemin).

VI

Nous donnerons deux listes chronologiques des abbesses de Montmartre. L'une est celle des auteurs du *Gallia Christiana*, que toutes les personnes qui se sont occupées de l'histoire de ce monastère ont reproduite. L'autre, inédite, est extraite du *Monasticon benedietinum*, dressée par les religieuses de Saint-Germain-des-Prés et conservée à la Bibliothèque Nationale, fond latin, n° 12685.

I

I. Adélaïde, sortie de l'abbaye Saint-Pierre de Reims; portée au jour des nones d'avril dans l'obituaire de l'abbaye Saint-Denis de Reims.

II. Christine de Courtebrone, ou Chrétienne, d'après les bulles d'Innocent II, des calendes d'octobre 1137; elle porte le nom de Christine dans l'acte de donation de quelques terres faite à l'abbaye par Eustache, sire de Courtebrone, son frère, Cécile et Hildeburge, ses sœurs, en 1147.

III. Adèle, mentionnée dans l'acte de cession d'une place à Paris, en 1154. Adélaïde, veuve de Louis-le-Gros et de Mathieu de Montmorency, qui s'était retirée à l'abbaye en 1154, y fut ensevelie sous son abbatiat. Elle obtient une bulle de protection d'Alexandre III en 1163 et vivait encore comme abbesse en 1174.

IV. Elisabeth, était mentionnée en 1179 et 1182 dans des actes d'échange avec le roi. Elle obtint des bulles du pape Innocent III en 1199. Un ancien nécrologe de Saint-Denis constate qu'elle mourut le 3 des nones de janvier.

V. Helisende, paraît en 1218 et 1231.

VI. Petronille, citée en 1239.

VII. Agnès, paraît en 1247 et en 1254 (bulle d'Innocent IV).

VIII. Emeline, en 1260.

IX. Hélisende, mentionnée en juin 126.. (*sic*).

X. Mathilde du Frenoy, 1270, morte en 1280 au mois de janvier ; ensevelie devant le grand autel.

XI. Alips, 1281, morte le premier jour de Carême 1284. Cette même année les religieuses demandèrent à élire leurs abbesses.

XII. Adeline d'Aucilly, 1285, morte, croit-on en 1300, mais démise dès 1299.

XIII. Philippe, 1299, de la famille du sire de Clairembault.

XIV. Ada de Mincy, 1305, morte le jour de S. Cosme, 1317, enterrée devant le maître autel.

XV. Jeanne de Repenti, 1317.

XVI. Jeanne de Valengoujard, 1329, 1348.

XVII. Jeanne de Morteri ou de Morten, paraît en 1354, 1371.

XVIII. Isabelle de Rieux, 1376, 1395.

XIX. Jeanne de Coudray, 1398, morte en 1426 ; l'abbaye demande au roi Henri d'Angleterre la permission d'élire une abbesse.

XX. Simonne d'Herville, morte en 1434.

XXI. Agnès des Jardins, prieure, élue en même temps que Jeanne la Bourguignote, sous-prieure et Guillemette la Servante, préfète du chœur, consacrée en 1439 ; était encore abbesse en 1462.

XXII. Petronille la Harasse, 1463, morte en 1477.

XXIII. Marguerite Langlesche ou Langlois, prête serment à l'évêque à Paris le 9 mai 1477, morte le 11 juin 1503.

XXIV. Marie Cornu, première abbesse élue pour trois ans, de l'abbaye de Fontaines (ordre de Fontevrault), instituée après la réforme par l'évêque de Paris en 1503. Quitte en 1500 pour l'abbaye de la Celle.

XXV. Martine du Moulin, de la Celle, nommée en 1500 ; elle cesse en 1515, passe à l'abbaye de Gercy et mourut en 1535.

XXVI. Claude Mayelle ou Mahielle, de la Celle, élue en 1515. cesse en 1518.

XXVII. Antoinette Augier ou Auger, abbesse de Gissy, élue le 6 novembre 1518, morte en 1526.

XXVIII. Catherine de Charran, élue en 1526.

XXIX. Antoinette Augier, 1532, morte en 1539.

XXX. Marie Cathin, 1540.

XXXI. Jeanne Le Lièvre, morte le 31 mars 1541, enterrée auprès de la précédente.

XXXII. Marguerite de Havard, des sires de Senantes, mars 1542, morte le 18 juillet 1552, enterrée au milieu du chœur.

XXXIII. Catherine de Clermont, première abbesse nommée par le roi, fille du vicomte de Clermont, chambellan du roi ; en 1587, elle s'adjoint comme coadjutrice sa nièce Elisabeth de Crussol qui mourut peu après. Catherine meurt le 11 septembre 1589.

XXXIV. Claude de Beauvilliers, nommé en 1585, passe en 1590 à l'abbaye de Pont-aux-Dames.

XXXV. Catherine II de Havard, élue en 1590.

XXXVI. N. de Senantes [1].

XXXVII. Marie de Beauvilliers, nommée le 7 février 1598, morte le 21 avril 1657.

XXXVIII. Françoise-Renée de Lorraine, fille du duc de Guise, coadjutrice de la précédente le 31 juillet 1644, abbesse le 24 mai 1657, morte le 4 décembre 1682.

XXXIX. Marie-Anne de Lorraine d'Harcourt, fille du comte d'Harcourt et d'Anne d'Ornano, nommée le 26 février 1683, morte à 49 ans, le 29 octobre 1699.

XL. Marie-Eléonore Gigault de Bellefonds, fille du maréchal de Bellefonds et de Madeleine Fouquet, nommée le 24 décembre 1699, installée le 13 juillet 1700, morte à 58 ans, le 28 août 1717.

XLI. Marguerite de Rochechouart de Montpipeau, nommée le 29 août 1717, morte à 62 ans, le 22 octobre 1727.

XLII. Emélie-Louise de la Tour-d'Auvergne, fille du comte d'Auvergne et de Henriette de Hohenzollern, nommée en novembre 1727, se retire paralysée au prieuré du Cherche-Midi en février 1735 et y mourut le 1er juin 1737.

---

1. Les auteurs du *Gallia* ont évidemment fait ici deux personnes de la même abbesse. Eux-mêmes nous ont dit que Catherine II de Havard était de la maison du sire de Senantes, au diocèse de Chartres. Catherine II de Havard et N. de Cenantes ou Senantes ne peuvent donc être que la même personne.

XLIII. Catherine de la Rochefoucauld-Cousage, nommée en 1731, prit possession le 8 juillet.

XLIV. Marie-Louise de Montmorency-Laval, fille du maréchal de Laval, née le 31 décembre 1732, guillotinée en 1794.

Les auteurs du *Gallia* connaissaient le catalogue que nous donnons ci-après et qui ne commence la liste des abbesses qu'à Christine de Courtebrone : voici en quels termes ils le mentionnent :

« (Adelaïs) omittitur in novo abbatissarum catalago
« mox laudato, ubi primus locus datur Christinæ,
« quæ sequitur. »

II

Chronologie des abbesses de Montmartre[1].

I. L'an 1147, Eustache, seigneur de Courtebrone et ses deux sœurs, Cécile et Hildeburge reprirent à cens du monastère quelques terres et héritages qu'ils lui avaient donnés en faveur de l'abbesse *Christine*, leur sœur. — Titre de la dédicace par Eugène III; l'an 1146. L'église dédiée à la Sainte-Vierge et à Saint-Denis. Les habitans n'ayant point d'autre église, le pape leur destina un autel particulier, qu'il dédia à l'honneur de S. Pierre, d'où vient que dans quelques titres l'église est dite de S. Pierre.

---

1. Bib. Nat., lat. 12685, f° 290.

II. *Adèle,* 2ᵉ abbesse tirée de S. Pierre de Reims. Elle mourut en 1174.

III. *Elisabeth,* 3ᵉ abbesse en 1179. Fondation d'un chapelain dans la chapelle des Martyrs, faite par Constance, comtesse de Toulouse, qui donna la somme de 145 livres aux chevaliers de l'hospital de S. Jean en Jérusalem, pour prier Dieu pour les âmes du roy et de la reine, ses père et mère et de son frère Louis-le-Jeune ; et pour establir ce chapelain, moyennant 100 sols de rente annuelle, achat d'une maison pour mettre en fonds ladite somme. — Confirmation par Maurice de Sully l'an 1181. — Cette maison estoit située sur le grand Pont, appellé depuis le Pont-au-Change, à la charge qu'après la mort de Constance, l'institution du chapelain appartiendroit à l'abbesse.

La même princesse Constance prit à rente de l'abbesse Elizabeth le lieu et terre de Chaumontel pour s'y retirer. Elle donna la somme de cent livres et vingt sols de rente annuelle pour la pitance des religieuses le jour de S. Laurent, à la charge que les religieuses feroient l'anniversaire de son fils Guillaume. Elle établit aussi en ce lieu de Chaumontel un chapelain dont l'institution dépendroit après sa mort de l'abbesse. — Confirmation par Henry, évêque de Senlis.

Louis-le-Gros donna à l'abbaye l'usage dans le bois de Vincennes. Philippe-Auguste voulant enfermer ce bois et le clore de murailles, au rapport de Rigord, pour en faire un lieu de chasse (ce qu'il fit l'an 1183), le roy d'Angleterre luy envoya plusieurs sortes d'animaux sauvages, comme des cerfs, des daims, etc. Et le roy, pour dédommager Montmartre donna une maison au village d'Auvers.

— L'an 1199 souscrivent à un bail de rente la prieure, etc. (sic).

— En 1199, commission du pape Innocent III, en faveur de l'abbesse de Montmartre, Elizabeth.

— Sceau d'Elisabeth : un S. Benoist, avec un grand capuce et manches fort larges.

IV. *Hélisende*, abbesse. Le premier acte d'elle vers 1218. Elle fait des ordonnances pour le temporel du monastère, comme on le voit par ses lettres de mars 1231, à la Toussaint qu'on donneroit 3 sols à chaque religieuse pour avoir des bottes.

V. *Pétronille*, 5° abbesse. Première pièce en 1239.

VI. *Agnès*. Première pièce en 1247. En 1254, Innocent IV déchargea l'abbaye de recevoir en religion des filles qui venoient avec des brefs du pape, ou quelques lettres de Légat, à moins qu'elles ne fussent spécialement adressées à Montmartre, et ne portassent spécialement mention de dérogation à ce privilège.

VII. *Emeline*. On trouve le premier acte en février 1260.

VIII. *Mahaut du Frenoy*, le premier acte en 1270. Elle mourut en 1280, en janvier. Son épitaphe est devant le grand autel.

IX. *Alips de Don*. Le premier acte en 1280. Elle mourut en 1284, le premier jour de Caresme. Son épitaphe est aussy devant le grand autel.

X. *Adeline d'Aucilly*. Elle donna une déclaration des biens acquis au roy en 1285. — Elle consentit à abandonner deux maisons dans la rue neuve S. Merry pour y établir une congrégation de veuves (peut-être béguines). Elle mourut en 1300, comme il est marqué sur sa tombe dont on ne lit pas bien l'inscription.

XI. *Ade de Mincy*. Le premier acte en 1305. —
En 1305, un 2ᵉ chapelain fondé à Montmartre pour
avoir soin de faire le service de la chapelle haute ; car
le premier le faisait à la chapelle souterraine. — Ade
confirme la fondation en 1306, le dimanche de Quasimodo, avec les conditions, entre autres, que si elle,
ou ses successerices, vouloit établir un prieuré dans
la chapelle des Martyrs, les deux chapelains céde-
roient leurs bâtimens, en leur donnant un autre loge-
ment. — On donne l'habit de religieuse en mourant à
Marguerite de Mincy, trois fois veuve ; son épitaphe
dit qu'elle est morte en février 1309. — Ade mourut
le jour de S. Cosme 1317 ; sa tombe est devant le
grand autel.

XII. *Jeanne de Repenti*. Le premier acte est de
1317. — Les habitans de Paris qui avoient esté en
pèlerinage à Nostre-Dame de Boulogne-sur-Mer,
firent une confrérie et obtinrent permission de
l'abbesse de Montmartre de bâtir l'église de N.-D.
de Boulogne-sur-Seine, et d'y ériger une confrérie en
1320. Jean XXII, en 1329, à Avignon, donna la
permission de bâtir cette église, qu'elle seroit une
cure, et lui donna des indulgences.

XIII. *Jeanne de Valengoujard*, commença en 1328.
— En 1330, elle consentit à la fondation de l'hospital
de S. Julien des Ménétriers. Cet hospital eut un
sceau dès la mesme année, qui fut vérifié à l'officialité
et au Chastelet de Paris. On ne voit plus rien après
1356.

XIV. *Jeanne de Mortery*. Le premier acte est de
1358. Elle obtient des lettres de protection de
Charles V, et des lettres d'Urbain V. Le dernier
acte est de 1371.

XV. *Isabelle de Rœux* (sic). Point de titre d'elle avant 1376. — Charles VI, tombé en frénésie, fit vœu à Montmartre et à N.-D. de Chartres, il guérit en 1392. — Juvenal des Ursins rapporte que le roy ayant esté sauvé au ballet des sauvages, on fit une procession à Montmartre, et delà à Notre-Dame, où le roy seul estoit à cheval, les princes à pied, et les autres à pieds nuds. — En 1395, comptes rendus devant Isabeau de Rieux (sic), *naguère abbesse*. Peut-être avoit-elle abdiqué.

XVI. *Jeanne du Coudray*. Le premier acte est de 1398. — En 1403, il n'y avoit que six religieuses. — Après 1416, on ne trouve plus rien d'elle.

XVII. *Simonne d'Herville*. Le premier acte est de 1429 ; le dernier de 1434.

XVIII. *Agnès Desjardins*. Le premier acte est de 1436. L'abbaye est si pauvre que l'abbesse n'y demeuroit plus ; elle demeuroit dans le *refuge* à Paris. Dernier acte en 1462.

XIX. *Perronnelle la Harasse* vers 1463, morte en 1477.

XX. *Marguerite l'Anglois*. Premier acte en 1477. — Jean Simon, évesque de Paris, réforme l'abbaye. Marguerite mourut le 4 juin 1503 ; elle avoit fait faire son service avant de mourir, comme si elle eust été morte.

La même année 1503, Etienne Poncher, évêque de Paris, fit élire Marie Cornu, de Fontevrauld, qu'il avoit fait venir de Fontaines dans le diocèse de Senlis avec quelques autres religieuses de l'ordre de Fontevrauld, pour remettre la régularité à Montmartre. Plusieurs commissaires nommez pour examiner les constitutions d'Etienne Poncher, qui les approuvent.

— En 1510, Marie alla à Chelle, quoiqu'à Chelles on dise qu'elle y avoit esté abbesse avant que d'aller à Montmartre; de Chelles, elle alla à Faremoutiers, ou elle mourut abbesse.

XXI. *Martine du Moulin* fut élue, 1510. Le confesseur est appelé *beau-père*, ce qu'on croit venir de *beatus pater*. Il y avait aussi des religieux à Montmartre et même des convers.

XXII. *Claude Mahielle* fut élue en 1515. — Il y avoit un visiteur élu pour les six abbayes de la réforme : Montmartre, Chelles, Malnoue, Val de Grâce, Gif, Gersy. — Catherine le Coigneux fut envoyée pour réformer Gersy. — Claude ne fut abbesse que 4 ans, peut-être mourut-elle sans finir le 2º triennat.

XXIII. *Antoinette Augier*, élue en 1519, jusqu'en 1526.

XXIV. *Catherine de Charran*, élue en 1526.

XXV. *Antoinette Augier* fut rétablie abbesse encore une fois (1533). Elle donna permission à un de ses religieux nommé frère Florentin Marchand de recevoir l'ordre de la prêtrise de l'évêque de Paris. Les lettres de permission sont du 5 juin 1543 ; il étoit profès du 8 juillet 1532. — En 1534, sous cette abbesse, saint Ignace de Loyola et ses neuf compagnons vinrent faire le jour de l'Assomption leurs premiers vœux, dans une chapelle de l'église des Martyrs, etc.

Le P. Halloix, dans la vie de Saint Denys, dit que les pères vinrent encore les deux années suivantes dans le mesme lieu et au mesme jour pour réitérer leurs vœux. — Les jésuites vinrent souvent depuis visiter cette chapelle, principalement aux fêtes de Saint Ignace et de Saint Xavier, et encore plus pendant l'octave de l'Assomption.

XXVI. Vers 1540, il y a eu une *Jeanne Lelièvre*, abbesse, dont on ne trouve rien du tout, sinon que sur sa tombe, elle est nommée abbesse de Montmartre. Elle a avec sa prédécesserice un épitaphe commun, en 1541, le pénultième de Mars, sans dire laquelle des deux, et si elles sont mortes ensemble.

XXVII. De plus un compte rendu en présence de *Marie Cathin*, abbesse, en 1540, le 22 juillet, embarasse encore.

XXVIII. *Marguerite de Havard*, abbesse, receut un compte le 20 mars 1542. — Elle alla aux Filles-Dieu à Paris, pour quelques affaires, ce qui donna occasion en 1548 à Henry II de nommer abbesse *Catherine de Clairmont*, fille de Antoine, vicomte et baron de Clermont, chambellan du roy, sœur de la comtesse de Beauvilliers de S. Aignan, qui étoit dominicaine, et qui prit l'habit à S. Pierre de Reims; elle vint ensuite à Montmartre prendre possession de l'abbaye. — Elle obtint, en 1587, pour coadjutrice Elizabeth de Crussol, sa nièce, et luy donna l'habit. Mais l'abbesse étant morte en 1589, le 11 septembre, la coadjutrice qui n'estoit pas encore professe, après quelques mois quitta l'habit et retourna au siècle.

XXIX. *Claude de Beauvilliers* fut élue en sa place la même année 1589. — En 1594, Henri IV logea à Montmartre pour battre Paris, et se mit dans l'appartement de l'abbesse, et eut soin que les religieuses ne souffrissent de rien. L'abbesse étoit retirée à une terre de sa mère, les jeunes religieuses à Paris, les vieilles restèrent pour la régularité. Le roy ayant abjuré à S. Denys, vint le même jour à Vêpres à Montmartre, fit faire un feu de joie sur la montagne. Depuis il aima toujours cette abbaye, et se disoit religieux de Montmartre. Mme de Beauvillers fut faite par le roy abbesse de Pont-aux-Dames, et quitta Montmartre qu'elle n'avait que par élection.

XXX. *Catherine de Havard* fut élue en 1594.

XXXI. En 1598, le roy donna le brevet à Marie de Beauvilliers, aagée de 34 ans, religieuse de Beaumont-les-Tours. Elle vint en 1598 à Montmartre qu'elle trouva en désordre et y mit la réforme. Ce fut la première qui réforma les filles, elle en a receu à profession 227, dont 40 ont été tirées pour aller réformer d'autres maisons. Mme de Beauvilliers obtint en 1633 pour coadjutrice sa nièce Henriette-Catherine de Beauvilliers, qu'elle avoit élevée dès l'âge de six ans. Elle prit possession le 13 aoust, mais elle mourut l'année suivante. — En 1639, Mme de Beauvilliers obtint le brevet pour Marie-Catherine-Henriette d'Escoubleau, fille du marquis de Sourdis, sa petite-cousine, qu'elle avoit aussi élevée ; mais elle mourut aussy le 18 janvier 1643, aagée de 22 ans. — Enfin elle eut Mme Françoise-Renée de Lorraine, élevée dans l'abbaye de S. Pierre de Reims, dont elle devint abbesse en 1637. En 1644, ayant donné sa démission de S. Pierre, Françoise de Lorraine obtint le brevet de coadjutrice de Montmartre, où elle vint le 29 aoust et en prit possession de la coadjutorerie le 12 décembre. — En 1646, Mme de Chevreuse, fille du prince de Lorraine, duc de Chevreuse, quitta la coadjutorerie de Remiremont et se fit religieuse à Montmartre, où elle fit profession le 5 juin 1647. Sa sœur Henriette fit aussi profession à Montmartre en décembre 1647. — En 1657, 21 avril, Mme de Beauvilliers mourut et ainsy

XXXII. *Françoise-Rénée de Lorraine* se trouva

abbesse. Le card. Barberini, archevêque de Reims la bénit le 24 mai 1657. Elle est morte en 1682.

(Ce catalogue a été dressé par les Bénédictins de S. Germain-des-Prés, et inséré dans leur collection manuscrite, *Monasticon benedictinum*.

VII

Nous complèterons ces indications en reproduisant la lettre de nomination de Marie de Montmorency, comme abbesse de Montmartre.

« Aujourd'huy quatorzième jour du mois de décembre, mil sept cent soixante, le roy étant à Versailles, bien informé des bonnes vie, mœurs, piété, suffisance, capacité et autres vertueuses qualités de la dame Marie-Louise de Montmorency-Laval, religieuse bénédictine, et prieure de l'abbaye de Saint-Julien-du-Pré, diocèse et ville du Mans, et voulant pour ces considérations la gratifier et traiter favorablement; Sa Majesté luy a accordé et fait don de l'abbaye de Montmartre, ordre de S. Benoist, diocèse et fauxbourg de Paris, qui vacque à présent par le décès de la dame de la Rochefoucault, dernière titulaire ; m'ayant Sa Majesté commandé d'expédier toutes lettres et dépêches nécessaires en cour de Rome, pour l'obtention des bulles et provisions apostoliques de ladite abbaye, et cependant pour assurance de sa volonté, le présent brevet, qu'elle a signé de sa main, et fait contresigner par moy ministre secrétaire d'Etat et de ses commandements et finances.

Signé : Louis. — Et plus bas : Phelippeaux. »

(Original sur parchemin) [1].

Il existe dans le même carton deux autres brevets identiques ; l'un en faveur de Marie Gigault de Bellefonds, du 24 décembre 1699 ; l'autre en faveur de Marguerite de Rochechouart de Montpipault, du 13 septembre 1717.

VIII

Dès l'origine, l'abbesse avait eu à Montmartre, haute, moyenne et basse justice ; cette juridiction dite *Forum dominarum*, d'où le nom de *For aux Dames*, avait pour chef-lieu une maison située au bout d'une impasse de la rue de la Heaumerie. C'est là que les audiences se tenaient et qu'étaient les prisons où l'on montrait les chaînes qui auraient servi à attacher saint Denis [2]. La maison était une véritable masure ; la chapelle était au troisième étage et les prisonniers se

---

[1]. Archives Nationales, L. 1030.

[2]. Ce lieu portait également le nom de Croix-du-Triouer on Trahoir, parcequ'une croix s'élevait à cet endroit où se seraient triés les animaux exposés au marché voisin de la rue des Bourdonnais.

plaignirent souvent et avec raison. Un arrêt du Parlement, du 14 avril 1660, ordonna une visite [1] qui amena l'injonction à l'abbesse de faire réparer les locaux sans retard et de transférer la chapelle dans un emplacement plus convenable [2], en attendant la prison fut fermée et les détenus furent transférés « dans les prisons des juridictions où ils doivent estre. »

Le droit de prison pour l'abbesse de Montmartre avait été plusieurs fois attaqué par les officiers royaux, mais une sentence du 23 février 1589 avait constaté le droit plein de l'abbaye [3]. Mais Louis XIV trancha la question et profitant probablement de la mauvaise volonté apportée à la réparation du For-aux-Dames, il supprima cette justice par un édit du mois de février 1674, transféra le siège du baillage au monastère même et rattacha au Chatelet les droits de l'abbesse dans les divers quartiers et faubourgs de Paris. Cette justice avait été jusque-là exercée par un bailli, un

---

1. « La dame abbesse se sert pour prison d'une petite maison qui n'est point propre à l'usage d'une prison, pour estre obscure, malsaine, et les lieux d'icelle sont incommodes que la chapelle est à un troisième estage dans l'épaisseur du mur en forme d'armoire, où tout joignant passe un tuyau d'un aisement qui infecte le prestre qui célèbre la messe lorsqu'il y a changement de temps, ce qui est indécent et ne peut estre souffert. Joint que ladite maison se trouvant située audit lieu qui est un des passages les plus fréquentés de Paris, il y a toujours grand nombre de prisonniers qui y souffrent beaucoup, tant à cause de l'incommodité des lieux que de l'exaction que font continuellement les geoliers et guichetiers, à quoi il est bon de remédier. » (Dom Félibien, v. 167).

2. Arrêt du 14 juin 1660, (Ib. V, p. 169).

3. Sentence du Conseil du roi en la justice du Trésor. (Arch. de l'hôtel de ville).

lieutenant, un procureur fiscal, un greffier et deux sergents, lesquels étaient nommés à titre de récompense d'anciens services et non pas par en vertu d'achat d'office. L'édit de 1674 dépouilla l'abbaye en même temps des droits de deshérence, batardise, confiscations, amendes, lods, ventes, etc.

Le bailli faisait les ordonnances, prenait les arrêtés concernant la voirie, le cimetière de la paroisse, les fontaines, lavoirs, abreuvoirs; il surveillait l'exécution de ses décisions et condamnait les délinquants à l'amende. Son siège fut installé près de l'impasse dit Cour du Pressoir; un petit bâtiment composé d'un rez-de-chaussée, dans lequel on entrait par la cour de l'église paroissiale servait de prison [1]. Le roi signa le 14 avril 1676 de nouvelles lettres patentes, interprétatives de celles de 1674, pour couper court aux prétentions des officiers du Chatelet à retirer la juridiction au bailli de l'abbaye dans la prévoté de Montmartre. Les lettres de 1676 maintinrent « notre chère cousine » l'abbesse et ses religieuses en la possession de tous leurs droits sur les prévôtés de Montmartre, Boulogne-sur-Seine et autres lieux hors Paris et ses faubourgs, lesquels devaient être exercés exclusivement par les officiers du monastère; établirent le siège installé jusque-là au For-aux-Dames en l'auditoire de l'abbaye duquel devaient désormais ressortir les appels des prévôtés de Boulogne, Bourg-la-Reine, Boissy, Herbeauvilliers, etc.

1. *Montmartre*, par M. Michel de Trétaigne, p. 131 et 399.

Les religieuses devaient continuer à recevoir les censives, rentes et autres droits seigneuriaux, sur les maisons et héritages sis à Paris et dans ses faubourgs. Ces sages et formelles prescriptions n'empêchèrent pas les officiers du Châtelet de tourmenter continuellement les dames de Montmartre.

Le cardinal de Retz, en qualité d'abbé de Saint-Denis vendit la seigneurie de Clignancourt à l'abbaye de Montmartre au prix de mille livres payables à la mense abbatiale à chaque mutation d'abbé. La prévôté fut alors annexée à celle de Montmartre qui porta ce double nom, et releva également du For-aux-Dames [1]. Elle fut confondue ensuite dans le nouveau baillage dont les appels allèrent au Parlement de Paris, suivant les lettres patentes de 1674.

Nous avons raconté les débuts de la Grande Boucherie de Montmartre [2] et les procès que les religieuses eurent d'abord à soutenir. Deux siècles se passèrent ensuite tranquillement, mais l'on sait le rôle des bouchers dans les guerres qui signalèrent le commencement du xv° siècle. Le 13 mai 1415 le roi fit abattre ce vaste établissement et ordonna à sa place la construction de quatre boucheries dites boucheries du Roi. Les bouchers, qui en même temps perdaient le privilège de former une corporation, en appelèrent au Conseil d'où ils furent déboutés par lettres paten-

---

[1]. Mais il y eut pour Clignancourt, jusqu'en 1674, lieutenant, procureur et greffier particuliers.

[2]. Elle était à l'endroit où se trouve la Tour Saint-Jacques de la Boucherie.

tes confirmatives, du 3 septembre suivant. Le triomphe du duc de Bourgogne, en 1418, changea cet état de choses ; il devait témoigner sa reconnaissance aux bouchers parisiens qui lui avaient été si dévoués, et en effet il fit publier de nouvelles lettres patentes, datées du mois d'août, déclarant les précédentes nulles et « damnablement faites, » supprimant les boucheries royales et rétablissant la Grande Boucherie en rendant à la corporation tous ses privilèges.

L'abbaye n'avait pas vu sans émotion ces évènements ; elle avait obtenu un arrêt du Parlement, le 3 décembre 1416, condamnant les bouchers dépossédés à payer les loyers dus et constatant le droit d'une indemnité de la part du roi. Pendant deux ans le monastère réclama vainement quand enfin l'intervention du duc de Bourgogne remit toutes les choses dans l'état précédent.

IX

Nous avons déjà parlé de la chapelle du Martyr ; nous résumerons ici les principaux traits de son histoire [1].

Louis VI, comme nous l'avons dit, l'annexa à l'abbaye des religieuses de Montmartre et la fit rebâtir entièrement. Une des chartes que nous publions

---

1. Voir le livre de M. Cherronnet.

constate la libéralité de Constance de Toulouse qui y institua une chapellenie dont la nomination appartint après elle à l'abbesse. Philippe-le-Bel ajouta 20 livres parisis de rente sur le Trésor à la dot de la chapelle et Hermer, écuyer, y établit une seconde chapellenie affectée à des prières pour le repos de l'âme de Philippe-le-Hardi et la reine sa femme. Le roi confirma cette constitution par lettres patentes du mois d'octobre 1304 en autorisant le donateur à disposer en faveur de cette nouvelle chapellenie d'une rente de 20 livres sur le Trésor dont il jouissait ; une pièce de vigne sise au lieu dit la Carrière fut affectée à la nourriture du chapelain pour lequel Hermer fit ensuite construire une maison où il demeura jusqu'à sa mort. En 1347, l'abbesse dut intervenir pour fixer les droits respectifs de chacun des deux chapelains : l'une des chapelles avait son autel dans une sorte de crypte, la seconde dans un petit oratoire construit au-dessus, aux frais de la comtesse Constance de Toulouse. C'est dans la première que les orfèvres de Paris erigèrent leur confrérie de Saint-Denis. Jusqu'en 1483, ils ne purent en avoir les clefs qui devaient être déposées chez l'abbesse.

Nous avons mentionné la visite d'Ignace de Loyola et de ses compagnons. Nous constatons ensuite que les guerres religieuses amenèrent sans cesse des armées sous les murs de Paris et l'abbé Lebeuf nous apprend qu'en 1598 la chapelle était totalement ruinée, son autel démoli et la voûte effondrée. Une réparation au moins sommaire dut être promptement exécutée, car en 1604, le cardinal de Bérulle y amena une députation de trois religieuses compagnes de sainte Thérèse envoyées en pèlerinage auprès des reliques de Saint-Denis et en 1608[1] les orfèvres y firent célébrer solennellement la fête de Saint-Denis et celle de la Dédicace. En 1611, Mme de Beauvilliers fit reconstruire cet intéressant oratoire dans de plus grandes proportions et elle obtint son érection en prieuré par décision épiscopale du 7 juin 1622 ; dix religieuses furent installées dans un bâtiment bâti dans ce but et elles y commencèrent l'office quotidien. On sait que plus tard des bâtiments considérables y furent élevés et que toute la communauté y descendit.

Depuis aucun incident ne signale les annales de la chapelle du Martyr incessamment visitée par une foule immense et les personnages les plus considérables. Elle fut vendue nationalement en 1790 et immédiatement démolie. Il n'en reste plus la moindre trace.

---

1. Les orfèvres s'approprièrent les offrandes de ces services illégalement célébrés le même jour qu'on les fêtait à l'abbaye. L'affaire fut portée au Parlement qui décida que les orfèvres auraient à demander la permission à l'abbesse, lui remettre les offrandes et ne célébrer les fêtes que le lendemain du jour où elles tombaient (16 avril 1609). Un autre arrêt du 23 avril 1610 ordonna aux religieuses à ces conditions de ne troubler en rien la jouissance de la confrérie. Un troisième arrêt, du 27 août 1611 fut encore nécessaire pour régler les heures des offices et les rapports entre l'abbaye et les orfèvres. Jacques du Breul dans son *Théâtre des antiquités de Paris* (1612) a inséré ces trois arrêts in-extenso.

X

Nous donnons ici l'extrait d'une lettre où est décrite la procession septennaire, faite le 1er mai 1728 à l'abbaye de Montmartre [1] :

« Je satisfais, Monsieur, à ce que vous souhaitez de moi, au sujet de la grande procession que l'abbaye de S. Denys fait tous les sept ans à celle de Montmartre. . . . .
Avant la réforme des deux monastères, les religieuses donnoient à diner aux religieux dans leur réfectoire, et ils dinoient tous ensemble. Mais la réforme a aboli cet usage, et les religieux de l'abbaye de S. Denis font porter à Montmartre ce qui est nécessaire pour leur repas, qui ne consiste qu'en beurre frais, en raves, deux œufs et un morceau de pâté de poisson. Ils donnent la même chose aux chanoines, aux curés et clergé, aux récollets, aux officiers de justice et de la ville de S. Denis, sans parler des arquebusiers, des suisses, bedeaux et autres personnes qui se trouvent à la procession... Les religieuses ne fournissent que les logements nécessaires, les tables et les couverts.

---

1. Une lettre analogue est imprimée dans le *Mercure* du mois de juillet 1742.

Nous indiquerons encore le *Cérémonial monastique de Montmartre*, par D. Pierre de Sainte-Catherine, in-4°, Paris, 1699, et la *Représentation d'une chapelle souterraine trouvée à Montmartre en 1611*. Paris, in-folio, 1611. — Léon de Saint-Jean écrivit aussi l'*Abrégé des antiquités de l'abbaye de Montmartre*, imprimé dans la *Vie de Saint-Denis*. Paris, in-8°, 1661.

Voici quel est l'ordre et la cérémonie de cette procession. Les dames de Montmartre envoyent à une heure marquée tout leur clergé au-devant de la procession de S. Denis, jusqu'au village de Clignancourt. Ls clergé de Montmartre, auquel préside toujours un abbé de distinction... (c'étoit cette année M. l'abbé de Roye), ce clergé, dis-je, s'étant avancé jusqu'au milieu des religieux de S. Denis, l'abbé président, revêtu de chappe, aussi bien que les deux assistans, se place devant le chef de S. Denis et l'encense. Il encense ensuite le religieux qui doit célébrer la messe. Cependant les religieux chantent l'antienne O *beate Dionisi*, etc., après laquelle le célébrant chante le verset et l'oraison ordinaire. Pendant ce temps, l'abbé encense tout du long de la procession de S. Denis.

Le clergé de Montmartre, suivi de l'abbé président et de la justice de cette abbaye, avance en même temps pour prendre sa place à la tête de la procession de S. Denis, et on continue la marche vers l'église de Montmartre. Lorsque le clergé est arrivé, il se met en haye au bas de cette église, et les deux assistans encensent toute la procession. Lorsque le chef arrive, ceux qui le portent s'arrêtent, et M. l'abbé l'encense trois fois, et se retire avec le clergé de Montmartre.

Tous les religieux étant entrés dans le chœur extérieur, chantent un répons de S. Denis, et ensuite les religieuses qui sont toutes devant la grille chantent une antienne après laquelle le célébrant chante le verset et l'oraison, et tout de suite on va se préparer pour la grand'messe qui est célébrée par le grand prieur de l'abbaye S. Denis, assisté de ses religieux

Cependant tous les autres religieux de la Procession entrent dans le chœur intérieur des religieuses par la porte dite *des Sacremens*, selon la permission de S. E. M. le cardinal de Noailles, donnée en 1721, et les cinq chantres revêtus de chappes commencent solennellement la messe que les religieux poursuivent avec l'orgue et les cérémonies accoutumières.

Cette messe étant finie, le père sous-prieur, assisté de tous ses officiers religieux, se dispose à dire la seconde messe que les dames religieuses chantent ; pendant laquelle la communauté de S. Denis et les autres corps qui ont accompagné la procession, vont prendre leur repas. Après la seconde messe, les officiers qui y ont assisté, font la même chose, et ensuite on se dispose pour le retour de la procession en cette manière.

Les religieux étant assemblés dans le chœur extérieur, le grand-prieur, le sous-prieur et le doyen de l'abbaye de S. Denis s'y rendent, et le grand-prieur ayant entonné le *Te Deum* devant l'autel, cet hymne est continué par l'orgue. Cependant ces trois religieux montent à la grille, et la trésorière met entre les mains du grand-prieur un ange de vermeil doré qui porte un reliquaire d'or enrichi de pierreries, dans lequel est une relique de S. Denis, et il la présente à baiser à l'abbesse et à toutes les religieuses, qui chantent un motet et une antienne. L'abbesse dit ensuite un verset et une oraison et présente au grand-prieur quelque meuble d'église, comme voile de calice ou autre ouvrage de broderie. Elle a présenté cette année un *legile*[1] de velours cramoisi, enrichi

---

1. Sorte d'écharpe dont on couvrait le pupitre pour chanter l'Evangile.

d'une belle broderie, estimé environ 200 écus. Deux chantres commencent tout de suite les grandes litanies, et le clergé de Montmartre s'étant rassemblé, reconduit la procession hors de l'église. L'abbé et ses assistans se tiennent à la porte en dehors, et l'encensent pour la dernière fois. Enfin lorsque que le chef de S. Denis est près de sortir, les porteurs s'arrêtent un moment, et l'abbé l'encense trois fois, et encense aussi le supérieur en passant.

Voilà, Monsieur, tout ce qui s'est passé le premier jour de ce mois à l'occasion de la procession que l'abbaye de S. Denis fait tous les 7 ans à l'abbaye de Montmartre. Sur quoy, je vous dirai que ces dames y ont tant de dévotion et y sont si attachées, que si on refusoit de la faire, elles employeroient toutes sortes de moyens pour y obliger les religieux de S. Denis.

C'est ce que madame d'Harcourt témoigna, il y a 42 ans, à un prieur de cette abbaye, qui alla lui représenter la grande fatigue et la dépense que la cérémonie coutoit à la Communauté.

Il y a donc grande apparence que, pendant que les deux abbayes subsisteront, on procurera ce spectacle au public qui y accourt, les uns par dévotion, les autres par curiosité, avec tant de concours et d'empressement que la montagne et les chemins par où l'on passe, sont tout remplis de monde... »

Nous terminerons cette notice en reproduisant un curieux document extrait des manuscrits de la Bibliothèque Impériale, fonds latin, n° 12685 [1] et intitulé :

---

1. Folio 210.

Notice historique sur une religieuse de Montmartre renfermant le recit de plusieurs miracles.

« En l'année 1612, le 14 janvier, décéda la bonne mère Perrette Roudlard aagée de cent ans, laquelle estoit prieure quand Mme de Beauvilliers vint à Montmartre, et avoit esté du temps de la première réforme ayant retenu de ce premier esprit de simplicité et pauvreté, sans changer, encore qu'elle ne fust dans la Communauté, tout ce qui estoit pour son usage ; estant fort pauvre et religieuse, elle fut une des premières qui prit l'habit blanc et la coiffure selon la réforme, qui fut justement au bout de 60 ans qu'elle estoit religieuse. Elle estoit très portée à l'observance qu'elle suivoit jour et nuit très exactement, allant tous les jours à Matines sans y manquer jusques à 88 ans qu'elle eut une grande maladie qui luy laissa une paralisie sur la moitié du corps qui ne l'empeschoit pas de se trouver à l'office du jour. Elle gardoit tous les jeusnes de règle et de l'église très exactement ayant encore jeusné le dernier Advent et Caresme avant sa mort ayant cent ans.

« Or comme elle estoit fort ancienne dans la maison, elle entretenoit souvent Madame des choses remarquables qui s'y estoient passées de son temps et de celuy des anciennes qu'elle avoit trouvé qui lui avoient raconté ; en outre qu'elle estoit sous-sacristisne lorsque le bienheureux Ignace de Loyola, fondateur de la Compagnie de Jésus, vint faire ses vœux à la chapelle des SS. Martirs, ayant eu le bonheur de le voir et de luy donner les clefs de ladite chapelle, d'autant qu'elle ne s'ouvroit alors qu'avec la permission de l'abbesse qui estoit en ce temps madame Catherine de Clermont. Elle a veu les anciennes qui estoient du temps que furent trouvées les reliques des SS. Martirs, qui fut l'an 1517, que travaillant à rétablir la chapelle de l'Anonciation, comme l'on vit à la table de l'autel où on disoit la Messe une petite voute dessous fermée de plastre, on fit une ouverture pour voir ce qui estoit la dedans, se doutant que l'on y trouveroit quelques reliques, comme il fut vray, d'autant que l'ouverture estant faitte, il se trouva trois chasses de bois touttes plaines de reliques avec un billet en chascune escrit en parchemin contenant ces mots : « Cy gisent les corps des SS. Martirs » et le reste. — Aussitost l'on en donna avis à M. l'abbé de Livry, prieur de S. Martin-des-Champs et visiteur de cette abbaye, lequel avec M. l'archidiacre de Paris les vinrent voir et visiter pour en faire la translation, qui fut tres solemnelle ; et depuis tous les ans à pareil jour on en fait feste de 2ᵉ classe.

« A cette translation, il se fit un miracle très remarquable qui est que les chasses estant ouvertes, il s'espandit une odeur très suave dans l'église et par toute la maison, qui dura huit jours avec grande joye de la Communauté. De plus elle lui apprit encore la cause pour laquelle au mois d'aoust le 2ᵉ jour l'on fait l'office du miracle de S. Leu qui estoit en si grande vénération dans la maison, que c'estoit un grand miracle arrivé par les intercessions de ce saint, et que les anciennes lui avoient asseuré avoir veu de leur temps que le feu ayant pris en ce monastère avec un si grand embrasement que tout pensa bruler sans qu'aucun remède humain y peust remédier, la cisterne

estant tarie tout à sec, à cause de la grande séche-
resse cette année, les religieuses eurent recours à
Dieu, voyant ce péril éminent, firent la procession où
l'on porta le reliquaire où est dedans un doit de S.
Leu, priant Dieu par les mérites de ce graud saint,
qui avoit tant fait de miracles en sa vie et après sa
mort, de les secourir en cette extresme nécessité.
Aussitost le Ciel qui estoit sec et serein devint sombre
et couvert, et tomba une si grande quantité d'eau
qu'elle esteignit le feu, et la cisterne en fut si remplie
qu'elle alloit pardessus.

« Madame voulut encore sçavoir de cette bonne
mère, pourquoy en la muraille du dehors le chœur
l'on voyoit comme un pain changé en pierre. Elle luy
dist que c'estoit un miracle arrivé à une fille qui refusa
un pain à sa mère, laquelle pensoit à manger. Il fut
converti en pierre, et que l'on l'avoit mis en la muraille en mémoire perpétuelle de ce miracle¹. »

1. Autographe d'une religieuse de Montmartre envoyé à D Mabillon

CHARTES

DE L'ÉGLISE DE MONTMARTRE

Donation de l'Eglise de Montmartre au prieuré de S. Martin-des-Champs.

1116.

Vir quidam egregius et miles strenuus, Paganus appellatus, a baptismate Walterius, et uxor ejus a baptismate Hodierna comitissa nuncupata, imitari volentes precedentium patrum exempla, de possessionibus suis sancte beati Martini de Campis ecclesie dederunt ecclesiam que sita est in monte qui nuncupatur Monsmartyrum, altare videlicet et capsum, sepulturam et tantum atrii ubi fierent officine fratrum, decime tertiam partem et tertiam partem hospitum, terreque medietatem carruce ad possidendum. Hoc vero publice factum est in supradicta beati Martini de Campis basilica, et super sacrosanctum altare domini est positum a supradicto Pagano et conjuge sua, videntibus cunctis qui aderant, quorum hec sunt nomina: Petrus et Walo, milites ipsius Pagani; Rotbertus filius Stephani ; Henricus filius ejus; Walo frater ejus ; Ulrichus falconarius; Walterius major; Warinus et Tendo frater ejus ; Hergotus et Herluinus filius ejus; Drogo nepos ejus, et Herlebodus servi ecclesie; Albericus ortolanus; Theobaldus faber; Bernardus parmentarius ; Arnulfus major rei illius ; Rotbertus pater Johannis presbyteri, et Wiardus filius ejus.

Volens itaque omnipotens Deus, qui est omnium futurorum prescius, ut absque calumnia sua quiete possideret ecclesia, eo disponente, ad ecclesiam beati Martini de Campis, venit Burcardus de Montemaurinciaco, de cujus hoc donum quod fecerat Paganus et uxor ejus erat beneficio, quod et ipse Deo et Senioribus monachis scilicet Cluniacensibus inibi Deo servientibus libenter et libere concessit, et super sanctum altare ipsius sancti Martini, quod est principale, corani cunctis qui aderant donum misit. Hujus rei testes sunt milites ejus qui cum eo venerunt, quique hoc pactum libenter laudaverunt, quorum nomina hec sunt : Hugo filius Theodorici; Odo filius Odonis; Hugo de Warenna; Richardus filius Theodorici ; Philippus de Tres-luza ; Wido de Aqua-puta; Herbertus de Vilers. Nostrorum vero nomina hec sunt; Wido comes ; Hudo de sancto Clodoaldo; Willelmus Marmerellus; Walterius major ; Rogerius filius ejus, Warinus et Teudo fratres ; Helgotus et Drogo nepos ejus ; Herlebodus servi ecclesie ; Walterius et Stephanus custodes equorum; Rotgerius et Rotbertus sartores ; Bernardus parmentarius ; Bernardus hospitalis. Hoc autem factum est regnante in Gallia Philippo, Cluniacensis ecclesie Hugone existente abbate, apud Campos sub eo Ursione priore, Wilelmo episcopo urbis Parisiace; anno Dominice Incarnationis M.CXVI, indictione IV. Qui hec supradicte ecclesie abstulerit erit anathema.

Imprimé dans l'*Histoire de la ville de Paris*, par D. Félibien, tome III, p. 60.

Donation de l'Eglise de Montmartre au roi Louis VI, et à Adélaïde sa femme.

1133.

In Christi nomine.

Ego Teobaldus prior beati Martini de Campis, totusque ecclesie conventus notum fieri volumus tam futuris quam presentibus, quatinus ecclesiam Montis martyrum cum suis appendiciis Ludovico Dei gratia Francorum regi, et Adelaidi eadem gracia regine, et Ludovico eorum filio jam in regem sublimato anno IIIº, ad hoc scilicet donavimus et concessimus, ut eam sanctimonialibus Deo famulantibus donarent et perpetuo concederent; donavimus etiam eis ad hoc idem capellam de sancto Martyrio[1], et culturam Morelli, et domum Guerrici cambiatoris sicuti eam habebamus et tenebamus. Rex autem Ludovicus ecclesie beati Martini de Campis et nobis ecclesiam beati Dyonisii[2] donavit, et habendam perpetuo concessit. Quod ut ratum et firmum permaneat in sempiternum, scripto commendavimus, et ne possit a posteris infir-

---

1. Chapelle des SS. Martyrs.
2. L'Eglise de S. Denis de la Chatre.

mari, sigilli nostri auctoritate subterfirmavimus. Actum publice in capitulo beati Martini, anno incarnati verbi M°C°XXXIII°, regnante Ludovico anno XXVII°. — Signum Theobaldi prioris ; S. Odonis subprioris ; S. Gislemeri tertii prioris monachi ; S. Petri a secretis ; S. Manasserii a secretis [1].

(Cartulaire A, en parchemin, du xiiie siècle).

Charte de fondation de l'abbaye de Montmartre par Louis VI.

1134.

In nomine sancte et individue Trinitatis, amen. Ego Ludovicus Dei misericordia in regem Francorum sublimatus, notum fieri volumus cunctis fidelibus tam futuris quam presentibus, quod pro remedio anime mee et predecessorum nostrorum, et prece et consilio karissime uxoris nostre Adelaidis regine, ecclesiam et abbatiam in Monte qui Monsmartirum appellatur, actore Deo, construximus ; cui videlicet ecclesie et sanctimonialibus ibidem Domino famulantibus hec que subscripta sunt, imperpetuum habenda et possidenda, de rebus et possessionibus nostris, annuente Ludovico filio nostro jam in regem sublimato, donamus et concedimus : Villam ante sanctum Clodoaudum sitam que

---

1. Pierre le Vénérable, abbé de Cluny, donna la même année des lettres datées de S. Martin-des-Champs, pour confirmer cette donation. Ces lettres qui se trouvent dans le même Cartul. A. du xiiie s., n° 2, sont imprimées dans l'*Histoire de Paris*, t. III, p. 60. par D. Félibien.

vocatur Mansionillum[1], cum omnibus appendiciis suis, vineis, et pratis et nemore ad suos et hominum suorum usus ; molendinum apud Clipiacum[2] cum conclusione aque et molitura totius ville ; in civitate Parisius furnum quem ibi proprium habebamus cum omnibus consuetudinibus ; in silva quoque nostra que Vulcenia[3] vocatur cotidie vehiculaturam unam mortuorum lignorum eis concessimus ; domum preterea Guerrici, et stationes et fenestras ibi constructas, et ejusdem terre vicariam predictis sanctimonialibus liberam prorsus ab omni consuetudine et quietam perpetuo habenda[4] dedimus. Omnibus siquidem innotescere volumus quod Guillelmo Silvanectensi, cujus erat illius terre vicaria, pro eadem vicaria statum unum inter veteres status carnificum et fenestras duas ex alia parte vie Parisius in commutationem donavimus. Eisdem insuper sanctimonialibus dedimus hospites quatuor[5] in foro nostro Parisius prorsus liberos ab omni excutione et quietos, et terram quam emi a Teoberto filio Gemardi, que vocatur Puncta[6], liberam et quietam ; et piscaturam quam Parisius in Secana habebamus, et terram in insula de Bercilliis[7], ab omni consuetudine liberam ; Apud Chelam arpenta pratorum decem ; in pago Silvanectensi apud Braium[8] domum unam et vineas quas ibi habebamus, et

1. Le *Merne*, devant S. Cloud.
2. *Clichy*.
3. *Vincennes*.
4. *Al.* Habendam
5. *Al. deest* quatuor.
6. *Poncte.*
7. *Bercy.*
8. *Bray*, village près de Senli-

terram uni carruce sufficientem, ab omni exactione et
consuetudine liberam, ita quod de carruca illa aut de
aliis, si plures Deo dante carrucas ibi habuerint, nullam campi partem, nullam consuetudinem unquam tribuant. Dedimus etiam illis in pago Stampensi Villam
que Tolfolium [1] dicitur, cum omnibus appendiciis ; in
pago Milledunensi nemus et navem ad ligna per Secanam adducenda ab omni exactione et consuetudine
prorsus liberam et quietam; hospitem quoque unum
ab omni exactione, equitatu et tallia liberum, ut annonam earum a Mileduno usque Parisius per Secanam
adducat, eo scilicet pacto ut si eis bene non servierit
mortuusve fuerit, alius ad hoc opus idoneus eis restituatur; in pago Gastinensi mansionillos tres cum terra
et molendino et ceteris omnibus eorum appendiciis ;
quidquid etiam adipisci de feodo nostro poterunt in
perpetuum concedinus ; Et Stampis furnum unum
quem ibi proprium habebamus cum omnibus consue-
tudibus ; Apud Pratellum-holdeum [2] villam quam ibi
edificavimus prorsus liberam cum omnibus appendiciis. Sub silentio autem preterire non volumus quod
pro domo Guerrici, quam monachi beati Martini de
Campis in manu sua habebant, et pro ecclesia Montismartirum quam ipsi possidebant, nos eisdem monachis ecclesiam beati Dionysii de Carcere [3], quam
in manu nostra propriam habebamus, cum omnibus
ejus appendiciis in commutationem donavimus. Quod
ne valeat oblivione deleri, scripto commendavimus, et
ne possit a posteris infirmari, sigilli nostri auctoritate

---

1. *Torfou*, près d'Etampes.
2. *Le Préau des holdes.*
3. S. Denis de la Chatre.

et nominus nostri karactere subterfirmavimus. Actum Parisius in palatio nostro publice, anno incarnati Verbi M°. C°. XXXIIII°, regni nostri XXVII; concedente Ludovico filio nostro jam in regem sublimato anno III°; Astantibus in palatio nostro quorum nomina subtitulata sunt et signa. — Signum Radulfi Viromandorum comitis et dapiferi nostri, S. Guillelmi buticularii; S. Hugonis constabularii, S. Hugonis camerarii. Data per manum Stephani cancellarii.

> Document sur parchemin, portant le chiffre de Louis VI. — Le sceau est perdu [1], ou n'a peut-être jamais été joint à cette charte (Cartul. A, n° 3). — Autre copie ou *vidimus du prévôt*, du mardi après la Pentecôte, 1294.
> Imprimé dans l'*Histoire de la ville de Paris* par D. Félibien, tome III, p. 61, avec quelques variantes.

Nouvelles Donations de Louis VI.

1134.

In nomine sancte et individue Trinitatis, Ego Ludovicus Dei gratia Francorum rex, notum fieri volumus tam presentibus quam futuris, quod pro remedio anime nostre, antecessorum nostrorum, prece et assensu carissime uxoris nostre Adelaidis regine, in perpetuum donavimus ecclesie et sanctimonialibus de Monte martyrum villas quasdam in pago Gastinensi, videlicet Buxiacum [2], et Mainbervillers et Merlanval,

---

[1]. Ce document indiqué comme un original par le collectionneur des chartes de l'abbaye, nous parait une copie du xiii° siècle.

[2]. *Boissy.*

sicut ego eas tenneram, cum omnibus appendiciis et
justicia, preter medietatem omnium reddituum et exi-
tuum quam Theoderico de Milliaco dederam. Dedimus etiam eis terras quasdam quas emi a militibus
meis, scilicet a Roberto de Veriniaco, terram de Her-
bauviller, assensu uxoris sue Adeline, que cogno-
minatur Halca, et Thome filii ejusdem mulieris.
Hanc venditionem laudavit Baldevinus de Firmitate
de cujus feodo erat. Decimam autem ejusdem terre
vendidit michi Adam de Apulia, quod laudavit Ferlo
de cujus feodo erat. Idem Ferlo vendidit michi medietatem Auxi[1] de terra et de hospitibus, et ultra quadrigatam unam terre, de qua Ferlo nullam habet partem, quod laudavit Mathildis uxor ejus et Bertrannus
ejus filius et Evrardus[2] de Firmitate ; Garsilius de Buno
et Adam de Apulia dederunt mihi aream molendini in
exona, ad censum solidorum duorum, quod laudaverunt Falco de Boscherello et Ferlo de Nantoil, de
quorum feodo erat. Et Galerannus dedit sanctimonialibus duodecim denarios quos habebat in exclusatio-
nem[3], quod laudavit Ferlo de Nantoil de cujus feodo
erat. Item dedit eis mansionillum de Nixart quod laudavit Gislebertus de Ruemunt, et Alix[4] uxor sua.
Huic concessioni vocavit Alix Aebardum procuratorem
suum et Robertum filium Hugonis[5], et Constantinum
de Tresins qui omnes hoc laudaverunt. Hec omnia
tam libera et quieta sanctimonialibus concessimus, ut

1. Alci (Cartul.)
2. Airardus (Cartul.)
3. Excusionem (Cartul.)
4. Aia (Cartul.)
5. Algrini (Cartul.)

nihil nobis, neque heredibus nostris, neque ulli homini
quicquam retinuerimus. — Quod ne valeat oblivione
deleri, scripto commendavimus, et, ne a posteris possit
infirmari, sigilli nostri auctoritate et nominis nostri
caractere subterfirmavimus. — Actum publice Parisius anno incarnati Verbi M.CXXXIIII°, regni nostri
XXVII°, regni Ludovici filii nostri anno tertio; astantibus in palatio nostro quorum nomina subtitulata sunt
et signa. — Signum Radulfi Viromandorum comitis et
dapiferi nostri ; S. Guillelmi buticularii ; S. Hugonis
constabularii ; S. Hugonis camerarii. — Data per
manum Stephani cancellarii.

Cartul. A, n° 20. — Vidimus du prévôt de Paris,
Jean d'Estouteville, du 12 janvier 1466

*Donation par le roi Louis VI, de la terre du Pré-Hildouin[1],
et de la terre de Mirabel.*

1134.

In nomine sancte et individue Trinitatis, amen. Ego
Ludovicus Dei misericordia in regem Francorum sublimatus, notum fieri volumus cunctis fidelibus tam
futuris quam presentibus, quod pro remedio anime
nostre et predecessorum nostrorum, et prece et consilio karissime uxoris nostre Adelaidis regine, in perpetuum donavimus ecclesie Sancti Dyonisii Montis
martyrum et sanctimonialibus, totam terram quam habebamus ego et Gervasius de Castello forti in loco qui

---

1. Depuis *Bourg-la-Reine*.

dicitur Pratellum Hilduini a via porte Galanni usque ad viam Celsi; cui Gervasio concessimus, pro commutatione partis sue, vineam nostram quam habebamus subtus villam que vocatur Balneolum, annuente uxore sua cognomine Cometissa cum liberis suis ipsius Gervasii privignis. Item concessimus eisdem sanctimonialibus terram de Mirabel cum omni decima quam emimus ab Hugone Bibente liberam et quietam ab omni exactione. Si quidem dedimus predictis sanctimonialibus, annuente Ludovico filio nostro jam in regem sublimato, omnem..... necnon et vicariam ipsius ville, annuente Ansoaldo de Calli, et ut ipsi hospites liberi sint et quieti ab omni equitatu et talia et exactione, neque grueriam nullam reddant, concedente hoc ipsum Hugone Lusco et uxore sua Luca liberisque eorum, utque prefati hospites eamdem consuetudinem Parisius habeant quam hospites nostri de Balneolo habent. Hec omnia superscripta tam libera eisdem sanctimonialibus et quieta concessimus, ut nichil nobis neque heredibus nostris neque ulli hominum retinuerimus, preter decimam terre que ultra rivulum sita est que ad ecclesiam beati Stephani Parisiensis pertinet. Quod ne oblivione valeat deleri, scripto commendavimus, et, ne a posteris valeat infirmari, sigilli nostri karactere subterfirmavimus. Actum Parisius in palatio nostro publice, anno incarnati verbi M°. C°. XXX°. IIII°, regni nostri XXVII°, concedente Ludovico filio nostro jam in regem sublimato anno III°.

Cartul. A, n° 18.

*Bulle d'Institution de l'abbaye de Montmartre,
du pape Innocent II.*

1137.

Innocentius episcopus, servus servorum Dei, dilecte in Christo filie Christiane abbatisse Monasterii Sancti Dionysii Montis-martyrum, ejusque sororibus tam presentibus quam futuris in ……. Pie postulatio voluntatis effectu debet prosequente compleri, quatenus et religionis sinceritas laudabiliter enitescat, et utilitas postulata vires indubitanter assumat. Nec enim gratus Deo aliquando famulatus impenditur, si non caritatis radice procedens a puritate religionis fuerit conservatus : ea propter, dilecte in Domino filie, vestris justis desideriis accommodamus assensum, atque juxta petitionem gloriosi filii nostri Ludovici Francorum regis et illustris regine Adelaidis uxoris sue, monasterium beati Dionysii Montis-martyrum utriusque largitione pro animarum suarum salute et peccatorum remissione ditatum, in quo nimirum divinis estis famulatibus mancipate, apostolice sedis privilegiis communimus: inprimis siquidem statuentes : ut Ordo monasticus secundum beati Benedicti regulam ibidem in perpetuum conservetur, atque in eodem loco per sanctimoniales honeste conversationis et vite laudabilis omnipotenti Domino de cetero serviatur. Porro quecumque possessiones, quecumque bona ab eodem rege sive regina, seu ab aliis Dei fidelibus pie devotionis intuitu sunt collata, universa etiam que in futurum concessione pontificum, liberalitate regum vel principum, oblatione fidelium, seu aliis justis modis, divina suffragante clementia, idem venerabilis locus poterit adipisei, firma vobis perpetuis futuris temporibus et intemerata serventur. Vestra itaque interest ut quanto estis a curis secularibus libere, et sancte romane ecclesie salubri patrocinio communite, tanto majori devotione divinis obsequiis insistatis, atque de virtute in virtutem, cooperante Domino, conscendentes, summo Pastori magis ac magis de die in diem complacere curetis. Decernimus ergo ut nulli hominum fas sit vestrum monasterium temere pertubare, aut ejus possessiones auferre, vel ablatas retinere, minuere, seu quibuslibet infestationibus fatigare, sed omnia eidem loco illibata integraque permaneant ancillarum Christi, pro quarum gubernatione et sustentatione concessa sunt usibus profutura. Si qua igitur in posterum ecclesiastica secularisve persona hanc nostre constitutionis paginam sciens contra eam temere venire temptaverit, secundo tertiove commonita, et non reatum suum congrua satisfactione correxerit, potestatis honorisque sui dignitate careat, reamque se divino judicio existere de perpetrata iniquitate cognoscat, et a sacratissimo corpore et sanguine Dei ac Domini redemptoris nostri Jhesu Christi aliena fiat, atque in extremo examine districte ultioni subjaceat. Cunctis autem eidem monasterio justa servientibus sit pax Domini nostri Jhesu Christi, quatenus et hic fructum bone actionis percipiant, et apud districtum judicem premia eterne pacis inveniant. Amen, amen, amen.

†. Ego Innocentius Catholice Ecclesie episcopus.
†. Ego Gregorius diaconus cardinalis tt. SS. Sergii et Bacchi.

†. Ego Guido cardinalis diaconus tt. Sancti Adriani.

†. Ego Hubaldus diac. card. tt. Sainte Marie in via lata.

†. Ego Grysogonus diac. card. tt. Ste Marie in porticu.

†. Ego Guido Tiburtinus episcopus.

†. Ego Ansolri, presb. card. tt. S. Laurentii in Lucina.

†. Ego Lucisred. presb. card. tt. Vestine.

†. Ego Lucas presb. card. tt. SS. Joannis et Pauli.

†. Ego Gs. presb, card. tt. S. Prisce.

Datum Parisiis per manum Aimerici sancte romane ecclesie diac. card. et cancellarius, Kal. Octobris, indict. XV, Incarnationis dominice anno M°. C°. XXXVII°, pontificatus vero Domini Innocentii Pape II, anno VII° [1].

(Scellées de plomb sur lacs de soye).

Copie authentique de 1507. — La meme bulle fut renouvelée en termes identiques par le pape Lucius II en avril MCXLIV. (Copie id.).

---

[1]. L'authenticité de cette bulle est contestée, par l'impossibilité qu'elle soit datée de Paris, où le Pape ne se trouvait pas alors. Elle peut avoir été donnée ailleurs et envoyée à Paris, où elle aurait été datée.

Charte de Louis VI, accordant une grâce à un prêtre, sous la condition d'une donation en faveur de l'abbaye de Montmartre.

1137.

In nomine sancte et individue Trinitatis, amen. Ego Ludovicus Dei gratia Francorum rex, notum fieri volimus cunctis fidelibus tam presentibus quam futuris, quod rogatu karissime uxoris nostre Adelaidis regine reddidi cuidam presbytero Galoni nomine cuncta que habebat apud Vitreacum, scilicet quartam partem hereditatis sue, quam frater suus Fulco de Succi illi abstulerat ex vademonia quam tenebat, ea ratione ut prefatus clericus tota vita sua hereditatem suam absque calumnia teneat liberam, et in festivitate Sancti Dionysii decem solidos unoquoque anno ecclesie ipsius sancti in Monte martyrum, sanctisque monialibus ibidem Domino servientibus pro recognitione conferat. postque discessum suum ex hac vita, eamdem ecclesiam heredem rerum suarum faciat. De hac vero re predictus clericus donum super altare Sancti Dionysii fecit in presentia karissime uxoris nostre Adelaidis regine, filiorumque nostrorum et domine Christiane ipsius loci abbatisse, totiusque conventus. Quod ne valeat oblivione deleri scripto commendavimus, et ne a posteris possit infirmari, sigilli nostri auctoritate et nominis nostri karactere subterfirmavimus. Actum Parisius in palatio nostro publice, anno Incarnati Verbi M.C.XXXVII°, regni nostri XXX°; concedente Ludovico filio nostro jam in regem sublimato anno III°; astantibus in palatio nostro quorum nomina subtitulata sunt et signa. Signum Radulphi Viromandorum comitis et dapiferi nostri, — S. Gulielmi buticularii, — S. Hugonis constabularii, — S. Hugonis camerarii. — Data per manum Algrini cancellarii.

(Cartul. A. n° 17).

Confirmation des donations de Louis VI, par le roi Louis VII.

1137.

In nomine sancte et individue Trinitatis, Amen. Ego Ludovicus Dei misericordia in regem Francorum et ducem Aquitanie sublimatus, notum fieri volumus futuris et presentibus, quod hec que sequuntur a gloriosissimo patre nostro Domino Ludovico ecclesie Montis martyrum misericorditer collata et concessa, nos pro remedio anime ipsius et antecessorum nostrorum eidem ecclesie in perpetuum tenenda et possidenda concedimus et confirmamus : Villam ante sanctum Clodoaldum sitam que vocatur Mansionillum, eum omnibus appendiciis suis, vineis et pratis et nemore ad suos et suorum usus ; molendinum apud Clipiacum cum conclusione aque et molitura totius ville ; in civitate Parisius furnum quem ibi habebamus, cum omnibus consuetudinibus ; in silva quoque nostra que Vulcenia vocatur cotidie vehiculatam unam mortuorum lignorum eis concessimus ; domum preterea Guerrici et staciones et fenestras ibi adstructas, et ejusdem terre vicariam predictis sanctimonialibus liberam prorsus ab omni consuetudine et quietam perpetuo habendam dedimus. Omnibus si quidem innotescere volumus quod Guillelmo Silvanectensi, cujus erat illius terre vicaria, statum unum inter veteres status carnificum et fenestras duas ex alia parte vie Parisius in commutationem donavimus. Eisdem insuper sanctimonialibus dedimus hospites tres in foro nostro Parisius prorsus liberos ab omni exactione et quietos, et terram quam emi a Roberto[1] filio Gemardi que vocatur Puncta, liberam et quietam, et piscaturam quam Parisius in Secana habebamus, et terram in insula de Berciliis ab omni consuetudine liberam; apud Chelam arpenta pratorum decem; in pago Silvanectensi apud Brayum domum unam et vineas quas ibi habebamus, et terram uni carruce sufficientem ab omni exactione et consuetudine liberam, ita quod de carruca illa aut de aliis, si plures Deo donante carrucas ibi habuerint, nullam consuetudinem unquam tribuant. Dedimus eciam illis in pago Stampensi villam que Tolfolium dicitur cum omnibus appendiciis; in pago Miledunensi nemus et navem ad ligna per Secanam adducenda ab omni exactione et consuetudine prorsus liberam et quietam, hospitem quoque unum ab omni exactione et equitatu et tallia liberum, ut annonam earum a molendino earum usque Parisius per Secanam adducat; eo scilicet pacto ut si eis bene non servierit, mortuusve fuerit, alius ad hoc opus eis idoneus restituatur; in pago Gastinensi mansionillos tres cum terra et molendino et ceteris eorum appendiciis omnibus, quicquid eciam adipisci de feodo nostro poterunt libere in perpetuum concedimus; et Stampis furnum

---

1. Al. Teoberto.

unum quem ibi proprium habebamus, cum omnibus
consuetudinibus; apud Pratellum Holdeu[1] villam quam
ibi edificavimus prorsus liberam cum omnibus appendiciis. Sub silentio autem preterire non volumus quod
pro domo Guerrici quam monachi beati Martini de
Campis in manu sua habebant et pro ecclesia Montis-
martirum quam ipsi possidebant, nos eisdem monachis ecclesiam beati Dionysii de carcere quam in manu nostra propriam habebamus cum omnibus ejus
appendiciis in commutatione donavimus. Quod ne
valeat oblivione deleri scripto commendavimus, et ne
possit a posteris infirmari, sigilli nostri caractere subterfirmavimus. Actum Parisius in palatio nostro publice, anno Incarnati Verbi millesimo C°.XXXVII°,
regni nostri anno III°; astantibus in palatio nostro
quorum nomina subtitulata sunt et signa: Signum Radulphi Viromandorum comitis dapiferi nostri; — S.
Guillelmi buticularii; — S. Hugonis constabularii: —
S. Hugonis camerarii. Data per manum Algrini cancellarii.

Cart. A, n° 4. (Vidimus de 1294, du garde de la
prévôté de Paris et copie du xvie siècle).

*Vente de la grange de Sainte-Lucie à Bethisy, par
Guy de la Motte et Béatrix sa mère.*

1138.

La lettre de la grange de Bethizi Sainte-Luce.

Magister Joannes des Gernis cancellarius et magister Radulfus de Veilli officialis Suessionensis, om-

---

1. Al. Holdeum.

nibus presentes litteras inspecturis in Domino salutem. Noverint universi quod in presencia curie Suessionensis constituti Beatrix relicta Philippi de Mota militis defuncti et Guido filius ejus quitaverunt penitus et expresse in perpetuum abbatisse et conventui Montis martirum quicquid juris habebant et quicquid habere poterant in quadam grangia sita apud sanctam Luciam et in terris ad eamdem grangiam pertinentibus, quas terras Guido de Bestisiaco defunctus in vita sua tenuit ad modiationem a dictis abbatissa et conventu sub pensione annua duorum modiorum bladi et trium modiorum avene, et etiam quicquid juris habebant et habere poterant in duobus arpentis terre site in loco qui dicitur Clausus episcopi, que terra vocatur la Vigne, promittentes fide prestita corporali quod in grangia et terris antedictis nichil in posterum reclamabunt, sub ejusdem fidei religione insuper promittentes quod ipsi facient Petrum, Hugonem, Ansoudum, Manassez et Aelidem liberos dicte Beatricis, quamcito ad etatem legitimam pervenerint, ratam habere quitacionem, predictam; et etiam quitare penitus et in perpetuum fidei impositione grangiam et terras supradictas voluerunt ante dicti Beatrix et Guido et ad hec se obligaverunt; quod si dictos Petrum, Hugonem, Ansoudum, Manassez et Aelidem non facerent quitacionem predictam ratam habere et quitare omnia supradicta prout superius est expressum, quod ipsi tenebuntur reddere abbatisse et conventui predictis omnia dampna, sumptus et deperdita, si que forte contigerit dictas abbatissam et conventui incurrere per liberos ante dictos occasione grangie et terrarum predictarum, eisdem abbattisse et conventui omnia bona sua ubicumque sint propter hoc in contraplegium obligantes ;

recognoverunt autem coram nobis dicti Beatrix et Guido se recepisse a dictis abbatissa et conventu, pro dicta quitacione facienda et aliis supradictis, octo libras Parisiensium in utilitatem suam et liberorum suorum convertendas. In cujus rei testimonium presentes litteras salvo jure domini Suessionensis episcopi, ecclesie Suessionensis et omnium aliorum, sigillo curie Suessionensis fecimus roborari. Actum anno Domini millesimo C^{mo} tricesimo octavo, mense Aprilis[1].

(Cartul. B., fol. 10).

Donation de la ferme et des prés de Bethisy.

1142.

In nomine sancte et individue Trinitatis. Ego Ludovicus Dei gracia rex Francorumm et dux Aquitanorum, notum facimus universis presentibus simul ac posteris, quod A. karissima genitrix nostra ecclesie Montis martyrum quam ipsa construxit et virginibus que ibidem consecratam Deo pudicitiam votivis obsequiis prosequuntur, grangiam quamdam subtus Bestesiacum et circum prata, nobis assentientibus et confirmantibus, perpetuo possidenda donavit. Quod ut perpetue stabilitatis obtineat munimenta, scripto commendari, sigilli nostri auctoritate muniri, nostrique nominis sub-

---

[1]. Cette charte paraitrait plutot être de 1238. Elle n'offre aucun des caractères propres aux actes du xiie siècle.

ter inscripto karactere corroborari precepimus. Actum publice Parisius, anno incarnati Verbi M°.C°.XL°, secundo, regni vero nostri VI°.

(Cartul. A, n°. 23).

Donation du verger de l'etang et du moulin de Saint-Leger,
par Louis VII.

1143

In nomine sancte et individue Trinitatis, amen. Ego Ludovicus Dei gratia rex Francorum et dux Aquitanorum, notum facimus universis quam instantibus tam futuris, quum ecclesie Montis-martyrum et sanctimonialibus que ibidem sponso suo Christo devotam exhibent castitatem, precibus A. regine karissime genitricis nostre que prefatam ecclesiam in abbatiam erexit, deque propriis facultatibus augmentavit, viridarium nostrum de Sancto Leodegario et stagnum cum molendino donavimus, et in perpetuum deinceps libere ac quiete possidenda concessimus. Quod ut ratum et inconcussum perpetuo perseveret, scripto commendari, sigillique nostri auctoritate muniri, nostrique nominis subtranscripto karactere corroborari precipimus. Actum publice Parisius, anno ab incarnatione Domini M°C°XL°III°, regni vero nostri VII°.

(Cartul. A, n° 57).

*Accord entre G., bouteiller du roi, et l'Abbaye,
au sujet du vivier de Bray.*

In nomine Patri et Filii et Spiritus, amen. — Notum sit omnibus tam presentibus quam futuris, quod de discordia que erat inter ecclesiam Montis-martyrum et G. regis Francorum buticularium de aqua vivarii de Braio, assensu prefate ecclesie, E. abbatisse et ejusdem ecclesie totius capituli, et predicti G., facta fuit pax et concordia, et pro pace juxta predictum vivarium quedam meta predictorum assensu posita fuit, tali conditione, quod predicto G. et ejus heredibus aquam predicti vivarii usque ad predictam metam facere ire licebit, ultra metam non. Et si forte aqua de terra ecclesie decurret, ecclesie predicte vel alicui ex parte sua terram laborare licebit, donec aqua super terram illam redibit, et pro bono pacis predictus G., assensu uxoris sue M. et natorum suorum, prefate ecclesie tria arpenna terre dedit et in perpetuum concessit habendum, et pro duabus masuris que sunt juxta predictum vivarium, in quibus buticulario nec alicui ex parte sua domos facere licebit, predictus G. et ejus heredes prefate ecclesie XII nummos censuales parisiensis monete et IIII minas avene annuatim reddet, ad fertum sancti Remigii, ad villam qui dicitur Balenni, et predictas masuras predicto G. et ejus heredibus laborare licebit. Quod et ratum etc. abbatissa predicta eum assensu predicti capituli, et predictue G. sigillis suis cum cirographo confirmari fecerunt.

(Cartul. A. N° 58).

Affranchissemnt du bateau que l'Abbaye possédait sur la Seine.

Ego Ludovicus Dei gratia Francorum rex. Concedo sanctimonialibus de Monte-martyrum in elemosinam navem quam habent in Sequana liberam ab omnibus consuetudinibus quas alie naves persolvunt per totam terram meam : Et ut nullus hominum, seu prepositus, seu aliquis ministrorum, servorumve meorum, aliquo modo prefatam elemosinam inquietare presumat, sigilli nostri auctoritate confirmamus et corroboramus. Quod inconcussum et inviolatum sit.

(Cartul. A, N° 38).

Dédicace de l'église de l'Abbaye de Montmartre par le pape Eugène III.

Juin 1147.

Eugenius episcopus, servus servorum Dei, universis Dei fidelibus, salutem et apostolicam benedictionem. Officii nostri nos hortatur auctoritas venerabilia loca cum ipsis personis divino famulatui mancipatis diligere et fovere, et eorum opportunitatibus paterna sollicitudine providere. Inde est quod nos sanctimonialium de Monte-martyrum necessitatem attendentes, juxta petitionem earum anno ab incarnatione Domini M.C.XLVII kal. Junii locum ipsum per presentiam nostram adivimus, ibique Spiritus Sancti gratia invocata, majus altare in honorem beatorum martyrum, videlicet Dionysii, Rustici et Eleutherii auctore Domino consecravimus. Illis autem qui tum locum ipsum devotionis et pietatis intuitu visitaverunt, vel de cetero in anniversaria die ipsius consecrationis visitaverint, et de facultatibus sibi a Deo prestitis eisdem sanctimonialibus suas elemosinas largiti fuerint, DCC dies injuncte penitentie confisi de beatorum apostolorum Petri et Pauli meritis indulgentias, et eamdem indulgentiam scripti nostri pagina confirmamus. Datum Meldis idibus Junii.

(Imprimé dans l'*Histoire de Paris*, pour D. Felibien, tome III, p. 63.)

Bulle du pape Eugène III, portant institution et confirmation de l'Abbaye de Montmartre.

Juin 1147.

Eugenius episcopus, servus servorum Dei, dilectis in Christo filiabus, Christiane abbatisse monasterii sancti Dionysii Montis-martyrum, ejusque sororibus tam presentibus quam futuris regularem vitam professis in perpetuum. Religiosis desideriis dignum est facilem prebere consensum, ut fidelis devotio celerem sortiatur effectum. Quocirca, dilecte in Domino filie, vestris postulationibus clementer annuimus, et prefatum monasterium ab illustris memorie Ludovico rege, ac Adelaidis regine uxoris sue assensu, pro animarum suarum salute et peccatorum remissione constructum atque ditatum, in quo divino mancipate estis obsequio, sub Beati Petri et nostra protectione, ut proprias filias suscipimus, et presentis scripti privilegio communimus. In primis si quidem statuentes ut ordo monasticus secundum beati Benedicti regulam ibidem perpetuis temporibus inviolabiliter observetur, atque in eodem loco per sanctimoniales honeste conversationis et vite laudabilis omnipotenti Domino de cetero serviatur, et prefate sanctimoniales liberam eligendi abbatissam facultatem habeant, ne aliqua persona eis vi preponatur. Abbatissa etiam earum, sive ipse sanctimoniales pro aliqua aliquando negligentia a suo penitus monasterio non expellantur, nisi prius legali judicio sue sancte matris Romane ecclesie, cujus patrocinio sunt communite, dijudicate fuerint, sed potius Parisiensis episcopi ammonitione et consilio, atque aliarum religiosarum personarum corrigantur. Porro quascumque possessiones, quecumque bona ab eodem rege sive regina, seu aliis Dei fidelibus in presentiarum juste et canonice possidetis, seu in futurum concessione Pontificum, largitione regum vel principum, oblatione fidelium, seu aliis justis modis Deo propitio poteritis adipisci, firma vobis vestrisque succedentibus et illibata permaneant. In quibus hec propriis duximus exprimenda vocabulis : Ecclesiam Sancti Dionysii in Monte martyrum et decimam ad eamdem ecclesiam pertinentem cum suis appendiciis; ecclesiam de Sancto-Martyrio, cum vineis Aden et Morelli culturam; culturam quam Matheus prior comparavit à Warnerio de Portu, villam quoque que vocatur Mansionillus, cum omnibus suis appendiciis, molendina duo apud Clippiacum cum conclusione aque et molitura totius ville; Parisius furnum unum cum omnibus consuetudinibus suis ; in silva Vulcenia quotidie vehiculaturam unam mortuorum lignorum ; do-

mum Guerrici cum stationibus carnificum et vicariam
ejusdem domus ; terram Bernardi que vocatur Puncta,
liberam et quietam ; piscaturam et terram in insula de
Berulliis ab omni consuetudine liberam ; apud Chelam arpenta pratorum decem ; in pago Silvanectensi
apud Braium, donum unam et vineas, et terram uni
carruce sufficientem ab omni exactione et consuetudine liberam, ita quod de carruca illa aut de aliis,
si plures Deo donante carrucas ibi habueritis, nullam campi-partem, nullam consuetudinem tribuatis,
sicut ab illustri Francorum rege vobis concessum
est et scripto suo firmatum ; in pago Stampensi
villam que Tolforium dicitur cum omnibus appendiciis ; in pago Miledunensi nemus et navem ad ligna
per Secanam adducenda, ab omni consuetudine
liberam ; hospitem unum ab omni exactione, equitatu et hujusmodi liberum, ut annonam vestram a
Mileduno usque Parisius per Secanam adducat ; et si
ipse bene non servierit mortuus ve fuerit, alius ad hoc
opus idoneus vobis a rege restituatur ; in pago Gastinensi mansionillos tres cum terra et molendino, et
ceteris eorum appendiciis ; Stampis furnum unum cum
omnibus consuetudinibus ; apud Pratellum Holdeum
villam prorsus liberam, cum omnibus appendiciis suis ;
quicquid de feudo regis adipisci potueritis, vobis hoc
et alia a rege concessa et scripto suo firmata nihilominus confirmamus, nec non etiam viginti libras de
cambitu Parisius, quos vobis Ludovicus filius Ludovici regis dedit, et apud Bestisiacum decem arpenta
pratorum et quadraginta arpenta de terra arabili ;
viridarium quoque suum de sancto Leodegario, et
stagnum cum molendino ; plateam piscatorum, que est
inter domum carnificum et regis castellulum ; capellam

quoque unam apud Bestesiacum, et apud Boloniam quinque millia allecum quotannis; omnem partem feodi venatorum regalium, que contigerat Mathie citra Secanam, et apud Vitreacum terram que fuit Galonis presbyteri ex feodo regis; Parisius domum unam juxta parvum pontem; alteram juxta status carnificum; in monte Savies vineam Burgardi, et in eadem torcular cum una custodia vinearum; apud Brumille quinque solidos census cum justitia; medietatem unius vinee, et quod Galterius de Booron in Monte-martyrum vobis dedit, videlicet custodiam unam vinearum atque omnes vineas quas ibi habebat, et quatuor solidos et duos denarios census, et ea que in Pomponia villa habetis; cappellam unam in calvo monticulo, cum feudo Pagani Trencebise, et cum feudo Garsilie; atque alodiam fratris tui Heustachii, et sororum tuarum Cecilie et Hildeburgis, dilecta in Christo filia Christiana abbatissa; Gozonem quoque hominem eorum, et ea que ab illis tenebat; undecim arpentos de pratis que vulgo Mareis appellantur. Sane laborum vestrorum quos propriis manibus aut sumtibus colitis, nullus a vobis decimas exigere presumat. Decernimus ergo ut nulli omnino hominum liceat prefatum locum temere perturbare, aut ejus possessiones auferre, vel ablatas retinere, minuere, aut aliquibus vexationibus fatigare. Sed omnia integra conserventur earum pro quarum gubernatione et sustentatione concessa sunt usibus omni modis profutura, salva sedis apostolice in omnibus auctoritate. Si qua igitur in futurum ecclesiastica, secularisve persona hanc nostre constitutionis paginam sciens contra eam temere venire temptaverit, secundo tertiove commonita, si non satisfactione congrua emendaverit, potestatis honorisque sui dignitate careat, reamque se divino judicio de perpetrata iniquitate cognoscat, et a sacratissimo corpore ac sanguine Dei et Domini nostri Jesu Christi aliena fiat, atque in extremo examine districte ultioni subjaceat. Cunctis autem eidem loco justa servantibus sit pax Domini nostri Jesu Christi, quatenus et hic fructum bone actionis percipiant, et apud districtum judicem premia eterne pacis inveniant. Amen, Amen, Amen.

† Ego Eugenius catholice Ecclesie episcopus.

† Ego Albericus Ostiensis episcopus.

† Ego Imarus Tusculanus episcopus.

† Ego Guido presb. Card. tit. S. Grisogoni.

† Ego Guido presb. Card. tit. SS. Laurentii et Damasi.

† Ego Julius presby. Card. tit. S. Marcelli.

† Ego Jordanus presb. Card. tit. S. Susanne.

† Ego Hugo presb. tit. in Lucina.

† Ego Oddo diac. Card. Sancti Georgii ad velum aureum.

† Ego Octavianus diac. Card. Sancti Nicholai in carcere Tulliano.

† Ego Johannes Paparo diac. Card. Sancti Adriani.

† Ego Gregorius diac. Card. Sancti Angeli.

† Ego Guido Diac. Card. Sancte Marie in porticu.

† Ego Jacintus diac. Card. Sancte Marie in Cosmydin.

Datum Parisius per manum Guidonis sancte Romane Ecclesie diaconus cardinalis et cancellarius, VII Idus Junii, indictione X, incarnationis Dominice anno M.C.XLVII, pontificatus vero domini Eugenii P.P. III anno III.

Imprimé dans l'*Histoire de Paris*, par
D. Félibien, tome III, p. 60.

Accensement d'une maison par Chrétienne, 2ᵉ abbesse.

Vers 1147.

Ego C. Dei gracia sancti Dionisii Montis martyrum dicta abbatissa, notum fieri volo instantibus atque futuris, quod Robertus sacerdos de Ulmis, pro remedio anime sue antecessorumque suorum, domum quamdam Sancto Dyonisio nobisque dedit, eo videlicet pacto, ut qui predictam domum teneret in die anniversarii ejus, scilicet XII Kal. Decembris, X solidos nobis persolveret. Anno vero quo rex L.[1] signum sante crucis accepit, predicta domus pre nimia egestate absque habitatore remansit, quam assensu totius capituli precibusque etiam honestorum virorum parisiace civitatis, cuidam matrone Adelaidis nomine, ipsius Roberti cognate, pro V solidis concessi, ea ratione ut hunc censum ipsa vel heredes ejus post mortem ipsius quoquo anno persolvent. Si vero hic census sicut dictum est non redderetur, domus cum omni subpellectili in manu ecclesie libere et absque omni calumnia reverteretur. Hujus rei testes sunt, ex parte nostra Durandus et Silvester sacerdotes ; Bernardus scriptor, Henerius, Bartholomeus, Robertus carpentarius famuli.

(Original en parchemin, sans date).

[1]. Louis VII.

*Confirmation par Louis VII des acquisitions
ite l'abbaye.*

1153

In nomine sancte et individue Trinitatis, amen. Ego
Ludovicus Dei gracia Francorum rex et dux Aquitanorum, notum sit omnibus tam futuris quam presentibus,
quod pater meus bone memorie rex Ludovicus et regina
mater mea Adelaidis magnifice fundaverunt ecclesiam
monialium de Monte martirum, quam pro honore Dei
et religiosa conversatione sororum ibidem honeste viventium, et pro reverencia fundatorum caram habere et
in nullo diminutam esse volumus. In civitate Parisiensi
a porta magni pontis et nusquam alibi solebant esse
carnifices et vendere suas carnes, ubi predicte moniales domum quamdam habebant propriam que fuit Guerrici cambitoris, eis annuatim valentem triginta libras,
aliquando eciam supra, aliquando infra : sed nos regia
prudencia communi commodo totius ville dantes
operam, plures esse solito carnifices et in pluribus
locis carnes posse vendi constituimus, et prefatam
domum Guerrici, et alterius domus, quam moniales
habebant in vico parvi pontis intra insulam, quamdam
partem ad ampliandam viam in manu nostra accepimus, assensu Ade abbatisse, tociusque capituli, et ipsi
ecclesie triginta libras in perpetuum habendas assignavimus in Teloneo carnificum, sive unus sive plures
habeant Teloneum. Persolventur autem in quatuor
terminis ad Natale Domini, ad Pascha, ad festum sancti
Joannis et ad festum sancti Dionysii, et in singulis

terminis septem libre et decem solidi. — Perinde sciant omnes quod Ada Montis martirum abbatissa emit a Joanne de Milliaco quicquid habebat in villis que dicuntur *Mimbervillier* et *Buxi* et *Merlanval*, terram scilicet et hospites et campartum, et quicquid quocumque modo possidebat uxor sua *Bosleria*, ex cujus parte illud ei provenerat, et filiabus suis Petronilla, Elisabeth et Richelda, et Adam de Viniaco, de cujus feodo illud erat, libere et sine calumnia possidendum concedentibus. — Innotescat eciam universis sepedictam abbatissam a Bartholomeo de Auvers emisse quicquid ipse apud *Mimberviller* et *Buxei* et *Merlanval* possidebat, quantum ad terram, hospites et campartum, et omnia que ibidem habebat, quod sine calumnia habendum Teonus de Nantolio, de cujus feodo erat, concessit. — Addendum est eciam quod Philippus de sancto Jonio predicte abbatisse et ecclesie Montis martirum vendidit quicquid habebat apud *Torphou*, et quamcumque terram possidebat circum circa usque ad caminum petrosum, et venditio hec facta est triginta libris. Quod cum recognitum fuisset in presentia nostra Philippus nobis feodum quod in villa habuerat reddidit, de quo ibidem multis presentibus abbatissam revestivimus. Ut autem ecclesia Montis martirum omnes supradictos redditus in perpetuum habeat et quiete et absque calumnia possideat. . . . . annotari et nostri sigilli auctoritate muniri, insuper nominis nostri caractere confirmari precepimus. — Actum Parisius, anno Dominice incarnationis millesimo centesimo quinquagesimo tercio, regni nostri decimo septimo, astantibus in palacio nostro quorum subscripta sunt nomina et signa. — Tunc sine dapifero erat domus nostra. Signum Gui-

domi buticularii; S. Matthei constabularii; S. Matthei
camerarii. Data per manum Hugonis cancellarii.

(Cartul. A. n° 7).

*Charte d'Adèle, abbesse de Montmartre, concédant aux
marchands de poisson de Paris, un terrain proche du
château du roi, à Paris.*

1154

In nomine sancte et individue Trinitatis, amen.
A. Dei gracia Montis martirum abbatissa totusque
ejusdem loci conventus tam futuris quam presentibus.
Noveritis quod nos quamdam plateam Parisius super
stratam juxta castellum regis habemus, quam nos ejusdem civitatis piscium venditoribus ad vendendum suos
pisces sub censu singulis annis LX solidorum in perpetuum concedimus, sub tali scilicet tenore quod sex
illorum, Albertus, Hungerus, Martinus, Gaubertus, Ernodus, Vitalis, sive eorum heredes nobis et pro se et pro
aliis de predicto censu respondeant, et per IIII terminos, in terminis videlicet carnificum, sex predicti nobis
XV, solidos persolvant et sic nobis ut jam dictum est
LX solidos singulis annis compleant. Si vero in predictis terminis censum ad plenum non reddiderint,
unus pro omnibus et una satisfactione et quod vulgo
una lege dicitur emendans censum ex integro nobis
restituet, et quod in emendatione et census restitutione ab eo expensum fuerit, ab eo qui commisit totum
ei exigere licebit. Addimus etiam quod si aliqua querela inter eos de his que ad terram nostram pertinent

emserit, per se poterunt pacificare; si vero per se pacificari nequiverint, nos de hiis et de omnibus que ad nos pertinent justiciam nobis reservamus. Est eciam constitutum quod si unus vel duo vel plures eorum defuerit, residui predictam summam denariorum in prefixis terminis ex integro persolvent, si vero aliquis eorum ita defecerit quod nequiverit vel noluerit conventionem istam tenere, seu defuerit qui hereditario jure ei habeat succedere, piscatorum erit communiter alium substituere qui locum deficientis obtineat et censum in parte sua nobis persolvat. Addimus eciam quod si aliquis eorum in predicta platea aliquid edificii vel emendationis fecerit, alii salvis venditionibus et ceteris redditibus nostris vendere poterit. Quod ut ratum in posterum maneat nos sub cyrographo sigilli nostri caractere firmari decrevimus. Actum publice in capitulo nostro, anno ab incarnatione verbi M°.C°. L°. IIII°, astantibus quorum nomina subsignata sunt. Signum Adile abbatisse; S. Rigsendis priorisse; S. Ameline cantricis; S. Mabilie; S. Odeline; S. Raineri capellani; S. David conversi; S. Sigeri servientis; S. Bernardi archidiaconi cujus consilio hoc factum est; S. Scrispani decani; S. Durandi presbiteri sancti Severini; S. Henrici presbiteri de Ruel; S. Scrispini de Moldon; S. Heri piscatoris; S. Berneri piscatoris; S. Ernoldi piscatoris; S. Durandi de Ruel; S. Rainaldi majoris de Ruel.

(Original en parchemin).

*Donation de la terre, justice et seigneurie de Barbery,
par Louis VII.*

1154

In nomine sancte et individue Trinitatis, amen. Ego Ludovicus Dei gracia Francorum rex. Amor Dei et votorum obligatio nos aliquando compulit ad sanctum Jacobum apostolum et patronum nostrum peregrinari. Et dum essemus in itinere, bone memorie Adelaidis regina Francie et mater nostra in sancta confessione migravit a seculo apud Montem martirum, in colegio sanctarum feminarum, quam sane abbaciam ipsa fundaverat et specialiter diligens, dum adhuc vivebat, villam quamdam de dote sua Barbariacum scilicet eodem loco donavit in elemosinam. Quod donum ut concederemus per nostros et suos familiares nostre mandavit serenitati atque rogavit, cujus precem exaudire et voluntatem facere convenientissimum nobis erat. Sciant igitur universi presentes et futuri quod, completa peregrinatione nostra, sepulturam regine matris nostre voluimus videre, et congregationem dominarum Montis martirum visitantes, in earum capitulo multis presentibus Barbariacum villam, stangnum cum justicia et districtis, et cum omnibus pertinenciis, quidquid scilicet ibidem habebamus, pro genitoris nostri regis Ludovici et jam dicte regine matris nostre et fratris nostri regis Philippi animabus atque nostra, in perpetuum ecclesie donavimus, et regine donum concessimus, et omnino ratum habuimus. Ut hoc autem in posterum cognitum sit et inconcussum, et ut omnis deinceps amoveatur calumpnia, sigilli nostri auctoritate presentem paginam muniri et nominis nostri karactere consignari precepimus. — Actum publice Parisius anno ab incarnatione Domini millesimo C°. L°. IIII°. Astantibus in palacio nostro quorum subtitulata sunt nomina et signa. S. Comitis Teobaudi dapiferi nostri. S. Guidonis buticularii. S. Mathei camerarii. S. Mathei constabularii. — Data per manum Hugonis cancellarii.

(Vidimus du garde de la prévôté de Paris du 25 janvier 1487).

Confirmation de la charte de 1153 sur la rente due à l'abbaye par les bouchers de Paris.

1155

In nomine sancte et individue Trinitatis, amen. Ego Ludovicus Dei gracia Francorum rex . . . . Ex regie administrationis providencia debemus protectionem ecclesiis regni et omnibus servis Dei, multoque amplius officiosi esse volumus circa tutelam sacrarum virginum que ex voto et professione Dei servicio obligate sunt, et minus habent virium ad defensionem rerum suarum. Hac racione multum intendentes et solliciti circa monasterium de Monte martirum quod de nostris et antecessorum nostrorum elemosinis fundatum esse dignoscitur, notum facimus universis presentibus pariter et futuris, quoniam quando reddidimus carnificibus Parisius ministerium suum et confirmavimus, conventio fuit quod pro domo Guerrici cambitoris que est ad portam civitatis ubi et vendunt carnes, monialibus de Monte martirum triginta libras parisienses annuatim ad quatuor terminos, Natale scilicet, Pascha, festum sancti Joannis, festum sancti Dionysii, æqualiter partitis porcionibus per septem libras et dimidiam, persolvent ; juxta eamdem domum est platea quedam quam Harcherus cambitor eidem ecclesie donavit in elemosinam, et nos ex regia benevolentia sororibus sepedictis triginta libras et plateam ad eam libertatem in qua Harcherus et antecessores sui eam habuerunt confirmavimus. Quod ut ratum sit in posterum, sigillo nostro muniri et nominis nostri caractere precepimus consignari. — Actum publice Parisius, anno Dominice incarnacionis M°. C°. LV°, astantibus in palacio nostro quorum substitulata sunt nomina et signa. Signum comitis Theobaudi dapiferi nostri ; S. Guidonis buticularii ; S. Mathei camerarii ; S. Mathei constabularii. Data per manum Hugonis cancellarii.

(Cartul. A, n° 8). Copie authentique de janvier 1617.

*Donation par Louis VII de la terre de Pierre le Coq,
à Barbery.*

1155

In nomine sancte et individue Trinitatis, amen. Ego Ludovicus Dei gratia Francorum rex ; quoniam homines seculi, obliti caritatis, plus justo sua querunt, non est opus religiosis et maxime feminis devotis Deo communicare cum laicis, si quomodo suas possessiones seorsum habere possunt ; quod nos diligentius attendentes, cum Barbariacum monialibus de Monte martyrum dedissem in elemosinam pro anima matris nostre regine Adelaidis, cognovimus Petrum Cocum in eadem villa terram tenere ex dono supradicte regine, et non ex nostra largitione ; fecimus igitur Petrum ante nos venire ut jus suum ostenderet super terra illa, et quod melius posset diceret, et exinde quam ipse terram habebat solummodo ex dono regine, que nichil nisi gratia dotis habebat ibidem ; in plena curia Silvanectis Petro abjudicata est terra, quam statim cum reliqua elemosina quam fecimus de Barberiaco, ecclesie de Monte martyrum donavimus. Quod ut ratum sit in perpetuum, nostri sigilli auctoritate confirmari et nominis nostri karactere consignari precepimus. Actum publice Silvanectis anno Dominice incarnationis Mo.Co.LVo.

(Cartul. A. n° 29)

Autorisation d'acheter la terre de G. Le Normand, à Barbery.

1156

Ego Ludovicus Dei gratia Francorum rex. Notum facimus universis presentibus atque futuris, quod pro amore Dei et ecclesie de Monte martyrum quam nos et antecessores nostri pariter fundaverunt, monialibus inibi Deo servientibus concessimus, ut terram Guillermi Normanni, quamcumque habet apud Barbariacum, in vadiis accipiant, et eam terram invadiare nulli alii concedimus. Quod si eam vendere voluerit Guillermus, emendi eam soli jam dicte ecclesie donamus potestatem. Ut ita cognitum sit et ratum habeatur in posterum, sigilli nostri auctoritate et nominis nostri karactere firmari et consignari precipimus. Actum publice Parisius, anno ab incarnatione Domini M°.C°.LVI°.

(Cartul. A. n° 28).

Garantie de la vente faite par Gautier de Boolim, d'une terre et d'une vigne, confirmée par Louis VII.

1156

In nomine sancte et individue Trinitatis, amen. Ego Ludovicus Dei gracia Francorum rex. Quoniam ecclesiam de Monte martyrum, quam pater meus rex Ludovicus et Adelaidis regina genitrix mea fundaverunt et amaverunt, nos quoque multum amantes ampliavimus, in testimonio et defensione rerum suarum virginibus inibi Deo devote famulantibus adesse et prodesse voluimus, unde et notum fecimus omnibus futuris sicut et presentibus, quod Galterius de Boolim eidem ecclesie per manum Christiane abbatisse terram vendidit et vineam, quam venditionem cum Hugo Lupus, quum in feodo suo res constabat, calumpniasset, idem Galterius in presentiam nostram veniens contractum recognovit, et rem totam ecclesie garentire se quamdiu vixerit et heredes suos post ipsum spopondit. Quod ut ratum sit in posterum et omnino inconcussum, et ut jam dicta ecclesia nullum inde accipiat dampnum, sigilli nostri auctoritate presentem paginam confirmari et nominis nostri karactere precipimus insigniri. Actum publice Parisius, anno ab incarnatione Domini M°.C°.LVI°.

(Cartul. A. n° 15).

*Concession d'une charrette à deux chevaux par jour,
de bois mort, dans la forêt de Vincennes*

1158

In nomine sancte et individue Trinitatis, amen. Ego Ludovicus Dei gratia Francorum rex, notum facimus omnibus futuris sicut et presentibus, quia domui Montis martyrum et sororibus ibi Deo famulantibus in Vicenna mortuum nemus ad usum domus unam quadrigatam ad duos equos cotidie concessimus, extra fossata bonorum hominum de Grandi-Monte, et servientes nostros inhibemus ne ministris monialium noceant injuste neque disturbent. Quod ut ratum sit in posterum, sigillo nostro muniri fecimus ascripto nominis nostri karactere. Actum Parisius anno Dominice incarnationis millesimo centesimo L°.VIII°.

(Cartul. A. n° 44).

Confirmation de la vente faite par Théon de Nanteuil.

1159.

In nomine sancte et individue Trinitatis, amen. Ego Ludovicus Dei gratia Francorum rex; et si cunctis totius regni ecclesiis amorem debeamus et regimen, multo affectuosius tamen nos oportet diligere ecclesiam Montis martyrum, ubi patronus Francie beatus Dyonisius martirium suscepisse cognoscitur, et inibi fundatam ecclesiam pater meus rex Ludovicus magnificè dotavit ad serviendum Deo, ibi assignans sacras virgines, et mater mea regina Adelaidis monialis facta Deo spiritum et corpus tradidit sepulture. Dictum ergo monasterium specialiter amplectentes, notum facimus universis tam présentibus quam futuris quod Theo de Nantholio terram et quicquid ex parte uxoris sue Dothe habebat apud Bollencort reddidit in manus nostras, et de ipsa possessione, sicut nobis reddita fuerat, ecclesiam Montis martyrum investivimus et per manum Adele abbatisse saisivimus, que sane de bonis ecclesie ipsi Theoni sex viginti libras elargita est; et quandam neptem Willermi Viarii recepit in sororem pro hac tali recompensatione, Dotha, et filio ejus Odone, et Willermo patre, et Amalrico fratre ejus laudantibus et consentientibus hanc ecclesie fieri donationem. Ut autem hoc ratum sit et penitus inconcussum, sigillo nostro presentem paginam muniri precepimus subterscripto karactere nostri nominis. Actum publice Parisius, anno Incarnati Verbi M°.C°.L° nono.

(Cart. A, n° 24).

Charte de Louis VII restituant à l'abbaye de Montmartre une terre sise au Pont-la-Reine.

1160

In nomine sancte et individue Trinitatis, amen. Ego Ludovicus Dei gracia Francorum rex; videntes ab antecessoribus nostris monasterium Montis martyrum fundatum et dotatum, et ibidem matris mee regine bone memorie Adelaidis cernentes sepulturam, ad diligendum locum magis et magis provocamur, et ex hoc potissimum quod virgines loci ad servicium Dei devotissime sunt. Habebat eadem ecclesia quamdam terram apud Pontem Regine, ubi frater meus bone memorie Philippus villam condidit et illam terram sibi necessariam ab ecclesia per manum Adde abbatisse accepit ad censum, quo defuncto abbatissa et sorores ejusdem loci terram sibi et ecclesie restitui postularunt.

Notum itaque facimus universis presentibus et futuris quod ecclesie Montis martyrum et virginibus ibi Deo famulantibus terram suam apud Ponte Regine quietam sicut antea habuerant reddidimus, et insuper ipsum conquestum quem ab Amabrico filio Mathei Belli fecerat et Herbergarium quod in conquestu fecerat in ea libertate quam ibidem Philippus habebat pro remissione peccatorum et salute anime ipsius et pro nobis et antecessoribus nostris in elemosinam donavimus, et ad perpetuam stabilitatem scriptura et sigillo regio confirmari precepimus, subterinscripto nostri nominis karactere. Actum publice Parisius, anno ab incarnatione Domini M°.C°.LV°, regni nostri XXIIII°, astantibus in palatio nostro quorum subtitulata sunt nomina et signa. Signum comitis Theobaldi, dapiferi nostri; S. Guidonis buticularii; S. Mathei camerarii; S. Mathei constabularii. — Data per manum Hugonis cancellarii et episcopi Suessionensis.

(Original en parchemin).

*Restitution de la terre de Pont-la-Reine
(Bourg-la-Reine).*

1160.

In nomine sancte et individue Trinitatis, amen. Ego Ludovicus Dei gratia Francorum rex, videntes ab antecessoribus nostris monasterium Montis martyrum fundatum et dotatum, et ibidem matris mee regine bone memorie Adelaidis cernentes sepulturam, ad diligendum locum magis ac magis provocamur, et ex hoc potissimum quod virgines loci ad servitium Dei devotissime sunt. Habebat eadem ecclesia quamdam terram apud Pontem Regine, ubi frater meus bone memorie Phillippus villam condidit, et illam terram sibi neccessariam ab ecclesia per manum Adde abbatisse accepit ad censum, quo defuncto abbatissa et sorores ejusdem loci terram sibi et ecclesie restitui postularunt. Notum itaque facimus universis presentibus et futuris quod ecclesie Montis-martyrum et virginibus ibi Deo famulantibus terram suam de Ponte Regine quietam sicut antea habuerant reddidimus, et insuper ipsum conquestum quem ab Amalrico filio Mathei belli fecerat et herbergarium quod in conquestu fecerat mea libertate, quem ibidem Philippus habebat, pro remissione peccatorum et salute anime ipsius, et pro nobis et antecessoribus nostris in elemosinam donavimus. Et ad perpetuam stabilitatem scriptura et sigillo regio confirmari precepimus, subter inscripto nostri nominis karactere. Actum publice Parisius anno ab Incarnatione Domini M° C° LX°, regni nostri XXIIII°.

(Cartul. A, N° 26).

Bulle d'Alexandre III, portant confirmation des privilèges et propriétés de Montmartre.

1164 (1164).

Alexander, episcopus, servus servorum Dei, dilectis in Christo filiabus Adde abbatisse monasterii Sancti Dionysii de Monte martyrum cum ejus sororibus tam presentibus quam futuris regularem vitam professis in perpetuum. Desiderium quod ad religionis propositum, animarum salutem, pertinere monstratis sine aliqua esse dilatione complendum [arbitramur], eapropter, dilecte in Domino filie, vestris justis postulationibus clementer annuimus, et prefatum monasterium ab illustris memorie Ludovico rege et Adelaide regine uxoris sue assensu pro animarum suarum salute et peccatorum remissione constructum atque ditatum, in quo divino mancipate estis obsequio, sub beati Petri et nostra protectione suscepimus et presentis scripti privilegio communivimus; in primis siquidem statuentes ut ordo monasticus, qui secundum Deum et beati Benedicti regulam in vestra ecclesia noscitur institutus, perpetuis ibidem temporibus conservetur, atque in eodem loco per sanctimoniales honeste conversationis et vite laudabilis omnipotenti Domino de cetero serviatur, et prefate moniales liberam eligendi abbatissam habeant facultatem, nec aliqua persona eis per violentiam preponatur, abbatissa etiam sive ipse sanctimoniales pro aliqua aliquando negligentia a suo penitus monasterio nullatenus expellantur, nisi prius judicio legali sancte matris romane Ecclesie cujus patrocinio communite sunt dijudicate fuerint, sed potius Parisiensis episcopi atque aliarum personarum religiosarum commonitione et consilio corrigantur. Preterea quascumque possessiones et quecumque bona ab eodem rege sive regina seu aliis Dei fidelibus inpresentiarum juste et canonice possidetis aut in futurum concessione Pontificum, largitione regum vel principum, oblatione fidelium, seu aliis hujusmodi Deo propitio poteritis adipisci, firma vobis et his que vobis successerint atque illibata permaneant, in quibus hec propriis duximus vocabulis exprimenda : Ecclesiam Sancti Dionysii in Monte martirum et decimam ad eamdem ecclesiam pertinentem cum appendiciis suis'; Ecclesiam de sancto Martirio cum vineis addendis, et Morelli culturam quam Matheus prior comparavit a Warnerio de Portu ; villam que vocatur Mansionillum cum omnibus appendiciis suis; duo molendina apud Clippiacum cum conclusione aque et molitura totius ville ; Parisius furnum unum cum omnibus consuetudinibus suis ; in silva Vulcenia quotidie vehiculatam unam mortuorum lignorum ; domum Guerrici cum stationibus carnificum et vicariatu ejusdem domus; terram Gemmardi que vocatur Puncta liberam et quietam ; piscaturam et terram in insula de Bersiliis ab omni consuetudine liberam ; apud Chelam arpenta pratorum decem ; in pago Silvanectensi apud Braium domum unam, vineas et terram uni carruce sufficientem ab omni exactione et consuetudine liberam, ita quod de carruca illa aut de aliis, si plures Deo donante carrucatas habueritis, nullam campipartem, nullam consuetudinem tribuatis, sicut ab illustri Francorum rege vobis concessum est et scripto suo firmatum ; in pago Stampensi villam que

Torphorum (*sic*) dicitur, cum omnibus appendiciis suis; in pago Meledunensi nemus et navem ad ligna per Secanam adducenda, ab omni consuetudine liberam; hospitem unum omni exactione equitatus hujusmodi liberum ut annonam vestram a Meleduno usque Parisius per Secanam ducat, et, si ipse non bene servierit mortuusve fuerit, alius ad hoc opus idoneus vobis a rege restituatur; in pago Gastinensi tres mansionillos cum terra et molendino et ceteris appendiciis eorum; Stampis furnum unum cum omnibus consuetudinibus; apud Pratellum Holdeu villam prorsus liberam cum omnibus appendiciis suis; quicquid etiam de feodo regis adipisci potueritis; hoc et alia vobis a rege concessa et scripto suo firmata nihilominus confirmamus; viginti libras de cambitu parisiensi quas vobis Ludovicus filius Ludovici regis dedit, et apud Bestisiacum decem arpenta pratorum et quadraginta arpenta de terra arabili; viridarium suum de Sancto Leodegario; stagnum cum molendino; plateam piscatorum que est inter domum carnificum et castellulum regis; cappellam unam apud Bestisiacum, et apud Boloniam quinque millia allecum quotannis; omnem partem feudi venatorum regalium que contigerat Mathie circa Secanam, et apud Vitriacum terram que fuit Galonis presbiteri ex feudo regis; Parisius domum unam juxta parvum Pontem, alteram juxta status carnificum; in monte Savies vineam Boucardi et torcular in eadem cum una custodia vinearum; apud Brumil quinque solidos census cum justicia; medietatem unius vinee ex dono Gauterii de Booron[1], custodiam vinearum in monte Mar-

---

1. Al. *Bocron*.

tirum, et omnes vineas quas ibi habebat ; quatuor solidos duos denarios census et ea que in Pomponia villa habetis ; capellam unam in Calvo-Monticulo, cum feudo Pagani Trencebisse, et cum feudo Garsilie, atque alodia fratris tui Eustachii et sororum tuarum, dilecta in Christo filia Christiana abbatissa, Cecilie videlicet et Hildebourgis ; Gozonem quoque hominem eorum et ea que ab illis tenebat ; undecim arpenta de pratis, que vulgo Mareis apellantur ; ex dono Ludovici Francorum regis quidquid habuit in villa Barbariacum, stagnum cum justicia et districtis omnibus pertinentiis suis, terram quam Petrus Cocus in Barberiacum tenuit, et que eidem Petro adjudicata fuit a Silvanectensi curia regis, et quam idem eidem ecclesie rationabiliter dedit ; in Molendino regis....
......modios frumenti et dimidium, molitare vero quatuor modios et dimidium ; triginta libras in perpetuo habendas in teloneo carnificum, sive unum sive plures Parisius habeant que ab eodem rege date sunt ecclesie vestre pro domo Werritii cambitoris et pro alia domo quam vos habebatis in vico parvi Pontis intra Insulam, quas rex assensu Adde abbatisse et capituli in manu sua ad viam quamdam ampliandam accepit ; predicte vero triginta libre sunt in quatuor anni terminis persolvende, scilicet, in Natali Domini, Pascha, in festo Sancti Joannis et in festo Sancti Dionysii, in unoquoque termino septem libras et decem solidos ; et quod Adda Abbatissa emit a Joanne de Miliaco, quicquid videlicet habebat in villa de Memberviller, Buxi, Merlenval, terram scilicet et campardum, quicquid legitime possidebat per uxorem suam Bosseriam, ex cujus parte ei provenerant, filiabus suis et Adam de Viniaco, de cujus feudo illud

erat, sine ulla reclamatione in posterum concedentibus ; illud etiam quod Adda abbatissa emit à Bartholomeo de Auvers apud Membervillier, Buxi, Merlenval et Auci (?) in terram, hospites et campartum, que omnia Teonus de Nantolio, ex cujus feudo erant, et uxor jam dicti Bartholomei concessisse noscuntur ; et quod Philippus de Sancto Ionio abbatisse vendidit apud Toronfou et terram quam possidebat usque ad caminum petrosum et ecclesiam assensu Parisiensis episcopi a vobis constructam in villa que Burgum Regine appelatur ; sane novalium vestrorum que propriis manibus aut sumptibus colitis, sive de nutrimentis vestrorum animalium nullus decimas a vobis presumat exigere. — Decernimus ergo ut nulli omnino hominum liceat prefatum monasterium temere perturbare, aut ejus possessiones auferre, vel ablatas retinere, seu quibus libet vexationibus fatigare, sed omnia integra conserventur earum pro quarum gubernatione ac sustentatione concessa sunt usibus omnino profutura, salva in omnibus apostolice sedis auctoritate. Si qua igitur in futurum ecclesiastica secularisve persona hanc nostre constitutionis paginam sciens, contra eam venire temere tentaverit, secundo tertiove commonita, nisi presumptionem suam congrue emendaverit, potestatis honorisque sui careat dignitate, reamque se divino judicio existere de perpetrata iniquitate cognoscat, et a sacratissimo corpore ac sanguine Dei ac Domini redemptoris nostri Jesu Christi aliena fiat, atque in extremo examine districte subjaceat ultioni. Cunctis autem eidem loco sua jura servantibus sit pax Domini nostri Jesu Christi, qualiter et hic fructum bone actionis percipiant et apud districtum judicem premia eterne pacis inveniant. Amen.

Locus signi.

Ego Alexander Catholice Ecclesie episcopus.
Ego.... Hostiensis episcopus.
Ego Benardus Portuensis episcopus.
Ego..... Albanensis episcopus.
Ego Hiacintus diaconus cardinalis Sancte Marie.
Ego Oddo diac. card. Sancti Nicolai in carcere Tulliano.
Ego Ardicio diac. card. Sancti Theodori.
Ego Boso diac. card. SS. Cosme et Damiani.
Ego Cinthius diac. card. Sancti Adriani.
Ego Petrus diac. card. Sancti Eustachii juxta templum.
Ego Manfredus diac. card. Sancti Georgii ad velum aureum.
Ego Holbadus presbiter card. tit. Sancte Crucis in Hierusalem.
Ego Johannes presb. card. tit. Sancte Anastasie.
Ego Albertus presb. card. tit. Sancti Laurentii in Lucina.
Ego Guillelmus presb. card. tit. Sancti Petri ad Vincula.

Datum Senonibus[1] per manum Germani sancte romane Ecclesie subdiaconi et notarii, VI kal. Februarii, indictione XI°, Incarnationis dominice anno millesimo centesimo sexagesimo tertio, pontificatus vero domini Alexandri Pape tertii anno quinto.

Deux copies authentiques (assez peu correctes), de 1586 et 1590.

---

[1]. Alexandre III, chassé d'Italie par l'empereur Frédéric, s'était réfugié en France. Il séjourna à Sens depuis le 30 septembre 1162, jusqu'au commencement de 1164.

Confirmation de la vente de la dîme de Buters.

1165

In nomine sancte et individue Trinitatis, amen. Ego Ludovicus Dei gratia Francorum rex. Conventiones et contractus qui fuerint inter ecclesiasticas et seculares personas, quando ad nostram venerint audientiam, dignum est illa commendari memorie, ut descripta veritate negocii, perfidia eorum qui nocere cogitant necessitate cognite veritatis obmutescat. Notum itaque sit universis presentibus et futuris quod Rainaudus de Camptembro et Robertus frater ejus invadiaverunt decimam suam de Buters ecclesie Montismartyrum per manum abbatisse Ade pro quater XX libris parisiensibus, et deinde, cum Robertus esset ultra mare, Raginaudus locutus cum abbatissa transegit de jam dicta decima, quam concessit ecclesie in venditionem acceptis inde XXV libris de caritate ecclesie, tali quidem modo, quod si Robertus rediens moverit calumpniam vel aliquis umquam alius, Raginaudus venditionem garentabit, et si non poterit garentare, decima sicut prius remanebit in pignore pro quatuor XX libris, et Raginaudus pro illis XXV libris XL ecclesie persolvet, quarum plegii sunt amici sui et hanc summam coram nobis fiduciaverunt se reddituros, Johannes scilicet de Colentiis XX libras, Bartholomeus de Auveso X libras, Petrus de Alneto C solidos, Adam de Sorel C solidos. Contractus iste recitatus fuit ante nos et rem laudavit Teudo de Namtolio, de cujus feodo decima esse dinoscitur, et quod tercius dominus, Odo scilicet Male-Herbe rem istam concesserit, certissime asseruit prepositus de Capella Gaufridus. Ceterum ipsi nos laudantes contractum pro amore ecclesie cui multum favemus, conscribi, et sigillo nostro muniri fecimus, addito karactere nostri nominis. Actum publice Parisius anno incarnati Verbi M°. C°. LX°. V°.

(Cartul. A. n° 25).

Donation devant l'évêque de Térouanne, d'un demi marc, et de 20 sols d'argent de rente.

1167 (?)

Lettre de demi marc d'argent, au pois de Boulongne.

Ego Milo Dei (gratia) Morinorum episcopus, dilecte sue Christiane abbatisse de Monte-martirum ejusque sororibus regularem vitam professis, in Christo salutem et apostolicam benedictionem. Ea que pro salute animarum a fidelibus racionabili devotione coram nobis facta esse cognoscimus, ne in posterum a pravorum hominum violencia infringantur, scripto retineri ac sigilli nostri munimine roborari utile duximus. Hujus itaque considerationis intuitu, dilecta soror Christiana, tibi et ecclesie de Monte-martirum allodia fratris tui Eustachii et sororum tuarum Cecilie et Hildeburgis confirmamus, que, cum quiete tenerent, tam pro salute animarum suarum quam antecessorum suorum ipsi ecclesie nostre dederunt, et ea ipse Eustachius per dimidiam marcam argenti, Cecilia per decem solidos, et Hildeburgis per decem solidos Boloniensis monete sub censu perpetuo singulis annis tam ab ipsis quam ab heredibus eorum in festivitate Sancti Remigii solvendo receperunt, Goronem quoque hominem eorum et ea que ab illis tenebat, libera ecclesie vestre perpetuo concesserunt. Si quis hanc nostre confirmacionis paginam sciens eam infringere temptaverit, donec errorem suum satisfactione correxerit, anathema sit. Actum est autem hoc anno Domini millesimo centesimo LX^{mo} VII°, coram his testibus : Philippo, Milone archidiaconis, Balduino Wastinensi, Balduino de Milham, Gisleberto clerico, Helnardo Peveres, Gundemno de Holdenehem et aliis pluribus.

(Cartul. B., fol. 2, verso).

Confirmation de la donation d'un demi-marc d'argent, ci-dessus.

1167 (?)

Notum facimus, et sit tam posteris quam presentibus, quod Eustachius de Coccebrona dedit ecclesie Montis-martirum dimidiam marcam argenti per annum, quod postea per Hubertum de Bonelniqueham qui ejus filiam duxerat ita est confirmatum. Hic vero Hubertus prefate ecclesie in precio argenti redditum cujusdam feodi reliquit, quem Gotho de Cortebrona de eo tenebat, qui Gostho predictum argentum pepigit annuatim redditurum, et Hubertus, si quid ad apreciandum argentum deerit, de jam dicto redditu Gothoni et ecclesie, si opus fuerit, se rexponsurum promisit. Cujus rei hi sunt testes. Balduinus capellanus, Guillelmus capellanus de Monte-martyrum, Hugo de Sircoquis, Eustachius Mondols, Arnoldus de Campains, Guinemarus.

(Cartul. B, fol. 2, verso).

Donations faites à l'infirmerie de l'Abbaye.

1171

Ego Mauricius Dei gratia Parisiensis episcopus, notum fieri volumus universis tam presentibus quam futuris, quod cum sorores ecclesie Montis-martyrum antiquitus egrotari solerent, et cum communi victu refectorii ad convalescendum non possent refici, domina Ada ejusdem ecclesie abbatissa, et domina Constancia soror regis Francie, comitissa Tholose, ex sola caritatis dilectione promote, unde aliquando fragilitati humane egritudinis succurrerent, devote instituerunt. In hac institutione que vocatur infirmaria, domina Ada predicta abbatissa assensu tocius capituli de premio domus parvi pontis, viginti solidos censuales singulis annis assignavit. Domina vero Constantia soror regis Francorum, qui viderat plerasque sanctimonialium sorores in infirmitate suorum corporum laborare, et innumerabiles penurias tolerare, sperans et expectans in futura vita participare mercedem beneficiorum que fiunt in predicta ecclesia, vigiliis, jejuniis, orationibus et elemosinis, sive quibuscumque modis fiant, decem solidos et VIIII denarios censuales quos habebat ad Aubertum-Vilare, quos emerat de dominio suo a domino Hugone magno de

Calliaco cum justicia terre illius pro qua census iste redditur, ad confortandum sorores institute infirmarie concedendo et laudando donavit. Sed si alibi decem solidos predicte infirmarie assignaret, ipsa domina Constantia illos predictos decem solidos ad usus suos vellet retinere. Eodem tempore dominus Remondus preccutor Compendii, et fratres sorores(que) ipsius, pro anima patris sui qui tunc temporis nuperrime obierat, et pro animabus omnium antecessorum suorum et omnium fidelium defunctorum, unam fenestram qua panis venditur, que est ad portam Parisius, predicte infirmarie donaverunt, et concesserunt, et laudaverunt, et per Thomam divitem qui teme Parisius prepositus erat dominam Adam predicte ecclesie abbatissam de fenestra illa investiri fecerunt. Item predicta Constantia soror regis Francie dat ecclesie Sancti Dyonisii de Monte-martyrum molendinum quoddam et piscaturam ejusdem molendini ; quod videlicet molendinum a sanctimonialibus Ederensis abbatie sibi emerat, situm apud Clichiacum. Hec itaque tali pacto dat, quod decem et octo sextarii annone, quales molendinum predictum lucratum fuerit, reddantur inde Helisabeth nepti sue per singulos annos quamdiu ipsa vixerit ; medietatem tamen predicte piscature reddi disponit simul eidem Helysabeth, aliam medietatem ecclesie habendam. Si autem ipsa Helysabeth ante eam decesserit, prefata annona et medictas piscature ipsi Constantie dum vixerit remanebunt. Postquam vero utraque decesserit, supradictum molendinum cum annona et piscatura domui infirmarie supra nominate ecclesie remaneat in posterum, tali videlicet conditione, quod singulis annis custos domus infirmarie duodecim solidos in die anniversarii ipsius Constantie ad quamdam pitantiam refectorio faciendam reddat. Hec autem omnia facta sunt assensu domine Ade ejusdem ecclesie aboatisse, et totius conventus. Et ut hec rata et inconcussa teneantur in perpetuum, domina Ada abbatissa, et domina Constantia soror regis Francie que tunc temporis in Monte-martyrum morabatur, sigilli nostri auctoritate et testimonio sigillorum suorum presens scriptum sub anathemate muniri rogaverunt. Actum anno incarnati Verbi M°. C°. LXXI°, episcopatus vero nostri anno XI°.

(Cartul. A, n° 40).

Constitution de Louis VII, sur le nombre des religieuses de Montmartre.

1175.

In nomine sancte et individue Trinitatis, amen. Ludovicus Dei gracia Francorum rex, Regiam decet providenciam tam ecclesiarum quam monasteriorum expensas adeo salubriter moderari, et in posterum eis delibera... prospicere, ne sumptuum immoderato gravamine ad extremam inanitionem atque inopiam deponantur. Timemus enim ne forte, quod absit, ex dissimulatione culpabili per negligentiam offendamus Deum qui nos regnare feliciter permittit, nisi subjectorum et presertim religiosorum commodis attenti debita sollicitudine vigilemus. Qua consideratione notum facimus universis presentibus et futuris quod super monasterio beate et gloriose Virginis Marie juxta Parisius in Monte-martirum constituto, cujus substantiam pro nimia multitudine monialium ibi receptarum periclitari et in dies singulos attenuari videbamus. ad peticionem et consilia sapientum constituimus ut ad sexagenarium numerum ibidem sanctimonialium reduceretur multitudo que nimis excreverat, et a festo beati Andree nulla omnino sanctimonialis in predicto deinceps recipiatur monasterio, nisi urgente mortis articulo, donec ad pretaxatum numerum redigantur, et postea in locum decedentium alie subrogari poterunt, atque constitui, ita tamen quod numerum sexagenarium nullatenus devote ibidem Deo sanctimoniales transcendant. Quod si presumptione vel temeritate aliqua prescriptus numerus excedatur, sciant tam abbatissa, quam conventus, quod pro nostri transgressione mandati regiant indignationem et offensam incurrent, et quod enormiter gestum fuerit, regie districtionis censura noverint puniendum. Quod ut incommutabile et ratum perpetuo permaneat, sigilli nostri auctoritate, ac regii nominis subter inscripto karactere fecimus communiri. Factum Parisius in palatio nostro, anno Verbi incarnati millesimo centesimo septuagesimo quinto.

Original en parchemin du xiie siècle, lacéré en partie, complété à l'aide d'un vidimus de 1645.

Concession faite par Elisabeth, abbesse de Montmartre, à Nicolas de Neuilly, d'un terrain près de la porte de Paris.

1179.

Quoniam mater litis oblivio etiam serio acta nonnunquam ad nihilum redigit, ego Helisabeth, Dei gra-

cia Montis-martirum abbatissa, presencium futurorum-
que noticie tradimus, quod ex communi conventus
nostri consilio et assensu, plateam quamdam quam
apud portam Parisiensem ecclesia nostra steriliter ac
inutiliter diu possederat, Nicholao de Nulliaco edificio
vestiendam jureque hereditario possidendam dedimus.
Eumdem preterea Nicholaum omnium nostrorum par-
ticipem fęcimus stipitum qui stalla nostra ab ejus domo
contigue dirimunt, insuper concedentes ut domus
ejusdem solivas de super extendat, tamque super
stalla nostra spacii in perpetuum possideat, quantum
presens edificium testatur. Porro exinde super eamdem
possessionem census XLV solidorum nobis assignatus
est, quem annuatim sepe dictus Nicholaus ejusque
successores ecclesie nostre persolvent. Si vero stipi-
tes predicti defecerint, si tegule supra spatium ut
dictum est Nicholao heredibusque suis concessum
putruerint, si guttaria nobis et illi communis innovanda
fuerit, de nostro nichil impendemus, sed ipse Nicholaus suusque successor singula novabit de proprio.
Verum ne proterve aliquis aliquo reclamet in tempore,
sigilli nostri auctoritatem objecimus. Subscripta sunt
etiam testium legitimorum nomina. Ex parte nostra,
Signum Henrici presbiteri; S. Salomonis et Mauricii
capellanorum nostrorum; S. Willelmi et Pagani fratrum nostrorum. Ex parte Nicholai, S. Renoldi de
Paci, S. Auberti Guimeri, S. Radulfi de Charz, S.
Berneri, S. Galteri Salhenbien, S. Auberti Rufi, S.
Willelmi de Nulliaco. Actum in capitulo nostro anno
ab incarnatione Domini M° C° LXX° VIIII°.

(Original sur parchemin).

*Donation d'un muids de blé à Chamissi, et d'un
arpent de vigne à Taregni.*

Vers 1180.

Ego H.[1] Dei gratia Silvanectensis episcopus. Notum sit omnibus tam futuris quam presentibus, quod Petrus filius Waleranni de Ponte ad nos veniens, dixit nobis ex parte patris sui qui in lecto egritudinis jacebat, quod ipse pater unum modium bladi in sua granchia apud Chamissi et unum arpentum vinee apud Taregni ecclesie de Monte-martyrum in elemosinam dederat, quam elemosinam idem Petrus monialibus predicte ecclesie in perpetuum possidendam sine omni controversia in presentia nostra concessit. Quod ut ratum in perpetuum permaneat ad peticionem predicti Petri et abbatisse supradicte ecclesie et donationem patris et concessionem filii sigillo nostro corroboravimus.

(Cartul. A, n° 31).

*Donation de XX sols VI deniers de rente
par Constance, sœur du roi.*

Vers 1180.

Notum sit omnibus tam futuris quam presentibus quod ego Constantia soror regis Francorum, comi-

---

1. Henri, évêque de Seulte de 1168 à 1185.

tissa Sancti Egidii, do et concedo in elemosinam pro anima mea et pro animabus antecessorum meorum, abbatie Montis-martyrum, propter cenas dominarum, XXV solidos et VI denarios de quodam censu quem mercata fueram a Symone de Perruchei apud Mosterolium, similiter do abbatisse predicte redditus de hoc censu XXV solidorum et VI denariorum, et quidquid redditus inde procedet. Hoc autem concesserunt Gilbertus et Richeldis ad quos due partes hujus feodi pertinent. Quod ut ratum sit cartam istam auctoritate sigilli mei munivi. Ipse autem Gilbertus et Richeldis predictam abbatiam investierunt. Hujus rei testes sunt: Bernerius decanus, Evrardus frater ejus, Tevinus, Petrus Radulphus prior, Robertus carpentarius, qui in loco abbatie investitus fuit, Ausodus, Seibertus, Odo.

Cartul. A, n° 39.

Confirmation de la Constitution de Louis VII, sur le nombre des religieuses de Montmartre, par Philippe-Auguste.

1182.

In nomine sancte et individue Trinitatis, amen. Philippus Dei gratia Francorum rex. Noverint universi presentes pariter et futuri, quod Elizabet beate Marie Montis-martyrum abbatissa totiusque illius ecclesie conventus unanimi assensu illud usuarium quod ex dono avi nostri Ludovici bone memorie habebant in nemore nostro de Vilcenia, videlicet unum vehiculatam de lignis mortuis singulis diebus nobis

resignarunt et quitarunt ; nos autem in recompensationem illius usuarii et ob remedium anime patris nostri et nostre, prefatis monialibus decimam nostram de Auvers dedimus, et domum unam quam ibidem habemus extra nostram granchiam et extra porprisium granchie, (ut) in ea tempore messium decimam possint colligere ac reservare. — Propterea ad omnium noticiam venire volumus quod sicut pater noster piissime recordationis Ludovicus consilio sapientum constituit et precepit « ut ad sexagenarium numerum reducere-
« tur monialium predictarum multitudo que nimis
« excreverat, et nulla omnino monialis in predicto
« deinceps reciperetur monasterio nisi urgente mor-
« tis articulo donec ad pretaxatum numerum redige-
« rentur, et postea in locum decedentium alie subro-
« gari possent atque constitui, ita tamen qnod
« numerum sexagenarium moniales devote ibidem
« Deo servientes nullatenus transcenderent. » Simili modo considerata racione constitutionis patris nostri idem constituimus et precipimus. — Que omnia ut perpetuam obtineant firmitatem et apud posteros inconcussa permaneant, presentem paginam sigilli nostri auctoritate, et regii nominis karactere inferius annotato communimus. — Actum Parisius, anno Incarnacionis Domini millesimo centesimo LXXXII°, regni nostri anno quarto, astantibus in palacio nostro quorum nomina supposita sunt et signa. — Signum comitis Theobaudi dapiferi nostri ; S. Guidonis buticularii ; S. Mathei camerarii ; S. Radulphi constabularii. Data per manum Hugonis cancellarii.

(Cartul. A. n° 16).
Copie du xii° siècle sur papier.

Chartes concernant Barbery.

1183

Lettres faisant mention d'aucunes terres de Barbery.

I. Mauricius parisiensis archidiaconus et Jovinus scolarium aurelianensium magister, omnibus qui presentem paginam viderint in Domino salutem. Noverint universitas vestra quod mandatum domini Pape recepimus sub hac forma : « Innocentius episcopus servus servorum Dei, dilectis filiis priori Sancti Martini de Campis, M. archidiacono parisiensi et magistro Johanni scolarum Aureliani, salutem et apostolicam benedictionem. Ex parte dilectarum in Christo filiarum abbatisse et sanctimonialium Montis-martirum querelam accepimus quod Hubertus de Pomponio, Gilo de Voirines et eorum uxores et quidam alii tam clerici quam laici quos exprimunt nominatim, ecclesiam suam super quibusdam terris arabilibus, decimis, vineis et aliis rebus contra justiciam plurimum vexare intendunt. Quia vero quanto fragilioris condicionis existunt, tanto magis eis in suis sumus peticionibus debitores, discretioni vestre per apostolica scripta mandamus quatenus partibus convocatis audiatis hinc inde proposita, et causam inter eos appellatione remota mediante justicia terminetis, facientes quod decreveritis per censuram ecclesiasticam firmiter observari. Testes autem qui nominati fuerint, si se gratia, odio, vel timore subtraxerint quominus testimonium perhibeant veritati, nos ad id per censuram ecclesiasticam appellatione postposita compellatis, nullis litteris veritati et justicie prejudicantibus a Sede apostolica impetratis. Quod si omnes hiis exequendis nequiveritis interesse, duo vestrum ea nichilominus exequantur. Datum Laterani VII° idus Julii pontificatus nostri anno secundo. » — Cum hujus igitur auctoritate mandati ad instanciam abbatisse et monialium de Montemartirum Hubertum militem et Mariam uxorem ejus legitime citassemus, partibus tandem comparentibus coram nobis, ex parte monialium fuit propositum quod cum super tota hereditate Willelmi Normanni et Marie sororis ejus sita in potestate de Barberi quam idem Willelmus et Maria donaverant monasterio prefato coram episcopo ambianensi a Papa judice delegato fuisset aliquamdiu litigatum, tandem mediante compositione et pace dictus Hubertus et uxor ejus juramentis interpositis totam hereditatem dictorum Willelmi et Marie sitam apud Barberi penitus quitaverunt, cum expensis monasterii, eidem monasterio legitimam garandiam portaturi, unde ex parte monialium petebatur, ut dictus Hubertus et uxor ejus adversus molestantes sicut juraverant legitimam garandiam portarent. Tunc dictus Hubertus agens pro uxore exhibitis prius litteris domini silvanectensis episcopi in quibus continebatur quod uxor illius constituebat eum procuratorem, quicquid ageret ratum habitura, negavit se de tota hereditate composuisse, sed de parte ; cumque de tota hereditate ipsos composuisse pars abbatisse se constanter assereret probatura, dilaciones utrique parti ad probandam intencionem suam assignavimus. Cum itaque omnia rite ac sollempniter agerentur et negotii veritas per legitimos et idoneos testes nobis innotesceret, priore Sancti Martini de Campis justa de causa absente, qui nobiscum erat judex delegatus, de consilio prudentum ad calculum diffinitive sententie procedentes, sic diffiniendo sententiavimus, abbatissam Montis-martyrum et monasterium absolvimus ab impeticione Huberti militis de Pomponio et Marie uxoris ejus, adjudicantes predicte abbatisse et monasterio quicquid Willelmus Normannus et Maria soror ejus habuerunt in potestate de Barberi, ipsi Huberto et uxori ejus super hoc perpetuum sub excommunicatione imponentes silencium, precipientes sub excommunicatione etiam eisdem, ut si quis prefatam abbatissam et monasterium super hoc molestaverit, legitimam ferant eis garandiam cum expensis monasterii, tum quia per instrumenta nobis legitime constitit ipsos ad hoc juramento prestito teneri.

(Cartul. B., fol. 8, verso).

1183

II. Mauricius parisiensis archidiaconus et Jovinus magister scolarum aurelianensis, omnibus ad quos presens scriptum pervenerit, in Domino salutem. Noverit universitas vestra quod cum a domino Papa judices deputati ad instanciam abbatisse et monialium de Monte-martirum, Hubertum de Pomponio militem et Mariam uxorem ejus legitime citassemus, et controversia verteretur inter eos super quibusdam terris sitis in potestate de Barberi, datis monasterio Montismartirum a Willelmo Normanno et Maria sorore ejus, lite contestata, data est dilatio ad testes producendos, quibus productis et examinatis diligenter et attestationibus publicatis secundum eas sententiavimus sic probatas : ex parte abbatisse et monialium de Monte-martirum testes sunt isti : Petrus de Monte-martirum laicus, juratus dixit se interfuisse apud Montem Desiderii et vidisse quomodo Teobaldus Ambianensis episcopus judex a Papa delegatus inter Hubertum de Pomponio militem et Mariam uxorem ejus ex una parte, et monasterium Montis-martirum ex altera parte, monuit ad pacem, et de consilio ejus compromiserunt in dominum Eustachium Canem et magistrum Gaufridum de Abbatisvilla et Johannem Balbum silvanectensem canonicum. Et tunc dictus Hubertus et Maria uxor ejus quitaverunt donationem totam quam fecerant Wuillelmus Normannus et soror ejus Maria ecclesie Montis-martirum, quando filie dicte Marie ingresse sunt monasterium, et dictus Hubertus et Maria uxor ejus soror dictarum filiarum juraverunt se super donacione illa monasterio prefato nullam de cetero molestiam illaturos, et legitimam garandiam eidem monasterio cum expensis monasterii portaturos. Requisitus de tempore dixit factum fuisse jam elapsis XVI annis, ut credit. Requisitus de loco dixit fuisse factum in quadam ecclesia apud Montem Desiderii, requisitus de quantitate donacionis dixit se nescire. Addidit etiam idem Petrus quod, de consilio et voluntate arbitrorum, Huberto et Marie uxori ejus date sunt XXX libre de bonis ecclesie Montis-martirum et uxori tunica. Renaudus laicus de Barberi juratus idem dixit quod Petrus. Helisendis de Pour sanctimonialis jurata idem dixit quod Petrus. Willelmus silvanectensis laicus juratus idem dixit quod alii. Renaudus remensis juratus dixit idem quod alii ; preterea dixit se solvisse pecuniam Huberto et tunicam tulisse uxori.

Renaudius de Barberi laicus juratus dixit quod audivit Hubertum et uxorem ejus post pacem factam recognoscentes pacem ante comitem Teobaldum in curia regis apud Silvanectis, et etiam donacionem dictam ante comitem ambos quitasse sicut dictum est. Requisitus de tempore dixit XVI annos elapsos. Bartholomeus de Barberi juratus dixit idem quod Renaudus; addidit etiam quod ibi sunt quatuor hostisie principales, quarum alique sunt divise de donatione Willelmi dicti et Marie sororis sue. Quantum autem ibi sit terre arabilis ex donacione, dicit se nescire, de tempore et loco idem. Reinerus presbiter juratus idem dixit quod Petrus. Gerardus de Barberi juratus idem dixit quod Renaudus. Garnerius de Barberi juratus idem dixit quod Renaudus. Hermengardis monialis jurata dixit quod vidit Willelmum Normannum avunculum suum et Mariam matrem suam obtulisse super altare monasterii Montis-martirum quicquid habebant in potestate de Barberi in perpetuum a monasterio detinendum, et jam transacti sunt XL anni, et uxor Huberti soror ipsius Hermengardis nondum erat nata. Ruece monialis jurata idem dixit. Theca monialis jurata idem dixit. Martinus laicus juratus idem dixit quod Ruece, sed de tempore non est memor. — Ex parte Huberti militis de Pomponio et Marie uxoris ejus testes sunt isti : Herveius de Silli juratus dixit se nichil scire de negocio isto. Radulphus Coquus miles juratus dixit se audivisse quod Willelmus Normannus dederat in elemosinam monasterio Montis-martirum quicquid modo petit Hubertus miles a monasterio de hereditate ipsius Willelmi, sita apud Barberi, et nichil scit nisi ex auditu et nunquam vidit de possessione investitum nisi monasterium. Bartholomeus Doignon miles juratus dixit quod nunquam vidit de possessione quam modo petit Hubertus a monasterio investitum nisi monasterium, sed nescit quo titulo monasterium haberet. Frater Mercator juratus dixit quod audivit ab ore ipsius Huberti et uxoris sue confitentium quod ambo juramento prestito quitaverant totam terram que fuit Willelmi Normanni et Marie sororis sue sitam in potestate de Barberi et quod garandiam portaret monasterio super terra dicta cum expensis monasterii.

(Cartul. B, f° 7, verso).

1183

Sentence arbitrale au sujet de terres sises à Barbery.

III. Ego Teobaldus Blesensis comes, Francie senescallus, notum facio universis, quod cum Hubertus de Pomponio super quibusdam terris apud villam que Barbarium dicitur consistentibus, quas uxorem suam dicebat hereditatis vice contingere, abbatissam et sorores de Monte-martyrum et in curia domini regis Ludovici, et coram dominis Mauricio[1] parisiensi, et Henrico silvanectensi episcopis sepe traxisset in causam, tandem a domino papa Lucio eadem causa Teobaldo Ambianensi episcopo fuit commissa, partibusque coram eo constitutis, tandem in arbitros compromiserunt, prestito hinc inde juramento, quod quicquid inter partes super hoc ordinarent arbitri ab eis firmiter servaretur; illi vero veritate plenius inqui-

1. Maurice de Sully, évêque de Paris, de 1160 à 1196.

sita, cognito quod predicte terre ecclesie de Monte-
martyrum ab antecessoribus jam dicte uxoris Huberti
in elemosina fuissent collate, intelligentes Hubertum
et uxorem ejus in easdem terras nichil juris habere,
abbatissam et sorores et ecclesiam de Monte-martyrum ab impetitione Huberti et uxoris ejus super his
per arbitrium absolverunt, Huberto et uxore ejus sub
juramento firmantibus quod de cetero sorores de
Monte-martyrum super hoc nullatenus molestarent;
et quia Hubertus et uxor ejus gravibus expensis propter hoc diu laboraverant, XXX libras parisiensis
monete pro bono pacis ut ab eis firmius teneretur a
prefatis sororibus acceperunt. Huic autem rei apud
Montem Desiderii facte coram prenominato ambianensi episcopo licet non interfuerim, quia tamen post
modum ita fuisse Silvanectis in curia Domini et nepo-
tis mei Philippi regis Francorum coram me et multis
aliis nobilibus viris a partibus est recognitum et concessum, id ipsum litteris commendavi et sigilli mei
impressione confirmavi. Hujus recognitionis testes
fuerunt : Johannes Poeta, Johannes Botenangle, canonici Silvanectis ; Guido buticularius, Galerannus de
Pontibus, Petrus Cocus, Gaufridus prepositus Silvanectis, Radulfus de Radoe. Actum Silvanectis, anno
incarnati Verbi M°.C°.LXXXIII°. Datum per manum
Hilduini cancellarii.

(Cartul. A, n° 35. — Cart. B, fol. 9).

1186

Lettre de Barbery.

IV. In nomine sancte et individue Trinitatis amen.
Ego Gaufridus Dei paciencia silvanectensis episcopus,

notum sit omnibus tam futuris quam presentibus, quod dominus Petrus Torchart XX arpennos terre arabilis apud villam que dicitur Barberi constituentes domino Petro Leschant, XX nummos censuales annuatim persolventes, assensu uxoris sue Aaliz de cujus dote prefata terra erat, fratibus etiam suis Johanne et Willelmo Torchart et nepotibus suis Willelmo et Ludovico et domino Petro Leschant hoc concedentibus et fide interposita hujus rei firmiter tenende plegiis existentibus, ecclesie Montis-martirum in liberam elemosinam contulit et nos quicquid in eis habebat penitus in manu nostra resignato ecclesiam per manum Elizabeth abbatisse investivimus. Pro hujus vero recompensione beneficii Petrus Torchart ab ecclesia C libras parisiensis monete recepit. — Nos autem Petrus Torchart et alii superius nominati rogaverunt quod hujus rei firmiter observande fidejussores essemus, eo videlicet modo quod si nominati vel aliquis alius super hanc ecclesiam molestare presumerent, et pactum quod sub assercione fidei se observaturos promiserant, vellent irritare, nos eos anathematis vinculo innodaremus et ad pactionem supradictam firmiter tenendam eos ecclesiastica justicia compelleremus. Quod ut ratum habeatur in posterum sigilli nostri impressione et nominis nostri karactere confirmari volumus. Hujus rei testes sunt Stephanus decanus Sancti Reguli, Hermerius decanus Sancti Frambaldi, Johannes Baldvinus, Renerius capellanus abbatisse, Ernulfus Paris, Herimardus Sancti Vincentii, Renouldus Gastellarius, Reginaldus et Petrus famuli abbatisse. Actum Silvanecti anno ab Incarnatione Domini millesimo C°. LXXX°. VI°.

(Cart. B, fol. 9, verso).

Donation d'une maison aux Hospitaliers de Paris, à condition qu'ils serviront au chapelain de la chapelle du Martyre une rente de cent sols.

1185

Notum sit omnibus hominibus tam futuris quam presentibus, quod dominus Ebroinus et uxor ejus Agnes et frater ejus Johannes de Gorneio vendiderunt domine Constantie Dei gratiæ Sancti Egidii comitisse quamdam domum quam habebant Parisius super magnum pontem sitam, pretio centum quadraginta librarum et C solidorum parisiensium monete. Hanc autem domum prenominata Comitissa pro animabus patris et matris sue, et pro anima fratris sui Ludovici bone memorie Francorum regis, et etiam pro redemptione anime sue in elemosinam contulit sancto hospitali de Jherusalem sub hac videlicet conditione quod procurator domus hospitalis parisiensis quicquid de predicta domo evenerit centum solidos capellano quem domina comitissa ecclesie Sancti Martirii que dicitur Mons-martyrum ibi constituet, qui pro scriptis animabus et pro benefactoribus suis super altare sacrificium Domino obtulerit, in Natali domini XXV solidos, in Pascha domini XXV solidos, in festo beati Johannis Baptiste XXV solidos, in festo Sancti Remigii XXV solidos annuatim persolvet post obitum domine comitisse Capellano, quem in predicto loco domina abbatissa Montis-martyrum assensu totius Capituli sui posuerit, predicti nummi dabuntur. Ut autem hec in memoriam et testimonium habeantur, et ne malignorum hominum dolosa machinatione possint obnubilari, Ego Rogerus de Molendinis Dei gratia hospitalis Hierosolimitani magister, de consensu fratrum nostrorum presentem paginam annotari fecimus et sigilli nostri testimonio roborari precepimus. Actum fuit hoc coram domino Mauricio parisiensi episcopo, anno incarnati Verbi millesimo centesimo octuagesimo quinto, videntibus et testantibus fratribus nostri in Gallia priore fratre Anselmo et fratre Petro parisiensi capellano, et fratre Girardo parisiensi commendatore, et fratre Petro nostro capellano, et pluribus aliis quorum nomina subticemus.

> Copie du xvie siècle, sur un cahier de quelques feuillets, où se trouvent à la suite les copies de la donation dont il est question dans l'acte précédent, et de l'homologation de ladite donation par l'évêque de Paris. — Ces deux dernières pièces sont de l'an 1181.

Donation d'un arpent de vigne à Sèvres par Paien Du Bosc, chevalier.

1188

In nomine Domini amen. Ego Mauricius Dei gracia Parisiensis episcopus, notum fieri volumus universis tam presentibus quam futuris quod Paganus de Bosco miles, in presencia nostra constitutus, ecclesie Montismartirum in elemosinam concessit assensu uxoris sue Aveline, ut arpennum unum vinee apud Saives situm in perpetuum possideret, ita ut neque ab ipso neque ab heredibus suis dicta ecclesia vineam illam vendere cogeretur invita. Preterea prefatus miles acceptis de beneficio ecclesie solidis XX^{ti}, pressuram ipsam ejusdem vinee in perpetuum sepedicte ecclesie donavit, nichil potestatis in tota vinea retinens preter censum VIII denariorum, quo soluto, sanctimoniales militi illi vel successoribus suis quantum ad vineam illam in nullo respondebunt. Testes interfuerunt : Theobaldus abbas Herivallensis, Bernerius decanus de Mosterolo, Frater Daniel, Nicholaus, Petrus decanus de Gonessa, Garnerius prepositi de Sancto Clodoaldo, Forcoins de Lai, Arnulfus de Monte-martirum. — Actum apud Sanctum Victorem, anno incarnacionis Dominice M°. C°. LXXX°. VIII°, episcopatus nostri XXVIII°; quod ne valeat sigilli nostri oblivione deleri vel levitate qualibet infringi, scripto commendavimus et sigilli nostri auctoritate confirmavimus.

(Original en parchemin, scellé d'un sceau à moitié rompu).

Donation de 4 arpents et demi de vignes à Sèvres, par l'abbé de S. Denis.

1188.

In nomine sancte et individue Trinitatis amen. Ego Hugo Dei gracia beati Dyonisii abbas et capitulum nostrum. Notum fieri volumus presentibus et futuris quod nos ad preces Elisabeth abbatisse de Montemartyrum et sororum ejus, et precipue ob amorem gloriosi martiris Dyonisii in cujus honore predictum monasterium constructum est, concessimus eidem monasterio perpetuo jure tenendos IIII^{or} arpennos et dimidium vinearum quos nunc possident in territorio nostro de Saive, salva justicia nostra et salvo censu trium solidorum. — Quod ut ratum permaneat sigillo nostro muniri fecimus. — Actum est hoc in capitulo nostro anno incarnationis Dominice M°. C°. LXXX°. VIII°.

(Original en parchemin, sceau perdu).

Confirmation par Philippe-Auguste de la donation faite par Gautier, son chambrier, de cent sols de rente pour l'infirmerie de l'abbaye.

1190.

In nomine sancte et individue Trinitatis, amen. Philippus Dei gracia Francorum rex. Noverint universi presentes pariter et futuri quod Galterius camerarius noster ob remedium anime sue et animarum patris et matris sue qui apud Montem martyrum habent sepulturam, dedit in perpetuum et concessit beate Marie de Monte-martyrum in elemosinam centum solidos annuatim, ex illis quingentis solidis quos habebat in feodo ab Elyanor comitissa Bellimontis, que eosdem quingentos solidos habebat a nobis in feodo in prepositura Parisiensi, constituens ut illi centum solidi tantum in usus illarum monialium expendantur, quas in domo monialibus infirmantibus deputata causa morbi contigerit detineri; Quod ad peticionem dicti Galterii ob anime nostre salutem concedimus et salvo jure confirmamus, presentem cartam sigilli nostri auctoritate et regii nominis karactere inferius annotato roborantes. Actum apud Fontem Bleaudi anno ab incarnatione Domini M°. C°. nonagesimo, regni nostri anno undecimo.

(Cartul. A. n° 6).

Charte de Philippe-Auguste, portant confirmation de la donation de maisons à Paris, et de vignes à Bagneux, faite par Anceline, veuve d'Acelin le Changeur.

1192.

In nomine sancte et individue Trinitatis, amen. Philippus Dei gracia Francorum rex, noverint universi quod S. Ancelina soror Theebaldi divitis domos suas Parisius apud Sabulum [1] sitas, et V° arpennos vinearum quos habebat apud Barneolos [2], que omnia acquisierat pro remedio anime sue et mariti sui Acelini Cambitoris et parentum suorum, dedit in perpetuam elimosinam ecclesie beati Dyonisii Montis martirum, ita tamen quod ipsa et filia sua Sibilla monialis apud Montem martirum, vel ea que alteri supervixerit, tam dictarum domorum quam vinearum proventus quamdiu vixerint habebunt. Quod ut perpetuam sortiatur stabilitatem sigilli nostri auctoritate et regii nominis karactere inferius annotato precepimus confirmari. Actum Parisius anno ab incarnatione Domini M°. C₀. nonagesimo [secundo], regni nostri anno tertio X°. Astantibus in palacio nostro quorum nomina supposita sunt et signa. S. comitis Theobaldi dapiferi nostri.

1. Rue du Sablon.
2. Bagneux.

S. Guidonis buticularii. S. Mathei camerarii. S. Radulphi constabularii. — Data vacante cancellaria.

(Original en parchemin, muni du chiffre royal; sceau perdu. — Vidimus du garde de la prévôté de Paris du vendredi veille de S. Denis 1305).
(Cartul. A. n° 14).

Donation de 30 sols de rente à Gentilly, par Ferry de Gentilly.

1193.

In nomine Domini. Ego Ferricus de Bronay, venerabilisque Helisendis uxor mea, tam presentium quam futurorum noticie tradimus, quia cum nobilis vir Ferricus de Gentili avunculus meus, Ascelina conjuge sua et pueris suis hoc concedentibus, singulis annis in festo beati Remigii, triginta solidos censuales apud Gentili consistentes, jure vero hereditario feodum meum contingentes, ecclesie Montis-martyrum in perpetuam elemosinam contulisset amore Dei, et ad preces Ferrici avunculi mei predictos solidos ad feodum meum pertinentes eidem ecclesie perpetuo jure concessi habendos, et fide interposita debitor et fidejussor extiti, et de cetero me et heredes meos legitimam garandiam super hoc prestare compromisi. Ne autem hoc apud posteros possit infirmari sigilli munimine corroboravi. — Actum est hoc apud Montemmartyrum, anno ab incarnatione Domini M°. C°. nonagesimo III°, astantibus capellanis ejusdem ecclesie, et sanctimonialibus et domino Johanne de Maci, et domino Herloino de Vileron et multis aliis.

(Cartul. A, n° 54).

Donation de différentes terres par Pierre de Chaumont.

1194.

Ego Johannes de Lusarchiis, notum facio omnibus tam presentibus quam futuris, quod cum Elysabeth Montis-martyrum abbatissa duas filias Petri de Calvo-Monte in sorores sue ecclesie recepisset, idem Petrus memorate ecclesie assentientibus liberis suis in perpetuam contulit elemosinam quemdam frumenti modium in molendino de Glava percipiendum in Nativitate Domini annuatim, et duos arpennos nemoris, et unum arpennum terre apud Bovillare jure perpetuo optinendos, que omnia predictus Petrus de feodo Lusargiarum tenebat. Contulit etiam in elemosinam idem Petrus ecclesie supradicte terram quam tenebat apud Chever de Radulfo de Turre, qui cum uxore sua et heredibus hoc laudavit; terram quoque de Piris quam tenebat de ecclesia Montis-martyrum, ipsi in elemosinam assignavit, et quatuor solidos et duos denarios census, quem ei eadem ecclesia annuatim reddebat. Ego vero ad peticionem Petri de his omnibus plegium me constitui et concessi firmiter me apud omnes garantiam de his omnibus legitimam portaturum, et promisi etiam me ubique ecclesiam conservaturum indempnem, si qua ipsi super his questio moveretur, supradictus quoque Radulfus de Turre se plegium et obsidem super hoc ipso constituit. Radulfus et Odo fratres jam dicti Petri similiter, Adam de Gaancurt. Hugo major de Lusarchiis, Johannes de Calvomonte, Matheus filius Maingoti, Robertus prepositus, Maingotus salinarius, Garinus Ruffus, Garinus Rex, Henricus carnifex, Guibertus de Castello, Kerisius carnifex, Renerius cordubanarius, qui omnes tam milites quam burgenses de prenominatis omnibus se plegios et obsides fide interposita statuerunt. Hoc autem ut stabilitate gaudeat inconcussa, litterarum amminiculis commendari feci et sigilli mei munimine roborari. Actum anno incarnationis Domini millesimo, centesimo nonagesimo quarto.

(Cart. A, n° 34).

Vente d'une maison, sise entre les ponts, à Paris.

1195.

Ego G. Montis-martyrum humilis ministra totusque ejusdem loci conventus, tam futurorum quam presentium noticie tradimus, quod dominus Galerennus Liviautres, uxore sua et pueris suis hoc concedentibus, contulit in elemosinam ecclesie Montis-martyrum tenere perpetualiter quamdam domum intra pontes Parisius sitam, quam tenebamus ab eo, ad censum octo nummorum singulis annis, in octabis beati Dyonisii solvendorum. Sciant preterea universi quod si necessitate ingruente ecclesiam vendere domum predictam contigerit, jam dictus Galerennus vel ejus successores venditiones suas habere tenebuntur. Ut autem hoc ratum habeatur, auctoritate sigilli nostri et testium nominibus corroboravimus. Actum apud Montem martyrum, anno ab incarnatione Domini M°. C°. nonagesimo quinto.

(Cart. A, n° 45).

Donation de 11 arpents de terre à Rouvray.

1197.

Ne suborta dissensione suffocetur vel matre litis oblivione interveniente deleatur, Nevelo frater buticularii, venerabilisque sponsa mea Aaliz, tam futurorum quam presentium noticie tradimus, quod concedimus et manu capimus in perpetuam elemosinam donum undecim arpentorum terre arabilis apud territorium de Rovreio in tribus peciis consistentium, et ad feodum nostrum pertinentium, quos nobilis vir Petrus de Caverciaco ecclesie Montis-martyrum contulerat in elemosinam quando sanctimoniales ejusdem loci filiam jam dicti Petri in suum consortium susceperunt. Actum anno incarnati Verbi M°.C°. nonagesimo VII°.

(Cart. A, n° 32).

Ratification de la donation d'une terre, par Pierre de Cavercy.

1197.

Sciant tam presentes quam futuri quod Nevelo frater Buticularii et uxor sua volunt et concedunt, et in manu capiunt teneri in pace donum quod Petrus de Caverciaco fecit filie sue de terra quam dedit ei ad Montem-martyrum sicuti de suo feodo. Actum anno incarnati Verbi M°. C°. XC°. VII°, mense septembri.

(Cart. A, n° 34 bis).

*Donation de deux muids d'hyvernage de rente, par
Laurence, veuve de Pierre Le Coq.*

1197.

Ego Gaufridus Dei gracia silvanectensis episcopus, notum sit omnibus tam presentibus quam futuris quod Laurentia quondam uxor Petri Coqui, in presentia nostra constituta, recognovit se debere duos modios hibernagii ad mensuram Crispeiensem ecclesie Montis-martyrum, qui eidem ecclesie in elemosinam dati sunt quando soror ejus ibi facta est sanctimonialis. Ut autem elemosina ista firmior esset, voluit eadem Laurentia et, assensu omnium filiorum suorum et Hersendis filie sue que nondum viro tradicta erat, assignavit ut illi duo modii singulis annis in decima sua, quam habebat apud Fresneel, in perpetuum reciperentur, et infra festum Omnium Sanctorum persolverentur. Quod ut ratum permaneat et inviolatum, presentem cartulam super hoc fecimus sigilli nostri munimine roboratam. Datum anno incarnati Verbi M°.C°.XC°.VII°.

(Cart. A, n° 52).

Accord touchant des terres sises à Burbery.

1197 (1198).

Ea que sano prudentium consilio disponuntur et provida actione scripto debent commendari, ne rem feliciter gestam aliquis possit imposterum perturbare; unde ego Adam Porcus domini Ludovici venerabilis Philippi Francorum regis filii magister, notum facio omnibus tam presentibus quam futuris quod quedam controversia que vertebatur inter abbatissam et ecclesiam Montis-martyrum ex una parte, et Gilonem militem silvanectensem, et G. fratrem suum, et Hubertum de Ponponio et uxorem ejus, super quibusdam terris suis apud Barbariacum quas sibi jure hereditario dicebant debere devolvi, in dictores fuit compromissum, videlicet in dominum Odonem de Sancto Mederico et in Hugonem de Mellento et in me. Illi autem dictores dixerunt et ego dixi cum eis, quod jam dicti G. miles et G. frater illius, et Hubertus et Maria uxor ejus terris omnibus, quas sibi jure hereditario contingere dicebant, abrenuntiantes, omnino quittaverunt et fidei interpositione ab ipsis et omni eorum genere imperpetuum garandiam ferre creantaverunt; unde pro bono pacis abbatissa Montis-martyrum ipsis jam nominatis dedit triginta libras parisiensium monete, et de decem libris quas ipsi pro servitio precepto domini regis dare promiserant fecit quitari. Ipsi autem dominum regem debent adire, eum absque desus mittendo exorantes, quatinus compositionem inter eos et abbatissam ecclesie Montis-martyrum factam confirmaret. Quod ut ratum et firmum sit, sigilli mei munimine confirmo. Actum anno ab incarnatione Domini, M°. C°. XC°. VII°, mense martio.

(Cart. A, n° 33).

*Donation d'un étal dans le marché de Paris, par
Hugues le Loup, frère de Guy, bouteiller du roi.*

Sans date.

Ego Guido regie Francorum buticularius. Notum facio omnibus tam presentibus quam futuris, quod Hugo Lupus frater meus in ultima infirmitate sua, dum pressus gravi morbo reliquit seculum et ad religionem transiit, stallum in macello parisiensi domui Sancti Dyonisii de Monte-martyrum reliquit, me assentiente et confirmante, de cujus feodo predictum stallum erat, tali videlicet conditione, quod Reutia filia predicti Hugonis, neptis scilicet mea, omnes redditus qui de eodem stallo debentur in vita sua integre habebit, et post decessum predicte Reutie, prefata ecclesia de Monte-martyrum libere et quiete in perpetuum possidebit. Quod ut ratum et inconcussum permaneat, sigilli mei auctoritate confirmavi.

(Cart. A. n° 10).

*Donation de VII arpents et demi de vignes
à Sèvres.*

Sans date [1].

Notum sit omnibus presentibus et futuris, quod Matildis castellana de Doai filia Balduini de Salli, post

---

1. L'écriture parait être de la première moitié du xiii° siècle.

excessum ejus dimisit Rissendi priorisse et Beatrici sorori ejus VII arpenta et dimidium vinearum que sunt site in loco qui vocatur Savie [1], ad faciendas pro ejus anima elemosinas quam diu vixerint, et, qualibet defuncta, illa que supervixerit similiter possidebit ipsas vineas omnibus diebus vite sue. Postquam vero hec due sorores defuncte fuerint, supradicte vinee in perpetuum remanebunt omni conventui sanctimonialium de Monte-martyrum ad cenas earum, pro anima supradicte Matildis, tali dispositione, ut in die obitus ejusdem Matildis, illa que procurationem predictarum vinearum habebit unoquoque anno dabit conventui unam pitantiam XX solidorum. Et sciendum est quod nulla abatissa mittat manum in redditibus vinearum istarum, nisi illa sola cui conventus hoc opus injunxerit. Hoc autem totum laudavit omnis congregatio et impressione sigilli confirmavit. Hujus rei testes fuerunt Gauterius regis Francorum camerarius, et Gaufridus prepositus de Monte Leheri, et Petrus marescallus, et Balduinus de Platea.

(Original en parchemin. Fragment de sceau en cire jaune).

Vente par le Chapitre de Paris de 3 quartiers de terre sis à Bagneux.

1200.

Ego H. Clementis Parisiensis ecclesie decanus totumque cappitulum, notum fieri volumus omnibus

---

1. Ou S*xive*.

ad quos littere presentes pervenerint, quod nos concessimus abbatisse et monialibus ecclesie de Montemartirum tres quarterios vinee quos in territorio nostro apud Balneolum sitos, Saincelina, soror Thibaudi divitis, eisdem abbatisse et monialibus in elemosinam contulit, unde percipiebamus in festo Sancti Remigii IX denarios annuatim censuales in perpetuum possidendos, salvo nobis omni alio jure nostro. Abbatissa autem et moniales predicte concesserunt se reddituras nobis tres solidos censuales in eodem festo percipiendos annuatim, quamdiu eosdem carterios vinee possedebunt. Signum Hugonis Clementis decani, S. M. archidiaconi, S. Roberti cantoris, S. H. archidiaconi, S. O. archidiaconi, S. G. succentoris presbiteri, S. Leonis presbiteri et Radulphi presbiteri, S. Petri de Campellis diaconi, S. Adam diaconi, S. Johannis de Castris diaconi, S. Johannis subdiaconi, S. Suggerii subdiaconi, S. Lubini pueri. Quod ut ratum et firmum permaneat sigilli nostri munimine roboravimus. Datum anno Verbi incarnati M°. CC°, per manum magistri Petri Piel cancellarii Parisiensis.

(Cart. B, fol. 26).

Echange entre Thomas des Bruyeres et l'abbaye.

1201.

Ego Thomas de Brueriis, notum facio tam presentibus quam futuris, me et uxorem meam Margaritam et Matildem filiam meam concessisse et quitavisse in perpetuum abbatie atque monialibus Montis-martyrum octavam partem bladi quem in grancia earum de Torpholio percipere solebamus, pro uno modio bladi ad mensuram stampensem singulis annis mihi et meis heredibus reddendo infra octabas Sancti Remigii, ita quod medietas illius modii erit de meliori hyvernagio granchie nominate, reliqua vera medietas erit bone et legalis avene. Hoc factum est salvis nummis quos ibidem ab eisdem monialibus percipere consuevi. Huic autem concessioni et quitationi interfuerunt ex parte ecclesie et monialium, Yssabellis priorissa, Aaliz subpriorissa, Helisenz precentrix, Salomon et Bartholomeus Reneriis capellani, frater Hugo de Gonessia, Stephanus major Torpholii; ex parte vero domini Thome, Galterus miles de Brueriis, Bartholomeus frater ejus, Ansellus clericus. — Quod ut ratum habeatur in posterum, sigilli mei munimine fecimus roborari. Actum anno incarnati Verbi M°. ducentesimo primo.

(Cart. A, n° 41).

Donation de dix arpents de terre à Barbery.

1202.

Ego Gaufridus Dei gracia silvanectensis episcopus, noverint omnes qui presentes litteras viderint, quod Petrus Choiseals et Agnes uxor ejus et Johannes filius eorum, in presentia nostra constituti, recognoverunt quod ecclesie Montis-martyrum X arpennos terre sitos in territorio de Barbereio et de Baleigneio dederant, et quod hanc elemosinam in perpetuum ratam haberent et erga omnes garandirent, firmiter promiserunt. Quod ud ratum habeatur, ad preces eorum hoc scriptum inde fieri, et sigillo nostro fecimus confirmari. Actum anno ab incarnatione Domini M°. CC°. secundo.

(Cart. A, n° 50).

Donation de 23 sols et 3 deniers de rente, par Pierre et Robert de Béhtisy.

1202.

Odo Dei gracia Parisiensis episcopus, omnibus presentes litteras inspecturis in Domino salutem. — Notum facimus quod constituti in presentia nostra Petrus de Bestisiaco et Robertus fratres recognoverunt se dedisse in elemosinam et quitasse in perpetuum abbatisse et monialibus de Monte-martyrum viginti tres solidos et tres denarios et obolum, quos debebant annuatim de censu eisdem fratribus super quasdam terras, vineas, possessiones ad illud monasterium pertinentes; hanc autem elemosinam se servaturos dicti fratres fide in manu nostra interposita promiserunt. Ad peticionem utriusque ipsorum, in memoriam et testimonium elemosine predicte presentem cartam sigilli nostri fecimus impressione muniri. Actum anno Domini M°. CC°. secundo, pontificatus nostri anno sexto.

(Cartul. A, n° 47).

Reconnaissance de la censive d'une maison sise à Bourg-la-Reine.

1203.

Universis presentes litteras inspecturis, Officialis curie Parisiensis, salutem in Domino. Notum facimus quod in nostra presentia constitutus, Petrus dictus Ragis asseruit coram nobis, quod ipse habebat, tenebat et possidebat quamdam domum sitam apud Burgum Regine, inter domum Stephane filie Garneri carnificis ex una parte, et domum à la Coquillarde ex altera, in censiva abbatisse Montis-martyrum, et voluit et concessit idem Petrus quod nisi solverit censum dicte domus loco et tempore, prout est consuetum, quod ipsa possit ab ipso Petro accipere emendam sicut ab aliis, prout est consuetum, si sibi placuerit. Datum anno Domini M°. CC°. tertio, die veneris ante Nativitatem Domini.

(Cartul. A, n° 46).

Confirmation par Philippe-Auguste de la donation de 20 sols de rente, faite par Gui de Danemois.

1205 (1206).

Philippus Dei gracia Francorum rex. Noverint universi presentes pariter et futuri quod Guido de Danemois propter filiam suam que in monasterio

Montis-martyrum in monialem recepta fuit, eidem monasterio dedit et concessit in perpetuam elemosinam viginti solidos de redditu, percipiendos in censu suo de Danemois, quicumque predictam villam teneat. Nos autem donationem istam ratam habemus, et ut perpetuum robur obtineat presentem paginam sigilli nostri auctoritate roboramus. Actum apud Sanctum Germanum in Loia, anno Dominice Incarnationis M°. CC°. quinto, mense marcio.

(Cartul. A, n° 21).

Garantie donnée par la ville de Compiègne du bail à ferme des revenus que l'abbaye possédait sur le territoire de Compiègne.

1206.

Noverint universi presentes et futuri, quod major et jurati et tota communitas Compendii testimonium peribent veritati, quod G. Dei miseratione Montis-martyrum humilis ministra totusque ejusdem loci conventus concesserunt et donaverunt censum et redditus totius terre sue de Compendio et omnes ejusdem terre exitus Matheo filio Grimardi ad firmam quandiu vixerit habendos et possidendos. pro quatuor libris quinque solidis minutis parisiensibus, singulis annis in octabis beati Dyonisii ecclesie sue persolvendis apud Compendium, et si dictus Matheus predictam pecuniam die determinato predicte ecclesie reddere noluerit aut non potuerit, major et jurati et tota communitas Compendii reddere tenentur predictam pecuniam dicte ecclesie apud Compendium, et duos solidos de pena singulis diebus, donec ex integro predicta persolvatur pecunia. Ne autem super hoc aliqua questio possit suboriri imposterum, ipsi major et jurati et tota communitas Compendii presentem cartam sigilli sui munimine confirmaverunt. Actum anno Verbi incarnati M°.CC°.VI°, mense maio. — Valete.

(Cartul. A, n° 37).

Confirmation par Philippe-Auguste de la donation d'une voûte placée devant le Châtelet[1], faite par Nicolas le Boucher, sergent royal.

1206.

Philippus Dei gratia Francorum rex. Noverint universi ad quos littere presentes pervenerint, quod Nicholaus Carnifex serviens noster in elemosinam dedit ecclesie Montis-martyrum voltam quam habebat Parisius ante Castelletum nostrum, que fuit Radulfi Vigueros, et de qua reddebat singulis annis unum *laisantium* ad festum Sancti Dionisii, et nos amore Dei elemosinam confirmamus, salvo nobis tali redditu qualem nobis debebat dicta volta. Quod ut perpetuum robur obtineat, sigilli nostri auctoritate confirmamus. Actum Parisius, anno incarnati Verbi milesimo ducentesimo sexto, mense septembri.

(Cartul. A, n° 11).

1. Al. *Sous l'huis du Chastelet.*

Donation de 40 livres faite par Gautier, chambrier du roi, pour servir à payer la voûte du Châtelet.

1206.

Ego Galterus juvenis domini Regis camerarius, Notum facio universis presentibus pariter et futuris, quod ego divine intuitu pietatis dedi sanctimonialibus de Monte-martyrum quadraginta libras parisiensium ad emendum unam voltam Parisius sitam sub castellulo domini regis de magno ponte, que fuit Nicholai Carnificis et Bartholomei generi sui, ea conditione quod de proventibus de predicta volta singulis annis provenientibus percipiet quamdiu vixerit annuatim duas partes, ad vestes sibi emendas, Ysabella filia Roberti de Milliaco militis et amici mei karissimi, que monialis est predicte domus; et Agnes de Espies neptis Elysabeth ejusdem domus abbatisse percipiet tertiam partem ab eosdem usus, quia ipsius amici ad predictam emptionem viginti libras posuerunt. Post illarum autem decessum, volta predicta et ejus proventus quiete et libere remanebunt ad communes usus ecclesie Montis-martyrum. Quod ut ratum permaneat, presentem cartulam sigilli nostri munimine roboravi. Actum Parisius anno Domini M°. CC°. sexto, mense septembri.

(Cartul. A, n° 13).

Investiture donnée par Eude de Sully, évêque de Paris, de la voûte, dont il est question dans les chartes précédentes.

1206.

Odo Dei gracia parisiensis episcopus, omnibus ad quos littere iste pervenerint, in Domino salutem. Notum facimus quod Bartholomeus gener Nicholai Carnificis, et Emelina uxor sua, filia ipsius Nicholai, et idem Nicholaus, et Maria uxor sua, voutam unam sub castello domini regis, que fuit Radulfi Vignereus, dederunt in perpetuam elemosinam ecclesie monialium Montis-martyrum, et se inde in manu nostra devestierunt fidemque dederunt predicti Bartholomeus et Emelina, et Nicholaus de portanda garentia; et nos ecclesiam investivimus. Recognoverunt autem se recepisse de caritate ecclesie, pie recompensationis intuitu, sexaginta libras parisiensium. Et nos ad preces eorumdem, in hujus rei testimonium, presentem cartam notari fecimus, et sigillo nostro muniri. Actum anno gratie millesimo ducentesimo sexto mense novembri.

(Cartul. A, n° 12).

1207.

Lettre de la chapelle de Sainte Luce à Bethisy.

Ego E. Dei paciencia abbatissa ecclesie beate Marie de Monte-martirum totumque ejusdem ecclesie capitulum, notum facimus tam presentibus quam futuris presentem paginam inspecturis, quod G. tunc temporis domini regis prepositus de Bestisiaco, intuitu Dei, pro se, pro sua et matris sue salute, pro animabus amicorum suorum et omnium antecessorum, in nostra capella Sancte Lucie in territorio Besticiacensi sita, quosdam redditus ad usum capellani qui in capella predicta, que diu deserta et desolata fuerat, singulis diebus officio divino intendens deserviret, instruere procuravit; nos autem habito respectu ad Dominum et relevationem et instaurationem loci illius deserti, G. preposito prenominato beneficii illius, nobis omnibus benigne assensum prebentibus, primam concessimus donationem; cum autem ulterius beneficium illud vacaverit, nisi infra mensem post vacationem illam alicui persone idonee assignaverimus, ipse G. prepositus, si vixerit, vel filius ejusdem vel heres quicumque ministrum et capellanum ad serviendum in predicta capella eliget, sic et donationem, nobis concedentibus, obtinebit. Quod ut ratum et firmum habeatur et nunc et in perpetuum, sigilli nostri munimine fecimus roborari. Actum anno ab incarnatione Domini millesimo CC^{mo}. VII°.

(Cartul. B, fol. 11, verso).

1207.

La Lettre de Jehan Rembault, chevallier, de XX setiers de blé sur la décime de Gisonville en Gastinois, pour Montmartre.

Petrus Dei gratia senonensis archiepiscopus omnibus presentes litteras inspecturis, in Domino salutem.

Noverint universi quod, constitutis in presentia Johanne Rembault milite et Theofonia uxore sua ex una parte, et Renerio presbitero pro venerabili abbatissa Montis-martirum ex altera, dictus Johannes et uxor sua in manu nostra fiduciaverunt, quod singulis annis proxima dominica post festum Omnium Sanctorum solverent ecclesie Montis-martirum viginti sextarios bladi, videlicet, quatuor sextarios melioris Ibernagii quod erit de decima de Gisonvila et octo sextarios melioris ordei, et octo sextarios melioris avene, pro sexta parte decime bladi quam possidet dicta ecclesia in decima Oschiarum de Gisonvila, et in decima totius territorii de Grandi-Valle ; hanc vero admodiationem tenere et solvere tam ipsi quam heredes eorum tenebuntur, quamdiu placebit ecclesie jam predicte. Quod ut ratum permaneat et firmum, presentem paginam fecimus sigilli nostri munimine roborari. Actum anno gratie millesimo CC°. septimo, mense octobris.

(Cartul. B, fol. 27 et 64).

Achat d'une rente de sept livres sur la maison et l'étal de Nicolas le Boucher.

1209.

Edelina abbatissa et conventus Montis-martirum, omnibus presentes litteras inspecturis, in Domino salutem. Noverit universitas vestra quod cum nos abbatissa de pecunia quam neptis nostra de Constantinopoli nobis misit, redditus census in domo et stabili, que fuerunt Nicolai Carnificis, sitis Parisius juxta locum ubi pisces venduntur, emimus VII libras parisiensium, que percipiuntur ex illorum redditu annuatim, duabus nepotibus nostris, Berte videlicet et Agneti, de voluntate conventus concedimus, ita quod Berta IIII libras et Agnes LX solidos quamdiu vixerint recipient annuatim, post decessum vero earum ille VII libre, aut si quid ex redditu poterit plus haberi, libere ad vestiarium dominarum reverteretur; quod si altera decedat alia superstite, redditus quem defuncta solebat percipere, ad vestiarium sine conditione reverteretur. Ut autem he assignationes rate maneant et firme, presentem paginam nostro sigillo fecimus roborari. Actum anno gracie millesimo CC°. nono.

(Cart. B, fol. 15 et 17, verso).

Arrangement d'un procès entre l'abbaye et les bouchers de Paris, au sujet des étaux qui appartenaient à l'abbaye.

1210.

In nomine sancte et individue Trinitatis, amen. Philippus, Dei gracia Francorum rex, Noverint universi presentes pariter et futuri quod cum contentio esset inter Elisabeth abbatissam et conventum Montis-martyrum ex una parte, et carnifices parisienses ex altere, super domo que fuit Guerrici de Porta et super viginti tribus stallis que sunt in eadem domo et duobus aliis stallis que sunt cum veteribus stallis, que omnia ab illis pro triginta libris dudum tenuerant, mediante precepto nostro compositum est in hunc modum. Dicti carnifices domum predictam et viginti quinque stalla amodo ad censum quinquaginta librarum tenebunt ab abbatissa et conventu, de quibus singulis annis ipsi abbatisse et conventui reddent carnifices supradicti intra octabas Sancti Johannis Baptiste duodecim libras et dimidiam, et infra octabas Sancti Dyonisii duodecim libras et dimidiam, et infra octabas Nativitatis Domini duodecim libras et dimidiam, et infra octabas Pasche duodecim libras et dimidiam ; et nisi isti nummi in assignatis terminis redderentur, ex inde emendam suam levarent abbatissa et conventus sicut de censu, et hoc modo sepefata abbatissa et conventus quitant et absolvunt carnifices de triginta libris tonleii, de quibus veteris carta quam habent loquitur. Ne autem aliquo modo super predictis stallis oriri possit contentio vel aliqua dubitatio, noverint universi quod viginti tria stalla sunt sita in domo predicti Guerrici, reliqua duo cum veteribus stallis. In istis autem omnibus tam in stallis quam in predicta domo ponent sepefati carnifices omnia constamenta. Quod ut perpetuum robur obtineat ad peticionem utriusque partis sigilli nostri auctoritate et regii nominis karactere inferius annotato, salvo jure nostro et alieno, presentem paginam confirmamus. Actum Parisius, anno ab incarnatione Domini milesimo ducentesimo decimo, regni vero nostri anno tricesimo primo.

(Cart. A, n° 9).

*Donation d'une maison rue du Sablon, etc., par l'abbé
de Sainte-Geneviève.*

1213.

Ego Johannes Sancte Genovefe dictus abbas totusque ipsius ecclesie humilis conventus, notum fieri volumus presentibus pariter et futuris, quod communi assensu nostro concessimus ecclesie Montis-martirum ut domum quamdam quam tenebat de nobis ad censum capitalem VI denariorum... oboli in Sabulo[1], teneat in perpetuum, nec a nobis eamdem de cetero vendere compelletur, salvo tamen in ea jure nostro et justicia et dominio sicut habemus in aliis censivis nostris. Preterea concessimus ei ut teneat XX solidos redditus quos dominus Willelmus miles de Bue donavit eidem singulis annis in perpetuam elemosinam, et assignavit eidem eundem redditum annuatim recipiendum in festo Sancti Andree Apostoli communiter in terra, domibus, sive vineis, quas tam de nobis quam de aliis dominis tenet in toto territorio parisiensi. Hec autem sunt que de nobis tenet: domum Unfredi et Aveline filie Eremburgis cum toto porprisio, IIII[or] arpennos et dimidium au Gort, IIII[or] arpennos a Lespinete, insuper etiam septem quartarios ad compita de Vanvis quos tenet de Simone de Pissiaco, insuper tres quartarios ad Murellos, insuper unum arpennum quem tenet de Hugone Pilec, et super etiam arpennum prope proprisium situm est predictus

1. Rue du Sablon

redditus perpetuo assignatus, sicut super predicta que de nobis tenet. Ipse autem Willelmus aut heredes ejus de his omnibus terris, vineis, sive domibus nichil omnino vendere poterunt vel invadiare, nisi salvo redditu predictorum XX solidorum. Quod ut firmum ac stabile permaneat presenti carta conscribi et sigillis nostris fecimus consignari, fratrum nostrorum signa et nomina subnotantes. Signum Fulconis prioris, S. Ricardi supprioris, S. Galteri et Alardi presbiterorum, S. Johannis et Maugrini diaconorum. S. Gauberti et Arnulfi subdiaconorum. Actum anno gracie M°. CC°. XIII°.

(Original en parchemin; le sceau de l'abbé presque entier, l'autre perdu).

Charte des dix livres qui sont dues à Compiègne.

1215.

Ego Egidius major et jurati totaque communitas Compendii, notum facimus omnibus presentibus et futuris, quod nos debemus abbatisse Montis-martyrum et conventui ejusdem loci decem libras parisiensis monete censuales singulis annis in octaba beati Dyonisii apud Compendium persolvendas, pro terra sua quam habent infra villam Compendii et extra, inter nemus et Ysaram cum omni justicia et redditibus. Ut autem hoc firmum et ratum habeatur, presentem cartam sigilli nostri munimine corroboravimus. Actum apud Compendium anno ab Incarnatione Domini M°. CC°. quinto decimo, mense Augusto.

(Cart. en parchemin du xiii siècle, fol. XV).

Transaction touchant le patronage de Boissy, entre l'abbesse de Montmartre et les chanoines de S. Victor.

1216.

Ego Helissem abbatissa Montis-martirum et ejusdem loci conventus. Notum fieri volumus omnibus presentes litteras inspecturis, quod querela que vertebatur inter nos ex una parte, et Canonicos Sancti Victoris parisiensis ex altera, super viatura quam ipsi habebant in parrochia de Boissy, utriusque partis assensu in hunc modum determinata est : Quod videlicet tota illa viatura et quicquid juris et justicie in ea habebant nobis in pace remanebit in perpetuum possidenda, eo videlicet tenore quod Canonici in grangia nostra apud Mainbervillier tres modios bladi singulis annis percipient et viginti solidos parisienses die dominica proxima post octavas Sancti Dionysii, novem scilicet sextarios de frumento meliori quod erit in illa grangia absque separatione, novem sextarios de meliori mestalio, novem sextarios de meliori ordeo, et novem sextarios de avena. Si vero predicti Canonici de meliore blado quod superius determinatum est se non recepisse conquesti fuerint, data fide illius custos grangie eisdem satisfaciet. Et si ad eumdem terminum bladus ille et viginti solidi non fuerint soluti, nos in crastino persolvemus, et per quinque solidos eis emendabimus. Hoc autem sciendum est quod si ecclesia Sancti Victoris aliquid habebit munimentum super illa viatura et justicia, quam huc usque ibidem habuerunt, contra presentem compositionem, eis de cetero prodesse non poterit nec nobis obesse. Ne autem hec conventio aliqua possit in posterum oblivione deleri, presentem chartam chirographi partitione divisam conscripsimus, eamque non solum sigillo nostro, sed etiam sigillo capituli nostri corroboravimus. — Actum anno Verbi Incarnati millesimo ducentesimo decimo sexto, mense Junio.

Charte de l'abbé de S. Victor touchant la convention précédente.

Ego Gilduinus Dei gratia dictus abbas Sancti Victoris et ceteri fratres nostri, notum fieri volumus tam posteris quam presentibus, quod illustris memorie Dei gratia rex Francorum Ludovicus, inter alia bona que pro remedio anime sue et antecessorum suorum ecclesie nostre contulit, etiam apud Buxiacum quicquid ibi habebat nobis dedit, et viaturam ejusdem ville quam a Tescelino Bunocensi comparavit. Hec autem viatura ex antiqua consuetudine pastum debet et messionem, quem pastum et quam messionem per singulos annos homines solvunt qui infra predictam viaturam consistunt vel terram colunt. Dominus vero Theodoricus de Miliaco, et sancte moniales de Monte-martyrum, et Gaufridus Panchart homines quosdam habent qui infra jam dictam viaturam manent, et ideo ejusdem viature legibus subjacent, et predictum pastum et messionem solvere debent. Propterea dominus Theodoricus et sanctimoniales rogaverunt nos ut predictam viaturam et pastum viature hominibus eorum et Gaufridi per singulos annos adcensaremus.

Quod nos fecimus, et viaturam et pastum solummodo pro viginti solidis per singulos annos in octavis Sancti Dionysii solvendis adcensavimus. Adcensationem vero viature qualiter facta sit determinavimus hoc modo : Si homines eorum sibi invicem vel alicui extraneo, exceptis nobis et hominibus nostris, injuriam fecerint, pro hujus modi forifacto nullo modo eos poterimus summonere, nec ipsi ad justitiam nostram venire debebunt, nec forifactum hoc quantum ad viaturam spectat nobis vel alicui emendabunt. Quod si nobis in capite nostro, id est vel fratribus nostris vel servientibus nostris, vel omnibus qui de pane nostro vivunt aliquam injuriam fecerint, pro tali forifacto ad justitiam nostram a nobis summoniti venient, et forifactum illud secundum jus et judicium viature nobis emendabunt. Si autem aliis hominibus nostris aliquam injuriam fecerint, pro isto forifacto ad Buxiacum vel ad Amponvillam a nobis summoniti venient, et ille ,qui injuriam fecerit homini nostro, pro injuria ei illata rectum faciet et forifactum suum ei emendabit, nobis vero pro viatura rectum faciet, sed nihil emendabit ; hoc modo sicut determinatum est hominibus domini Theodorici et sanctimonialium et Gaufridi forifactum viature nostre, sive contingat, sive non contingat, adcensavimus ; hec de viatura. Messionem vero viature nequaquam predictis hominibus adcensavimus, sed potius ab eisdem hominibus, quicumque eorum infra predictam viaturam terram colunt, more debito accipiemus. Hoc autem debitum, quod quilibet supradictorum qui infra viaturam terram colunt, si bovem unum aut equum unum aut asinos duos habuerit, unam minam annone dabit ; si autem boves duos aut equos duos, aut quatuor asinos habuerit, unum sextarium dabit.

Quod si tres boves aut quatuor aut etiam carrucam integram boum vel equorum aut asinorum habuerit, non amplius quam unum sextarium dabit; si autem preter carrucam suam boves, equos, asinos unum vel plures habuerit, dabit pro illis sicut de aliis determinatum est. Annone vero quam pro messione debent, media pars debet esse de meliori hybernatico quod in illa terra colligunt, alia vero medietas de meliori marestia (*sic*). Hoc modo predicti homines messionem viature in octavis Sancti Dionysii nobis solvere debent. Quod si in eodem termino predictos viginti solidos et debitam messionem non solverint, in crastinum quicquid non solutum est lege sua persolvent. Illud etiam sciendum est quod apud Buxiacum sunt hospites quidam et terra quedam arabilis que nos domino Theodorico et sanctimonialibus calumniabamus, ipsi vero, quia nos voluntatem eorum de supradictis feceramus, concesserunt ut tota terra illa sicut homines nostri eam perambulabunt, et hospites illi de quibus calumnia erat nobis et ipsis communia forent; ita ut de omni campiparte et de redditibus totius terre et hospitum dominus Theodoricus et sanctimoniales duas partes et nos tertiam habeamus; ne autem hec conventio aliqua possit in posterum oblivione deleri presentem cartam chirographi partitione divisam conscripsimus, eamque non solum sigillo nostro sed etiam sigillo abbatisse Montis-martyrum corroboravimus. Dominus vero Theodoricus sigillum non apposuit quia non habuit. — Nec hoc latere volumus quod nos et dominus Theodoricus, et abbatissa de Monte-martyrum in audientia illustris Ludovici Dei gratia regis Francorum et ducis Aquitanorum predictam conventionem que inter nos erat representavimus, eumque rogavimus ut hujus nostre conventionis testis existeret, et in argumentum testimonii hujus concordie cartulis sigillum suum apponeret, eo videlicet tenore ut si quis in posterum ab hac pactione discedere vellet, ipse de eo justitiam faceret. Quod ipse libenter annuit et sigillum suum cartulis hujus conventionis eo tenore quo determinatum est apposuit.

Don viager d'un arpent de terre fait à Pierre, jardinier, par Hélisende, abbesse.

1221.

Ego Helisendis Montis-martirum humilis ministra, totusque ejusdem loci conventus, omnibus presens scriptum inspecturis. Notum facimus quod Petrus hortolanus in presentia nostra constitutus resignavit et quitavit nobis convencionem marisci nostri et prebendam quam ei dederamus et concesseramus pro cultura dicti marisci. Nos vero in recempensatione illius conventionis et quitationis dicti marisci et prebende dedimus et concessimus predicto Petro, et Marie uxori sue, et Marie eorumdem filie unum arpennum marisci situm juxta arpennum Simonis Carpentarii ad censum XII denariorum singulis annis in Nativitate Sancti Johannis Baptiste ecclesie nostre reddendum quamdiu vixerint habendum et pacifice possidendum. Post vero illorum et Marie filie sue decessum arpennus ille pro remedio animarum suarum libere et quiete absque ulla contradictione cum omni emendatione et melioratione dicti arpenni ad nos revertetur. Quod ut autem ratum sit et stabile sigillorum nostrorum munimine fecimus roborari. Actum anno Domini Mº. CCº. XXIº, mense Julii.

(Original en parchemin, sceaux perdus)

Droit d'usage dans la forêt royale de Rouvray près S. Cloud, reconnu par Louis VIII, et échangé par Louis IX en une rente de dix livres parisis.

1224 - 1236.

Ludovicus Dei gracia Francorum rex. Notum facimus quod nos litteras inclite recordationis regis Ludovici genitoris nostri vidimus sub hac forma: « Ludovicus Dei gracia Francorum rex, universis ad quos littere presentes pervenerint salutem. Noveritis quod nos inquiri fecimus diligenter, quale jus et quale usuagium abbatissa et capitulum Montis-martyrum debebant habere in nemore nostro de Roboreto pro se et hominibus suis de maisnilio sito juxta Sanctum Clodoaldum, et nos ex inquisitione didicimus quod ecclesia Montis-martyrum duas quadrigatas ramorum debet habere de ramis remanentibus post beati Dyonisii quadrigatam. Dicti vero homines sui de maisnilio in dicto nemore nostro de Roboreto habent mortuum ramum ad acrochandum cum crocheto per mortuum nemus ; preterea habent brueriam et genestam in dicto nemore extra talleicia que se de bestiis deffendere non possunt, habent eciam dicti homines pascua ad boves et vaccas in bosco quod de bestiis se deffendit. Actum Parisius, anno Domini Mº. CCº. XXº. quarto, mense Junio. » — Nos autem quum predicte abbatissa et conventus supradictis duabus quadrigatis ramorum, pro eo quod dictis abbati et conventui beati Dyonisii quadrigatam suam nemoris excambieramus alibi, privabantur, eisdem abbatisse et conventui Montis-martyrum loco predictarum duarum quadrigatarum ramorum pietatis intuitu dedimus et concessimus in perpetuam elemosinam decem libras parisiensium annui redditus pro emendis lignis ad ardendum ad opus ipsarum abbatisse et conventus in prepositura nostra parisiensi percipiendas in festo Sancti Remigii annuatim, statuentes ut, quicumque prepositus noster Parisius fuerit, dictis abbatisse et conventui easdem decem libras predicto termino reddat annis singulis et persolvat. Quod ut ratum et stabile perseveret presentes litteras sigilli nostri munimine fecimus roborari. Actum apud Vicenas, anno Domini M°.CC°. tricesimo sexto, mense Decembri.

(Cartul. A, n° 5).

Vente par l'abbé des Fossés de plusieurs vignes, sises à Sèvres.

1225.

R. permissione divina Fossatensis ecclesie humilis abbas, omnibus presentes litteras inspecturis eternam in Domino salutem. Universitati vestre notum facimus quod nos volumus et concedimus quod religiose domine abbatissa et conventus beati Dyonisii Montis-martyrum vineam de Gaudree, vineam de Cheval et vineam apud Saives et apud torcular monialium, que vinee site sunt in censiva beati Eligii parisiensis, sub antiquo censu de cetero in perpetuum possideant libere et quiete. Promittimus etiam quod ab ipsis de cetero predictas vineas distrahere vel extra manum suam ponere non cogemus. Ipse enim predicte domine bona fide concesserunt et promiserunt dilecto in Christo fratri G. priori nostro Sancti Eligii parisiensis quod ab instanti Nativitate Domini infra annum sequentem viginti tres solidos de augmento census, scilicet octo solidos super quamdam domum in bocheria, et super domum Petri Cholet decem solidos, et super domum Stephani Barbete quinque solidos, quos habent in censiva Sancti Eligii parisiensis omni occasione remota distrahent et extra manum ponent. Quod nisi infra terminum pretaxatum fecerint, prior noster Sancti Eligii parisiensis dictos denarios reciperet et haberet ex tunc in antea quousque essent a dictis dominabus alienati vel distracti. In cujus rei memoriam et testimonium presentes litteras sigillorum nostrorum munimine duximus roborandas. Datum anno Domini M°. CC°. vicesimo quinto, mense Aprili.

<small>(Original en parchemin, sceaux perdus).</small>

Obligation prise par l'abbesse au sujet d'une maison donnée à l'Abbaye.

1230.

Universis presentes litteras inspecturis, Petronilla abbatissa humilis ecclesie Montis-martirum eternam in Domino salutem. Notum facimus quod cum Bernardus lemovicensis et Odelina uxor ejus contulissent in elemosinam perpetuam Ysabelli et Adeline, ambabus eorumdem (filiabus), monialibus ecclesie nostre, quamdam domum quam habebant Parisius de conquestu suo sitam in vico qui dicitur Charaurri, ita quod ipse filie sue, scilicet domine, fructus sive proventus perciperent et haberent pro suis necessariis toto tempore vite sue, voluissentque quod post decessum earumdem sororum dicta domus ad conventum ecclesie nostre Montis-martirum devolveretur pro vestibus comparandis ex ejusdem domus proventibus ad usus nostrarum monialium, prout hec omnia in litteris bone memorie Petri quondam parisiensis episcopi vidimus contineri. Tandem cum dicta domus esset vendita pro centum libris parisiensium, eo quod dominus censive non permittebat ecclesiam nostram eamdem domum tenere in manu mortua, de pecunia reddita ex venditione predicta, que preterea nobis abbatisse tradita fuit et numerata, ex parte dicti conventus taliter inter nos et conventum ecclesie nostre et dictas filias dictorum Bernardi et Odiline, conventum esset quod ipse centum libre ponerentur in emendatione et refectione, sive reparacione cujusdam furni ecclesie nostre, promittimus per stipulationem solempniter factam nos redditurum annuatim necnon et soluturam de proventibus furni predicti de dicta pecunia, ut dictum est, ad utilitatem perpetuam nostre ecclesie reparati, eisdem Isabelli et Adeline, quamdiu vixerint, vel alteri earum que supervixerit septem libras parisiensium integraliter et viginti solidos conventui ecclesie nostre terminis inferius annotatis, ad festum Sancti Remigii quadraginta solidos, ad Nativitatem

Domini quadraginta solidos, ad Pascha totidem, et totidem ad Nativitatem beati Johannis Baptiste. Predictos autem viginti solidos debet percipere et habere conventus noster, quamdiu vixerint predicte filie vel altera earumdem, utraque autem filia de medio sublata cessabit solutio viginti solidorum predictorum, et predicte septem libre ad conventum nostre ecclesie devolventur ab abbatissa que pro tempore fuerit singulis annis in posterum persolvende ad vestes comparandas ad usus ipsarum monialium secundum voluntatem dictorum Bernardi et Odeline ejus uxoris defunctorum, et ad omnes pactiones seu convenciones necnon et ad omnia alia supradicta tenenda et fideliter adimplenda, nos et furnum ipsum et nostrum monasterium sive ecclesiam nostram, illas etiam que in posterum nobis succedent et que post nos venerint, quantum in nobis est specialiter obligamus, et de dicta pecunia solvenda, ut dictum est, terminis supradictis oneramus. Et ut hec in perpetuum rata sint et firma, in testimonium presentes litteras sigilli nostri munimine fecimus roborari. Datum anno Domini millesimo CC°. tricesimo mense Aprili.

(Cart. B, fol. 19, verso).

Donation faite par Helissende abbesse, aux religieuses, pour s'acheter des bottes et des souliers.

1231 (1232).

Omnibus presentes litteras inspecturis, Helissendis Montis-martirum humilis abbatissa salutem in Domino.

Notum facimus quod nos statuimus et concessimus conventui nostro, videlicet singulis monialibus tres solidos pro botis annuatim in festo Omnium Sanctorum capiendos de decem libris parisiensium, quos (*sic*) habemus annui redditus in granchia nostra de Maresio quam retraximus de Canonicis beate Oportune, viginti autem solidos de predictis X libris statuimus similiter et concessimus ad infirmarias supradicti conventus. Statuimus insuper et concessimus ad sotulares emendos dicto conventui annuatim, singulis duos solidos in Pascha, sex libras parisiensium in annuo censu nostro de Barberi in octabis Omnium Sanctorum capiendas. Et si contingeret quod predictam granchiam de Maresio nos in manu nostra, vel quelibet alia abbatissa in sua teneret, illa que teneret granchiam predictas X libras, sicut premissum est, ad facienda predicta solvere teneretur. Preterea eidem conventui statuimus unam minutionem singulis annis in Nativitate beati Johannis faciendam, et XXX solidos parisiensium capiendos annuatim de censu domus Florie quam emimus in vico Sancti Martini de Campis ad pitanciam annuatim nostro conventui die nostri anniversarii faciendam. Et hec omnia fecimus de voluntate et assensu tocius nostri conventus qui cum nostro sigillo suum presentibus appendit sigillum ad majorem predictorum confirmationem. Actum anno gracie M°. CC°. XXX°. primo, mense Martio.

(Original en parchemin, sceaux perdus).

Transaction entre l'abbaye de S. Vincent de Senlis et celle de Montmartre touchant les dimes d'Auvers.

1236.

Lettre des dismes d'Auvers.

Universis Christi fidelibus, ad quos presens scriptum pervenerit, Robertus abbas beati Vincencii silvanectensis, totusque ejusdem loci conventus, salutem in omnium Salvatore. Notum facimus quod cum controversia esset inter nos ex una parte, et abbatissam et conventum Montis-martirum ex altera, super decima quorumdam novalium sitorum in parrochia nostra de Auversiis, tandem de bonorum virorum consilio inter nos amicabilis compositio intercessit, talis videlicet, quod nos eisdem abbatisse et conventui quittamus pacifice et quiete et in perpetuum quicquid nomine decime in novalibus jam factis in tota nostra parochia predicta et etiam in posterum faciendis dicebamus nos habere, et etiam quicquid habere de eisdem novalibus poteramus, nichil in eisdem nobis decime penitus retinentes, et promittentes quod in eis nomine decime nichil reclamabimus in futurum, nec per nos nec per alium impediemus easdem, quominus ipse percipiant quiete et pacifice decimam novalium predictorum, exceptis minutis decimis eorumdem novalium nobis retentis. Dicte vero moniales in recompensationem quictacionis prefate nobis dederunt et concesserunt triginta libras parisiensium in utilitatem nostre ecclesie convertendas, videlicet ad redditus comparandos. In cujus rei testimonium et munimen presens scriptum sigillorum nostrorum impressionibus fecimus confirmari. Actum anno Domini mil^{mo}. ducent^{mo}. tricesimo sexto, mense Maii.

(Cart. B, fol. 3, verso).

1236.

Lettre de la composition des dismes d'Auvers.

Robertus abbas totusque conventus beati Vincentii silvanectensis, abbatisse et conventui Montis-martirum, salutem in Domino. Significamus vobis quod nos compositionem illam pacis quam dilectus frater noster Robertus prior de Auvers nobiscum de consilio prioris Sancti Lazari parisiensis, super causam quam contra nos moveramus pro novalibus de Auvers, laudamus, volumus et approbamus, et si forte amodo compositionis supradicte voluerimus resilire penam viginti librarum parisiensium, que videlicet pena a prefato Roberto priore et a vobis statuta est, parati sumus omnimodis sustinere. In cujus rei memoriam presentes litteras conscribi et sigillorum nostrorum munimine fecimus roborari. Actum anno gracie millesimo CC^{mo}. VI°, sabbato post Penthecosten.

(Cart. B, fol. 4).

Vente à l'abbaye d'une maison sise rue de Champeaux.

1236 (1237).

Universis presentes litteras inspecturis, Officialis curie parisiensis, in Domino salutem. Notum facimus quod in nostra presentia constituti, Guillelmus presbiter Montisfortis, Philippus vitrearius, fratres, et Agnes ejusdem Philippi uxor, recognoverunt se vendidisse abbatisse et conventui Montis-martyrum unam domum quam dicebant se habere in vico de Campellis[1] in Ferrivinaria contiguam domui Richardi de malo respectu, in censiva domini regis, ad decem et octo denarios capitalis census et decem solidos incrementi census, pro sexaginta et duabus libris parisiensium jam solutis in pecunia numerata, prout confessi sunt coram nobis. Promiserunt nichilominus dicti Guillelmus, Philippus et Agnes, fide in manu nostra prestita corporali, quod contra venditionem predictam per se vel per alium non venient in futurum, et quod eamdem venditionem memoratis abbatisse et conventui ad usus et consuetudines Parisius garantizabunt contra omnes. Dicta vero Agnes spontanea non coacta omne jus quod habebat vel habere poterat in dicta domo, ratione dotalicii vel alio modo, sub ejusdem fidei religione, memoratis abbatisse et conventui expresse quitavit. Promiserunt nichilominus dicti Guillelmus, Philippus et Agnes, sub

---

1. Champeaux.

prestite fidei religione, se reddituros quilibet in solidum memoratis abbatisse et conventui centum solidos parisiensium nomine pene, si contingeret quod dicta domus evinceretur vel ab aliquo retineretur. Ad hoc Richardus de malo-respectu, Maria ejus uxor, Jacobus et Philippus fratres, liberi dictorum Richardi et Marie, et Odo de malo-respectu, in nostra presentia constituti, voluerunt, laudaverunt pariter et concesserunt venditionem predictam, et promiserunt fide media quod contra eandem venditionem per se vel per alios non venient in futurum, et de dicta garandia ferenda ad usus et consuetudines Parisius, et de dicta pena reddenda, si committeretur, se plegios constituerunt quilibet in solidum et per fidem. Quod ut ratum et firmum permaneat, presentes litteras ad peticionem dictarum partium sigillo curie parisiensis duximus roborandas. Actum anno Domini M°. CC°. tricesimo sexto, mense Februarii.

(Cartul. A. n° 51).

Vente à l'abbaye de 12 sols de rente sur deux maisons sises à Montmartre.

1237.

Omnibus presentes litteras inspecturis, Officialis curie parisiensis, in Domino salutem. Notum facimus quod in nostra presencia constituti, Rogerus Christianus et Agnes ejus uxor et Richardus presbiter frater dicti Rogeri, recognoverunt se vendidisse abbatisse et conventui Montis-martyrum pro sex libris parisiensium jam sibi solutis, prout confessi sunt coram nobis, duodecim solidos parisiensium de incremento census super duabus domibus sitis, ut dicitur, apud Montem-martyrum in censiva dicte abbatisse annis singulis percipiendos, medietatem ad Pascha, et ad festum beati Remigii aliam medietatem, promittentes fide media quod contra venditionem istam per se vel per alium non venient in futurum, et quod dictum censum prefatis abbatisse et conventui ad usus et consuetudines Parisius garantizabunt contra omnes. Predicta autem Agnes quitavit quidquid in dicto censu habebat vel habere poterat ratione dotalicii vel alio modo, spontanea non coacta; fide data promiserunt Rogerus et uxor ejus et presbiter predictus quod infra quinque annos ponent centum solidos parisiensium in emendationem dictarum domorum. Actum anno Domini M°. CC°. XXX°. septimo, mense Junio.

(Cart. A, n° 55).

Donation de 25 sols de rente, par Geneviève, fille de Baudoin les Champs.

1237.

Omnibus presentes litteras inspecturis, Officialis curie Parisiensis, in Domino salutem. Notum facimus quod in nostra presentia constituta Genovefa filia Baldoyni les Chans defuncti, recognovit se dedisse et concessisse in perpetuum post decessum suum in puram et perpetuam elemosinam monialibus de Monte-martyrum, pro pitancia earumdem monialium pro anniversario in remedio anime ipsius singulis annis in ecclesia earumdem monialium celebrando, viginti et quinque solidos parisiensium incrementi census percipiendos singulis annis ab eisdem monialibus ad Nativitatem beati Johannis Baptiste; quem censum dicebat dicta Genovefa se habere super medietatem cujusdam domus site Parisius, ut dicitur, super Magnum Pontem, quam medietatem tenet, ut dicitur, Avelina de Meullento, promittens fide media quod contra donationem predictam per se vel per alium non venient in futurum. Datum anno Domini M°. CC°. XXX°. VII°, mense Julio.

(Cartul. A, n° 56).

Admodiation d'une grange et de terres.

1238.

Lettre faisant mention d'une graingne et aucunes terres estans empres Ste Luce.

Universis presentes litteras inspecturis, nos Petrus et Johannes dicti Choisel, milites, salutem in Domino. Notum facimus quod nos promisimus et creantavimus abbatisse et conventui Montis-martirum, quod nos faciemus Petrum, Hugonem, Ansoldum, Manassey et Alesiam liberos defuncti Philippi de Mota militis, quum ad etatem legitimam pervenerint, quittare penitus et in perpetuum et interpositione fidei, dictis abbatisse et conventui, quandam granchiam sitam apud Sanctam Luciam, et terras ad eamdem granchiam pertinentes, terras videlicet quas defunctus Guido de Bestisiaco avus eorumdem liberorum in vita sua tenuerat ad admodiationem a dictis abbatissa et conventu sub annua pensione duorum modiorum bladi, et trium modiorum avene, et etiam duo arpenta terre sita in loco qui dicitur Clausus-episcopi, que terra vocatur la Vigne. Et si forte dictos liberos quittare omnia supradicta facere non possemus, prout superius est expressum, nos eidem abbatisse et conventui de omnibus damnis, et sumptibus, et de perditis totaliter restaurandis, que contingeret easdem abbatissam et conventum incurrere per liberos ante dictos, occasione predictarum granchie et terrarum, obligavimus et constituimus per litteras nosmetipsos. Datum anno Domini millesimo CC°. XXX°. octavo, mense Julii.

(Cartul. B, fol. 12).

Obligation de huit liv. par. de rente assises sur le four de l'abbaye, sis à Paris, près de la Hanterie.

1239.

Universis presentes litteras inspecturis, Petronilla abbatissa humilis ecclesie Montis-martirum, eternam in Domino salutem. Notum facimus quod cum Bernardus Lemovicensis et Odelina uxor ejus contulissent in elemosinam perpetuam Isabelli et Adeline filiabus eorumdem, monialibus ecclesie nostre, quamdam domum quam habebant Parisius de conquestu suo sitam in vico qui dicitur Charaurri, ita quod ipse filie sue, scilicet due, fructus sive proventus jam dicte domus communiter inter se perciperent et haberent ad sua necessaria dividendos, necnon et quod illa que aliam superviveret eosdem fructus sive proventus integre perciperet et haberet pro suis necessariis toto tempore vite sue, voluissentque quod post decessum earumdem sororum dicta domus ad conventum ecclesie nostre Montis-martirum devolveretur pro vestibus comparandis ex ejusdem domus proventibus, ad usus nostrarum monialium, prout hec omnia in litteris bone memorie Petri quondam parisiensis episcopi vidimus contineri ; tandem cum dicta domus esset vendita pro centum libris parisiensium, eo quod dominus censive non permittebat ecclesiam nostram eamdem domum tenere in manu mortua, de pecunia redacta ex venditione predicta, que pecunia nobis abbatisse tradita fuit et numerata ex parte dicti conventus, taliter inter nos et conventum ecclesie nostre et dictas filias dictorum Bernardi et Odeline convenit, quod ipse centum libre ponerentur in emendationem, refectionem sive reparationem cujusdam furni ecclesie nostre siti Parisius juxta Hanteriam, qui furnus necessaria refectione indigebat, et eas totaliter jam ibi posuimus, pro qua re, cum hec cederent ad utilitatem, commodum et profectum ecclesie nostre, promittimus per stipulationem sollempniter factam nos reddituram annuatim necnon et soluturam de proventibus furni predicti de dicta peccunia, ut dictum est, ad utilitatem perpetuam nostre ecclesie reparati, eisdem Isabelli et Adeline quamdiu vixerint, vel alteri earum que supervixerit septem libras parisiensium integraliter et viginti solidos conventui ecclesie nostre, terminis inferius annotatis, ad festum Sancti Remigii quadraginta solidos, ad Nativitatem Domini quadraginta solidos, ad Pascha totidem, et totidem ad Nativitatem beati Johannis Baptiste, predictos autem viginti solidos debet tantummodo percipere et habere conventus noster quamdiu vixerint predicte filie, vel altera earumdem, utraque autem filia de medio sublata, cessabit solutio viginti solidorum predictorum, et predicte septem libre ad conventum nostre ecclesie devolventur ab abbatissa que pro tempore fuerit, singulis annis in posterum persolvende, ad vestes comparandas ad usus ipsarum monialium, secundum voluntatem dictorum Bernardi et Odeline ejus uxoris defunctorum, et ad omnes convenciones seu pactiones, necnon et ad omnia alia supradicta tenenda et fideliter adimplenda, nos et furnum ipsum et nostrum monasterium sive ecclesiam nostram, illas etiam que in posterum nobis succedent et que post nos venerint, quantum in nobis est, specialiter obligamus, et de dicta pecunia solvenda, ut dictum est, terminis supradictis oneramus. Et ut hec in perpetuum rata sint et firma in testimonium presentes litteras sigilli nostri munimine fecimus roborari. Datum anno Domini M°. CC°. tricesimo nono, mense Aprili.

(Original en parchemin, sceaux perdus).

Donation par Petronille, abbesse, de 40 sols parisis de rente, sur le four de la Hanterie.

1239.

Omnibus presentes litteras inspecturis, Petronilla ecclesie Montis-martyrum humilis abbatissa, totusque ejusdem loci conventus, salutem in Domino. Noveritis quod nos dedimus et concessimus Ermesendi dicte Canpanie, sorori et moniali nostre, quadraginta solidos parisiensium percipiendas a dicta Ermesende singulis annis quam diu vixerit in furno nostro sito Parisius in magno vico qui vocatur la Hanterie, quatuor terminis, videlicet ad festum beati Remigii quartam partem, ad Natale Domini quartam aliam partem, ad Pascha aliam quartam partem, et ad Nativitatem beati Johannis Baptiste aliam quartam partem, pro viginti et duabus libris parisiensium jam nobis solutis in pecunia numerata. Post vero decessum dicte Ermesendis, Odelina de Severa, monialis et soror nostra, de dictis quadraginta solidis recipiet singulis annis quam diu vixerit dictis quatuor termidis viginti quinque solidos parisiensium; residuum vero dictorum quadraginta solidorum, videlicet XV solidi, post decessum dicte Ermesendis capientur in dicto furno singulis annis ad pitanciam monialium dicte ecclesie, pro anniversario defuncte Ysabellis de Chaverciaco, sororis et monialis nostre, faciendo in die anniversarii predicti. Item post decessum dicte Odeline dicti viginti quinque solidi singulis annis ad pitanciam dictarum monialium, pro anniversario defuncti Petri de Chaverciaco, militis, patris dicte Ermesendis, devolventur in die anniversarii supradicti. Omnia que in singulis continentur articulis nos bona fide firmiter et inviolabiliter observaturas promittimus et non contra venturas. Quod ut ratum et firmum permaneat sigillorum nostrorum caracthere presentes litteras fecimus communiri. Actum anno Domini M°. CC°. tricesimo nono, mense Aprilis.

> (Original en parchemin, sceaux perdus. A cette charte est jointe une copie de la même, en forme de *Vidimus*, donné par l'official de Paris, le mardi après la Trinité, même année).

*Quittance de XX sols de rente sur la ferme des
Marais des Porcherons.*

1239.

Universis presentes litteras inspecturis, P. humilis abbatissa Montis-martyrum totusque ejusdem loci conventus, eternam in Domino salutem. Notum facimus quod cum dominus Radulfus Bovenelli miles, et Richeldis ejus uxor ob remedium anime defuncti Petri de Betesiaco patris quondam dicte Richeldis, nobis et ecclesie nostre viginti solidos annui redditus super granchia de Marisiis[1], que fuit eorum, que modo est Hemerici dicti de Aurelianis clerici, in elemosinam contulissent, ita quod eis liceret redimere pro undecim libris quocienscunque vellent, si nobis predicte undecim libre solverentur; ipsi postmodum Rodulfus et Richeldis volentes exonerare granchiam antedictam et dicto Hemerico eam liberam tradere, nobis pro dictis viginti solidis undecim libras parisiensium, per manum dicti Henrici tradi et solvi fecerunt, et nos unanimi voluntate dictos viginti solidos annui redditus quitamus et eciam promittimus quod in dicta granchia seu pertinenciis ejus nichil reclamabimus in futurum. In cujus rei testimonium presentes litteras eidem Hemerico tradidimus sigillorum nostrorum munimine robo-

---

1. Les Marais des Porcherons.

ratas. Datum anno Domini M°. CC°, tricesimo nono, mense Augusto.

> (Cette charte est un original sur parchemin, à laquelle sont appendus deux sceaux en cire verte : l'un représente une abbesse tenant sa crosse, avec cette inscription : S. PETRONILLE ABBATISSE MONTMARTIR, le contre-sceau représente un Agneau pascal, avec l'inscription : AGNVS DEI ; l'autre représente S. Denis portant sa tête dans sa main, quoiqu'il l'ait sur ses épaules, avec cette inscription : ✝ S. CAPITL' S DYONISII DE MONTEMART. P.).

Vente d'une rente de V sols, sur la Coulture des Marais.

1240.

Omnibus presentes litteras inspecturis, abbatissa Montis-martyrum totusque ejusdem loci conventus, salutem in Domino. Notum facimus quod nos vendidimus unanimi voluntate domino Petro Bouvenelli militi imperpetuum, pro quinquaginta solidis nobis solutis, quinque solidos par. annui redditus quos ecclesie nostre in elemosinam contulerat ob remedium defuncti Petri de Betesiaco militis pro anniversario dicti P. in nostra ecclesia perpetuo celebrando. Quictamus insuper Hemerico dicto de Aurelianis clerico et heredibus suis imperpetuum quicquid juris habebamus vel habere poteramus racione dictorum quinque solidorum vel alio modo in cultura sita in Marisiis inter Montem-martyrum et Parisios que dicitur cultura domine Aalipdis de Sancto . . , . , . . et eciam quicquid juris habebamus vel habere poteramus racione preteritorum, vel alio modo in herbetgagio et in appendiciis ejus sitis in dictis Marisiis, que idem Hemericus emisse dicitur a domino Radulfo Bouvenelli milite, et promittimus quod contra premissa de cetero nullatenus veniemus. In quorum testimonium presentes litteras eidem Hemerico concessimus sigillorum nostrorum munimine roboratas. Datum anno Domini millesimo ducentesimo quadragesimo, mense Aprili.

(Original en parcemin. Mêmes sceaux qu'à la charte précédente).

Accord touchant la pêcherie des marais de Tresent, entre le seigneur de Tresent et l'abbaye.

1243.

Ego Guillermus de Joiaco miles dominus Tresentii. Notum facio universis presentes litteras inspecturis, quod cum inter me ex una parte et religiosas mulieres abbatissam et conventum Montis-martirum juxta Parisius, nomine monasterii earumdem ex altera, super dominio, justitia, jurisdictione et piscaria maresiorum suorum subtus Tresentium, que omnia moniales predicte dicebant ad suum monasterium pertinere totaliter pleno jure, orta esset materia questionis, tandem inter me et moniales predictas pacificatum extitit in hunc modum, quod hospites abbatisse prefate et mei, necnon et alii qui ante compositionem et pacem hujusmodi in dictis maresiis habebant usuagium, ex nunc imposterum in eisdem maresiis absque controversia seu contentione qualibet habebunt usuagium sicut prius habebant necnon et eorum heredes. Ego vero attendens justitiam altam et bassam, jurisdictionem et dominium maresiorum ipsorum atque piscariam ad ipsas abbatissam et conventum nomine sui monasterii pleno jure totaliter pertinere, nolens quod ad me non pertinet temere usurpare, confiteor et etiam recognosco me et heredes meos nullum jus habere ibidem, et dictas justiciam, jurisdictionem altam et bassam, dominium maresiorum ipsorum atque piscariam ad easdem moniales quiete et libere pertinere, sicut dicti maresii et piscaria in longitudine et latitudine se comportant ; piscariam autem predictam confiteor me recepisse pro me et meis heredibus ad censum a dictis abbatissa et conventu ex nunc imposterum pro sexaginta solidis paris. annui redditus, et promitto me redditurum eisdem monialibus annuatim imposterum die festi beati Remigii dictum censum apud Herbaudi-Villare, in domo abbatisse et conventus ipsarum, volens et concedens quod si ego et heredes mei defficeremus in solutione vel solutionibus aliquibus dicti census, quin solveretur ad diem statutum, quod dicte abbatissa et conventus pro censu et emenda ad dictam piscariam se assignent et in manu sua teneant et faciant fructus suos quousque de deffectu et emenda sit eisdem integre satisfactum. Promitto etiam et ad hoc me et heredes meos obligo specialiter voluntate spontanea, quod si aliquis vel aliqua caperentur in aliquo forefacto vel pro forefacto aliquo contingerit arrestari in maresiis vel piscaria predictis per me vel servientes meos, quod ego redderem vel reddi facerem captum vel captam predictis monialibus vel servienti earum de Herbaudi-Villari ; sed dicte abbatissa et conventus tenentur michi et meis heredibus facere jus ad usus et consuetudinem dicte terre. In cujus rei testimonium presentes litteras eisdem monialibus tradidi sigillo meo proprio sigillatas. Datum anno Domini M°. CC°. quadragesimo tercio, mense Novembri.

(Cart. A, n^u 22).

Reconnaissance de plusieurs censives, sises entre Auteuil et Billancourt.

1245.

Universis presentes litteras inspecturis, Officialis curie parisiensis in Domino salutem. Notum facimus quod in nostra presentia constituti, Johannes de Soreniis, Ludovicus de Paciaco, Nevelo dictus Morellus, Johannes Baillet, et Richardus dictus Turonicus, recognoverunt se recepisse et se tenere ab abbatissa et conventu Montis-martyrum ad censum capitalem : videlicet, dictus Johannes de Soreniis, duo arpenta terre arabilis sita inter Autolium et nemus domini episcopi, inter Bulancort et cheminum Parisius, ad duodecim denarios capitalis census, ad octabas Sancti Dyonisii ad Mensnilium persolvendos ; item alia quatuor arpenta terre in eodem territorio sita, ad sexdecim denarios capitalis census dicto termino et dicto loco persolvendos ; item, dictus Ludovicus, sex arpenta terre arabilis in dicto territorio sita, ad duos solidos capitalis census dicto termino et dicto loco persolvendos ; item, dictus Nevelo, quinque arpenta terre arabilis in eodem territorio sita, ad viginti denarios capitalis census, dicto loco et dicto termino persolvendos; item, dictus Richardus, tria arpenta terre arabilis in eodem territorio sita, ad duodecim denarios capitalis census, dictis loco et termino persolvendos; item, Johannes Baillet, tria arpenta terre arabilis in eodem territorio sita, ad duodecim denarios capitalis census, dicto loco et dicto termino persolvendos; item recognoverunt dicti homines conventum et actum fuisse, in ascensatione earumdem terrarum inter eos et dictas abbatissam et conventum, in eodem territorio pressorium habere. Vindemia dictarum vinearum per banniam deferetur ad premendum ad illud pressorium ad tertium potum, et sub isto onere recognoverunt se dictas terras ad dictum censum recepisse et tenere. Preterea vero Johannes de Soreniis recognovit actum esse et conventum specialiter inter eum et dictas abbatissam et conventum, quod predicta duo arpenta terre arabilis, que se tenere ad duodecim denarios capitalis census, prout dictum est superius, confessus est coram nobis, tenetur redigere ad culturam vinearum et plantare vineam in eisdem. Ad dictum vero censum solvendum loco et termino supradictis, et ad tenendum predictas conventiones dicti homines, quamdiu easdem terras tenuerint, et omnes illos ad quoscumque dicte terre in posterum devenerint, obligantes coram nobis et promittentes, fide in manu nostra prestita corporali, quod predicta omnia tenebunt, et in posterum fideliter observabunt; quod autem audivimus, hoc testamur, salvo jure alieno. Datum anno Domini M°. CC°. XL°. quinto, mense Decembri.

(Cart. A, n° 48).

Autre charte de même date et de même objet, pour des terres sises au même endroit, et occupées par

« Michael de Autolio, Rogerus de Cauz, Robertus Aloete, et Radulfus de Sancto Marcello. »

(Ibid. n° 50).

Assignation d'une rente de dix sols sur une maison de Paris.

1248.

Lettre faisant mention de X sols parisis vers Saint Landric.

Universis presentes litteras inspecturis, Officialis curie Parisiensis salutem in Domino. Notum facimus quod constitutus coram nobis Petrus dictus Apostolicus, civis parisiensis, asseruit et recognovit coram nobis, quod cum defuncta Maria quondam mater ejus legasset olim abbatisse et conventui Montis-martirum decem solidos parisiensium annui redditus, ad opus cujusdam pictancie percipiendos ab ipsis abbatissa et conventu, super quadam domo sita Parisius juxta gradus cimiterii Sancti Landerici et contigua domui magistri Alani Anglici, ut dicitur, idem Petrus et defuncta Agnes quondam ejus uxor dictos decem solidos assignaverunt alibi eisdem abbatisse et conventui, videlicet super quamdam domum quam dictus Petrus dicit se habere Parisius in vico qui dicitur Carus Amici, contiguam domui Sancti Martini, ut dicitur, in censiva burgensium parisiensium, ut dicitur, habendos et percipiendos annis singulis ab eisdem abbatissa et conventu super dicta domo in die Sancte

Genovefe de Ardentibus, quemadmodum eosdem decem solidos percipiebat super dicta domo sita juxta gradus cemiterii Sancti Landrici Parisius, et promisit idem Petrus fide in manu nostra prestita quod contra predicta non veniet et quod dictos decem solidos dictis abbatisse et conventui garentizabit, liberabit et defendet eisdem abbatisse et conventui contra omnes super dicta domo, sita, ut dicitur, in vico Carus Amici, eamdem domum obligans et possessores ejus ad solvendum decem solidos supradictos, hoc salvo eidem Petro quod si eidem placuerit assignare alibi in terra domini regis sufficienter et ydonee eisdem abbatisse et conventui decem solidos predictos, hoc poterit facere, et quando hoc fecerit, dicta domus libera erit onere dictorum decem solidorum, et ad predicta tenenda et garentizanda idem Petrus se et suos heredes eisdem abbatisse et conventui obligavit coram nobis et reliquit obligatos. Datum anno Domini millesimo CC°. XL°. octavo, mense Maio, die sabbati post Ascensionem Domini.

(Cartul. B, fol. 18, verso).

Donation d'une maison, sise à Montmartre, par Alise la Gaufrère.

1253 (1254).

Omnibus presentes litteras inspecturis, Officialis curie Parisiensis salutem in Domino. Notum facimus quod coram nobis constituta Aalesia dicta la Gaufrere, vidua, recognovit se dedisse et concessisse in puram et perpetuam ellemosinam religiosis mulieribus abbatisse et conventui Montis-martyrum, quamdam domum, quam dicebat se habere apud Montem-martyrum moventem de conquestu suo, ut dicebat, contiguam domui Odierne relicte defuncti Petri Marcelli ex una parte, et domui Jensani Normanni ex altera, ut dicebat, in censiva dictarum abbatisse et conventus, ad unum denarium censualem, ut dicebat, salvo tamen eidem in dicta domo coad vixerit usu fructus ; et promisit fide data quod contra donationem et concessionem hujusmodi jure hereditario ratione conquestus, dotalicii, aut alio quoquo modo per se vel per alium non veniet in futurum, et quod dictam domum eisdem abbatisse et conventui liberabit et garantisabit ad consuetudinem Francie contra omnes. Datum anno Domini M°. CC°. L°. tertio, mense Februarii.

(Cart. A, n° 49).

Donation d'une rente de XL sols assise sur une maison de Paris.

1260 (1261).

Lettre de XL sols de rente sur la maison Roul le Tailleur.

Universis presentes litteras inspecturis, Officialis curie Parisiensis salutem in Domino. Notum facimus quod coram nobis constituti Simon et Johannes de Altisiodoro fratres et Maria eorum soror, quondam liberi defuncti Simonis de Altisiodoro civis parisiensis, asseruerunt quod dictus Simon, dum vivebat, compos mentis, dedit, concessit et assignavit in puram et perpetuam elemosinam Margarete filie sue, sorori dictorum Johannis, Simonis et Marie, moniali Montis-martirum pro vestitu ejusdem Margarete, quadraginta solidos parisiensium annui redditus percipiendos a dicta Margareta quamdiu vixerit annuatim ad duos terminos, videlicet, viginti solidos in Pascha, et alios viginti solidos in festivitatem sancti Remigii subsequentem, et sic deinceps super quamdam domum suam moventem de hereditate dicti defuncti Simonis, ut dicebant, sitam Parisius in vico qui dicitur Mons presbiterorum, contiguam ex uno latere domui Petri de Sancto Benedicto, et ex altero latere domibus dicti defuncti Simonis facientibus . . . . de castello festuce. Voluit et ordinavit insuper dictus Simo, prout idem Simon, Johannes et Maria confessi sunt coram nobis, quod dicti quadraginta solidi parisiensium annui redditus ad opus vestium monialium Montis-martirum convertantur post decessum Margarete supradicte, pro anniversario dicti Simonis et Alesis ejus uxoris in dicta ecclesia annuatim celebrando, percipiendi annis singulis super domum predictam a dictis monialibus seu illis qui ab ipsis causam habebunt ad terminos prenotatos. Prenominati vero Johannes, Simon et Maria dictas donationem, concessionem et assignationem coram nobis laudaverunt, voluerunt et acceptaverunt spontanea voluntate, non coacti, promittentes, fide in manu nostra prestita corporali, quod contra premissa vel aliquod premissorum per se aut per alium non venient in futurum ; immo quod dictos quadraginta solidos parisiensium annui redditus dictis Margarete et monialibus seu illis qui ab ipsis causam habebunt, super domum predictam ad terminos prenotatos liberabunt, garentizabunt et deffendent, quamdiu vixerint, ad usus et consuetudines Francie contra omnes. Promiserunt etiam dicti Simon, Johannes et Maria sub dicta fidei religione quod quam cito Guilbertus et Robinus fratres eorumdem, quondam liberi dicti defuncti Simonis, et adhuc in minore etate constituti, ad etatem legitimam devenerint, quod ipsi procurabunt et facient quod dicti Robinus et Guilbertus omnia et singula premissa, prout sunt expressa coram nobis, volent, acceptabunt pariter et concedent, et de non veniendo contra fidem in manu nostra corporalem prestabunt. In cujus rei testimonium et memoriam ad petitionem dictorum Simonis, Johannis et Marie, sigillum nostrum duximus presentibus apponendum. Datum anno Domini millesimo CC^{mo}. LX^{mo}, mense Februarii.

(Cart. B, fol. 16 verso, et 23).

Donation par Pierre Trochart de plusieurs cens et rentes à Barbery.

1264.

Lettre de Barberi de plusieurs rentes, comme argent et chapons sur plusieurs masures.

Universis presentes litteras inspecturis, ego Petrus Trochart miles, salutem in Domino. Notum facio quod ego habeo et singulis annis percipio super masuris inferius nominatis census seu redditus inferius nominandos, videlicet, super masura Louvelli decem solidos parisiensium, item super masura Radulphi dicti Bouvier quinque solidos et duos capones, item super masura contigua masure Louvelli que fuit Gilonis de Beltisiaco duos solidos sex denarios et dimidium caponem, item super masura que fuit Radulphi Hure tres solidos, sex minas avene et quatuor capones ; item super masura Sanctisme de Cruce tres solidos, sex minas avene et quatuor capones, quos census et redditus omnes et singulos super masuris predictis sitis apud Barberiacum silvanectensis diocesis, ego compos mentis mee et sanus corpore, consideratis curialitatibus, quas religiose mulieres Emelina abbatissa monasterii Montis-martirum parisiensis diocesis et ejusdem loci conventus michi fideliter impenderunt, dedi, concessi et quitavi in perpetuum eisdem abbatisse et conventui ac earum monasterio in puram et perpetuam elemosinam, donacione facta pure, libere et simpliciter inter vivos, absque spe aliqua revocandi, cedens ex nunc et in perpetuum eisdem abbatisse et conventui ac earum monasterio et transferens penitus in easdem omne jus, dominium, proprietatem, justiciam magnam et parvam, possessionem et quaslibet actiones reales et personales, utiles, directas et justas, que michi competebant et competere poterant modo quolibet in omnibus censibus et redditibus antedictis et eorum pertinentiis quibuscumque, nichil michi vel meis heredibus retinendo penitus in eisdem. Promittens ex certa scientia, voluntate spontanea, non coactus, fide mea prestita corporali, quod contra donationem, concessionem, et quitationem hujusmodi, jure hereditario et actione conquestus, vel alio quoquo modo per me vel per alium non veniam in futurum, et quod in censibus, redditibus et masuris predictis nichil juris in posterum per me vel per alium reclamabo, sed omnes census et redditus supradictos cum omni justicia et pertinentiis eorumdem, quomodolibet nomine censeantur, prefatis abbatisse et conventui ac earum monasterio garantizabo, liberabo et deffendam in posterum in judicio et extra, meis sumptibus et expensis quocienscumque opus fuerit contra omnes, renuntians in hoc facto specialiter et per fidem omni exceptioni et privilegio sive consuetudini et statuto civitatis et patrie, cuilibet exceptioni doli, actioni in factum, et ne possim in posterum allegare me fuisse vel esse in donatione hujusmodi circumventum, et omnibus aliis exceptionibus realibus et personalibus loci et temporis, facti, juris canonici et civilis, que contra presens instrumentum possent obici vel adduci. In cujus rei testimonium presentibus litteris sigillum meum apponere dignum duxi. Datum anno Domini millesimo CC°. LX°. quarto, mense Mayo.

(Cart. B, fol. 12, verso).

1281.

Alix, abbesse de Montmartre, donne quittance de cent sols tournois à l'Hôtel-Dieu de Paris, pour cinq années d'arrérages de dixmes sur le marais du Cordonnier (Porcherons). Du . . . . . 1281.

(Archives de l'Hôtel-Dieu de Paris).

1282.

Lettre d'une maison assise en la rue Saint-Martin en alant à la maison qui fu Henri le Plaistrier.

Universis litteras inspecturis, Officialis curie Parisiensis salutem in Domino. Notum facimus quod in nostra presencia constitutus dominus Radulphus de Tircis presbiter asseruit coram nobis quod ipse habebat, tenebat et possidebat ex conquestu suo quamdam domum sitam Parisius in vico Sancti Martini de Campis, in censiva et dominio abbatisse et conventus Montis-martirum, contiguam ex una parte domui Henrici Plastrarii et ex altera parte domui Johannis de Crona, ad incrementum census quadraginta quinque solidorum parisiensium debitorum annuatim censive dicte domus, quam siquidem domum prefatus presbiter recognovit in jure coram nobis se ad dictum incrementum census tradidisse, concessisse et quitasse Clementi dicto Lavielle de Monte-martirum, ejusque heredibus et causam habentibus ab eodem aut etiam habituris, reddendo et solvendo dicto censu dicto presbitero et censuario quatuor terminis Parisius consuetis, ita tamen quod dictus Clemens aut ejus heredes seu causam ab eo habituri ponent et publicabunt in melioracionem dicte domus viginti libras turon. infra quatuor annos ex nunc et in antea continue computandos, et tenebuntur dictam domum tenere in eque bono statu vel etiam meliori in quo erit, dicta melioratione in eadem posita et implicata; ita quod censuarii censum predictum super domo predicta percipere valeant et habere dictis terminis Parisius consuetis, promittens fide data in manu nostra dictus presbiter quod contra tradicionem, concessionem et quitacionem predictas jure aliquo communi vel speciali per se vel per alium non veniet in futurum, immo predictam domum, ut dictum est, ad censum predictum traditam dicto Clementi, ejus heredibus et ab eo causam habituris garentizabit, liberabit et defendit in judicio et extra judicium, ad usus et consuetudines Francie contra omnes sub propriis sumptibus et expensis, se et bona sua quoad hoc obligando et juridictioni nostre se quoad hoc supponendo. Dictus vero Clemens coram nobis constitutus confitens omnia et singula supradicta esse vera et se predictam domum ad censum predictum a dicto presbitero, ut dictum est, recepisse, promisit fide data in manu nostra se dictum censum reddere et solvere dicto presbitero et censuario annis singulis, dictis quatuor terminis Parisius consuetis et ponere et implicare in meliorationem domus predicte dictas viginti libras turon. infra terminum supradictum, et eamdem domum tenere in eque bono statu in quo erit dicta melioratione in eadem posita et implicata, vel etiam meliori, ita quod dicti censuarius et presbiter dictum censum super domo predicta annis singulis, dictis quatuor terminis, percipere valeant et habere, se heredesque suos et omnia bona sua mobilia et immobilia presentia et futura quoad hoc obligans et juridictioni parisiensis curie supponens. Datum anno Domini millesimo CC°. octuagesimo secundo, die Jovis post festum beati Martini Aprilis.

(Cart. B. fol. 19).

Donation d'une rente de XXI sols.

1285.

Lettre d'une recognoissance faite de XX sols parisis, à Paris.

Universis presentes litteras inspecturis, Officialis curie parisiensis, salutem in Domino. Notum facimus quod in nostra presencia constituti Petrus de Cauda alutarius et Aalosia uxor ejus cives parisienses asseruerunt, quod ipsi ex eorum proprio conquestu habebant, tenebant et percipiebant annis singulis, quatuor terminis Parisius consuetis, viginti unum solidos parisiensium annui census, incrementi, seu redditus super domo quadam, que quondam fuit defuncti Michaelis dicti Gastesel, sita Parisius ultra Magnum Pontem in vico de Parvis Campis, contigua domui Porci de Bellomonte ex parte una, et domui Ade Ruffi ex altera in censiva Montis-martirum, ut dicebant, quos siquidem viginti unum solidos parisiensium census annui, incrementi seu redditus predictos, et quicquid juris, dominii, proprietatis, possessionis et actionis ipsi habebant in dictis viginti uno solidis census, incrementi, recognoverunt in jure coram nobis se dedisse ex nunc in puram et perpetuam elemosinam donatione facta pure et simpliciter inter vivos, (sine) spe aliqua revocandi donum, domicelle Salesia de Montemirabili, domicelle Petronille dicte Bonefille, et domicelle Sedilie, monialibus Montis-martirum, et alie ipsarum in solidum que supervixerit aliis habendos, levandos et percipiendos a predictis tribus monialibus, et altera ipsarum que supervixerit aliis, super domo predicta, annis singulis, quatuor terminis predictis, ad usus predictarum monialium ; et (post dictarum monialium) decessum dicti viginti unus solidi parisiensium annui census seu redditus ad monasterium Montis-martirum pleno jure et in perpetuum devenient, communicandi in hunc modum, videlicet, medietatem in vestibus monialium Montis-martirum, et aliam medietatem ad usus monasterii et abbatisse Montis-martirum predictorum. Et promiserunt dicti conjuges ex certa scientia, spontanea non coacta voluntate, sua propria fide data in manu nostra, quod contra donationem, concessionem et quitacionem predictas jure aliquo, ratione conquestus, dotis, doarii, donacionis propter nuptias, aut alio jure quocumque communi vel speciali non venient per se vel per alium in futurum, nichil juris sibi vel suis heredibus in eisdem de cetero retinentes, juridictioni etc... se supponentes. Datum anno Domini millesimo CC^{mo} LXXX°, quinto, die veneris ante Nativitatem S. Johannis Baptiste.

(Cartul. B, fol. 12, verso).

*Acquisition de LX sols de rente assis sur une pierre
à poisson.*

1290.

*Lettre de deux pierres à vendre poisson près de Chastelet,
à Paris.*

A tous ceulx qui ces presentes lettres verront, Jehan de Montengny garde de la prevosté de Paris, salut. Nous faisons assavoir que pardevant nous vindrent Jehan Paon et Jehenne sa femme, (et) affermèrent pardevant nous que il avoient, prenoient et recepvoient paisiblement chascun an aux quatre termes à Paris accoustumés soissante solz parisis de cens ou de rente perpétuelle qui leur fut assise de Thovinien (?) le Guenier au traicté de leur mariage et leur avoit ledit Thovinien promis a garantir, si comme il disoit, que mention en estoit faicte en lettre de l'official de Paris : c'est assavoir, sur une pierre à poisson assize à Paris, entre la pierre Estienne Le Picart et la pierre Sambourt la femme Gile Homont en la censsive de l'église de Montmartre, tantost après troys solz de fons de terre et trente et deux solz parisis de cres (?) de cens, si comme ils disoient. Lesquels soixante solz parisis de cens ou de rente ci-dessus dits et tout le droit, toute l'action, la propriété et possession que les devant ditz Jehan Paon et Johenne sa femme y avoient et povoient avoir par quelconque raison que ce fust es soixante solz parisis de rente dessus dits, iceulx Jehan Paon et Jehenne sa femme recongnurent en droit par devant nous, eux pour leur profit et de leur commun assentement, sans force et sans fraude, avoir vendu et par nom de pure vente perpétuellement quittez et délaissez paisiblement a tousjours des ores en droit, à Petronille Dasche, nonnain de Montmartre et a ceulx qui auront cause de luy (sic), à prendre et recepvoir paisiblement doresnavant de ladicte Pétronille ou de son commandement les soixante solz parisis de cens ou de rente dessus dits sur ladite pierre au poisson, ainsi comme est devisé par dessus, tout le cours de la vie de ladicte Pétronille, en quelconque estat quelle soit, saine ou enferme, et après le décès de ladicte Pétronille yceulx soixante solz parisis de cens ou de rente dessus dits vertiront aux dames de Montmartre perpétuellement pour leurs vestiaires, si comme lesdits Jehan et sa femme disoient, et promisrent par leur serment lesdits Jehan Paon et sa femme, que contre ceste vente ne viendront ne venir feront desormès en avant. Pour laquelle vente dessusdicte euissent accordée et faite, les devant dits Jehan et Jehenne avoient euz et receuz de ladicte Pétronille trente et cinq livres en parisis en bons deniers contanz dont ils se tindrent bien apayez en jugement par devant nous, renonçant expressément à l'exception de ladicte somme d'argent dessus dicte non eue et non receue pour la cause de cette vente du tout en tout. Et les soixante solz parisis de cens ou de rente dessusdits ainsi vendus prosmisrent par leur serment corporel à garantir, à deffendre et à délivrer à leurs cousts a ladicte Pétronille et à ceulx qui auront cause de luy, ainsi comme il est devisé par dessus, aux us et coustumes de France contre tous, et rendront et payeront à ladicte Pétronille ou a ceulx qui auront cause de luy sept livres parisis en non de paine, se il estoient retirant en tout ou en partie, avecques tous les aultres drois coustemens. Et pour la chose dessusdicte tenir, garder et garantir fermement et léaument, les devant ditz Jehan Paon et sa femme ont obligés et soubmis envers ladicte Pétronille et envers ceulx qui auront cause de luy, eulx et leurs hoirs et tous leurs biens meubles et immeubles, présens et advenir, ou quil soient, a justicier au prevost de Paris, ou par la juridiction soubz qui ils seront trouvés. Espécialement il leur ont bailhé et obligé contre plege deux arpens et demy de vingnes assis

à Gentilli mouvant de l'heritaige dudict Jehan, dont il y a cinq quartiers en la censive maistre Jehan de Grantpont, chanoyne de Paris, et demy arpent ou fié l'évesque de Paris, et troys quartiers mouvans du prieur de la Chartre, si comme ils disoient, jusques à la garantise de la vente dessusdicte, etc. . . . . . .
En tesmoing de ce, nous avons mis en ces lettres le scel de la prevosté de Paris, en l'an de grace mil deux cens quatre vint et dix ou moys de Novembre, le dimanche devant la feste sainct André l'apostre.

(Cartul. B, n° 58).

1329.

Dans le testament de Jeanne de Bourgogne, femme du roi Philippe de Valois, fait le 11 mai 1329, se trouve cette donation :

« Aux nonnains de Montmartre-lez-Paris, XX livres. »

(Martène. — *Thes. nov. anecd.*, t. I, p. 1376).

Vente d'une voûte au Châtelet de Paris.

1344.

Lettre de la volte de Chastelet.

A tous ceulx qui ces lettres verront, Guillaume Gormont, garde de la prevosté de Paris, salut. Savoir faisons que par devant nous vint en jugement Jehan

Champdavoine d'Antoigny [1] boucelier, et Jehenne sa
femme, à laquelle il donna auctorité souffisante quant
à ce, et recongneurent et confessèrent en droit nous
avoir pris et retenu à tiltre de rente d'argent ou cens,
pour eulx et pour ceulx qui d'eulx auront cause doresnavant durant la vie d'eulx deux et du survivant d'eulx,
de religieuses personnes et honnestes l'abbesse et
couvent de Montmartre, la voulte de pierre, excepté
le petit ouvroir de dessoubz, partie que tiennent
Simon Coste tornelier et Jehenne sa femme, que
ycelles religieuses ont sur le chastelet de Paris,
tenant ycelle voulte à la voulte de saint Eloy ; cest
assavoir pour et parmy la somme de dix livres parisis
de droite rente d'argent ou cens que yceulx mariez
engaigent en nostre main, et promisrent pour eux et
pour les ayant cause d'eulx rendre et payer ausdites
religieuses, à leur certain commandement ou au porteur de ces lettres, chascun an doresnavant, aux
quatre termes en l'an à Paris acoustumés, durant la vie
desdits mariez et du dernier vivant d'eulx seulement,
en telle manière que yceulx prenans et leurs hoirs
seront tenus de rendre yceluy ouvroir au tel point et
estat comme il est de présent, et avecques ce voul-
drent et accordèrent yceulx preneurs que, sil deffail-
loient de payer ladicte rente ou d'un terme de paiement dycelle, que ycelles religieuses et leur certain
mandement, ou le porteur de ces lettres, s'il leur plaist,
les puissent mestre et bouter hors dudit ouvroir et
volte, etc . . . .
. . . .
En tesmoing de ce nous avons mis en ces lettres le

---

[1]. Antony.

seel de la prevosté de Paris, l'an de grace mil troys cens quarante-quatre, le jeudi dix-septiesme jour de Juing.

(Cartul. B, f° 56, verso).

Accord avec les maitres de la Confrérie de N.-D. de Boulogne.

1345.

Accords faicts entre les dames de Montmartre et les maistres et gouverneurs de la confrairie Nostre-Dame de Boulongne la Petite, pour raison de certaine quantité de terre limitée et abournée, présent le procureur desdites dames, laquelle terre ainsi abornée, donnée à la confrairie Nostre-Dame dudit lieu, lesdites dames ont admorty, en ce comprins trois royons de terre, sur lesquelz lesdites dames prennent telz cens que auparavant ledit accord, aussi sur la maison et vigne du curé comprins en cest accord, avec les droitz, libertez et franchises aux habitans dudit lieu cy dedans déclairez, à la charge toutes voyes d'exercer par lesdites dames ou leur procureur la justice moienne et basse des lieux dessusditz, et ont chacune dicelles parties la moictié de tous les exploictz, amendes, ventes, jusques à LX sols parisis et au dessoubz, hors la haulte justice qui demourra franchement auxdites dames, avec autres droictz plus amplement specifiez et declairez en ces présentes. — De l'an 1345.

(Sommaire du vidimus de deux actes de l'année 1345, fait par le prevôt de Paris en 1490).

*Partage de la maison occupée par les deux chapelains
de la chapelle des Martyrs.*

1346.

A tous ceus qui verront ces presentes lettres, Jehenne de Valengoujart par la grace de Dieu, abbaesse de Montmartre, salut en Nostre Seigneur. — Savoir faisons que pour obvier aux descors, plaiz et notes qui pouroient estre ou qui esperez sont a mouvoir entre Messire Jehan du Chemin, prestre, d'une part, et Guillaume le Boutonnier d'autre part, chapellains des chapellenies des martirs souz Montmartre, desquelles la collacion, institucion et destitucion, et la visitacion des maisons dicelles a nous seule et pour le tout et non a autre appartient de plain droit, pour cause de la division desdictes maisons et reffections ou reparacions dicelles, desirranz iceulx chappellains estre et demourer en pais et en transquilité, et voulans a chascun deulz baillier son droit, partie et porcion des dictes maisons, nous bien advisée et de certain propos eu sur ce bon conseil, avis et délibération, et espéciaument appellez avec nous plusieurs bonnes personnes et suffisanz charpentiers et autres, avons divisé et parti, et faite division et partie desdictes maisons en la manière quil sensuit : Cest assavoir que toute la grant maison qui tient a la chapelle bas et haut, le celier et la cave qui est dessouz et touz les appentis qui sont du lonc de la chapelle jusques à la porte, et de la petite maison qui joint de lautre part de la porte, si comme elle se

comporte jusques à un degré qui est en la court, par
lequel len monte es chambres qui sont sur la cuisine
et lestage haut du coulombier, seront et demourront
a touzjours a la chapellenie premièrement fondée, qui
a prouvende en l'abbaye de Montmartre, laquelle
tient a présent ledict Messire Jehan; et tout le demourant des maisons, cest assavoir la grant maison
qui est devers Paris si comme elle se comporte haut
et bas, le puis et lestage bas du coulombier demourront à lautre chapellenie secondement fondée[1], laquelle tient à présent le dit Guillaume. Item la court,
la cuisine et la porte sont et demourront moytoiennes
et conmunes, et les jardins seront partiz au lonc
jusques au bout, selon ce que le mur qui joint au
coulombier se comporte, en telle manière que la
partie qui est ou chevet de la chapelle tout du lonc,
selon ce que elle se comporte, est et demourra à la
chapellenie premièrement fondée, et le demourant a
lautre chapellenie. Et demourront esdictes maisons
veues et esgouz en la maniere que il y sont, et toutes-
fois celui qui tient ou tendra la chapellenie premièrement fondée pourra faire fenestrages en lestage haut du
coulombier pour y faire chambre, se il li plaist, pour
avoir la veue devers Paris, tant comme il en voudra
avoir, mais que les diz fenestrages soient suffisanz.
ferrez a byrengues saillanz ou plates selon ce que
miex li semblera. Et voulans et ordennons, et par le
consentement desdiz chapellains a ce presenz et con-
sentenz devant nous, que des ores maiz en avant se
aucun de eulx ou de leurs successeurs fait soustenir

[1]. Cette seconde chapellenie fut fondée en 1305 par N. Hermier de Montmartre.

sa partie, si comme tenuz y est et sera, que ce soit en telle manière que ce soit senz domage ne prejudice faire à lautre, et sont et seront tenuz lesdiz chapellains, qui de présent sont et pour le temps avenir seront, faire soustenir a despenz communs la porte et la cuisine par desouz, selon ce que il appartiendra et mestier ou besoing sera pour le profit desdiz chapellains. Et voulons et nous plaist que se il y a aucun desdiz chappelainz qui veille abatre aucun des diz appentiz ou chambres, exceptées les deux grans maisons et la cuisine, que il le puist faire, pourveu touteffois que la court par ce ne soit desclose. En tesmoing de laquelle chose, nous avons seellé ces lettres de mon seel. Donné le Mardi après la saint Barnabé apostre, l'an de grace mil CCC, quarante-six.

Original en parchemin, portant encore un fragment du sceau en cire verte.

Reçu de Jeanne de Vallengoujart, abbesse de Montmartre.

1348.

Sachent tuit que nous suer Jehanne de Vallengouiart, humble abbesse de l'église de Montmartre, avons receu de honorable homme et sage le tresorier du roy à Paris, par la main de M⁰ Geoffroy le Flamenc, recepveur general des debtes des Lombards, XXXII liv. X s. deus a nostre dicte esglise par cédules de Jehan Hardi et Regnaut Bouton jadis receveurs de la visconté de Paris. — Seellé de nostre seel. — A Montmartre le X⁰ de Janvier MCCCXLVIII.

(Bibl. nation. Mss. *Collect. Gaignières*, 251, fol. 273. — Sceau en cire brune, dessiné dans Gaignières).

Bulle de Clément VII (antipape) pour la réunion à l'abbaye des biens aliénés illicitement.

1361.

Clemens episcopus servus servorum Dei, dilecto filio abbati monasterii sancte Genovefe Parisiensis, salutem et apostolicam benedictionem. — Dilectarum in Christo filiarum abbatisse et conventus monasterii de Monte-martirum prope Parisius ordinis Sancti Benedicti precibus inclinati, presencium tibi auctoritate mandamus, quatinus ea que de bonis ipsius monasterii alienata inveneris illicite, vel distracta, ad jus et proprietatem ejusdem monasterii legitime revocare procures, contradictores per censuram ecclesiasticam appellatione postposita compescendo ; testes autem qui fuerint nominati, si se gratia, odio, vel timore subtraxerint, censura simili appellatione cessante compellas veritati testimonium perhibere. Datum Awenione V. Kal. Martii pontificatus nostri anno quarto.

(Original en parchemin, sceau perdu).

Bail d'une voûte vis-à-vis le Châtelet.

1362.

Lettre de bail pour les religieuses de Montmartre de leur voulte devant le Chasielet.

A tous ceulx qui ces presentes lettres verront. Jehan... chevalier du roy nostre sire, garde de la prevosté de Paris, salut. — Savoir faisons que par devant nous vindrent en jugement Jehan Pepin, escrinier et Anscelette sa femme, de luy souffisamment quant à ce auctorisée, et recongnurent en droit eux ensamble et principalement, chascun pour le tout et pour leur cler et évident profit apparant, si comme ils disoient, avoir pris et retenu pour eulx et pour chascun d'eulx et pour le tout desores en droit durant le cours de leurs vies et du survivant d'eulx deux, de religieuses dames et honnectes madame l'abbesse et tout le couvent des religieuses monseigneur sainct Denis de Montmartre, une vouste toute telle si comme elle se comporte, sextendant en long et en lez, en hault et en bas, avecques tous ces drois, venues, entrées, yssues et quelconques appartenances, que lesdictes religieuses ont de leur demaine propre, assize en la ville de Paris devant et à l'opposite de la porte du Chastelet, tenant d'une part à la voulte de sainct Eloy de Paris, et d'autre part à une voulte que tient Martin Le Chartier; pour ycelle voulte par eulx prise cy dessus, avoir, tenir et posséder..... le cours de la vie ou des vies d'eulx deux et du survi-

vant durant, en quelque estat, habit ou prophécie quils soient ou deviengnent. Cest assavoir ceste presente prise faicte pour et parmy douze livres parisis de cens ou rente annuel, quils en promisrent et gaigairent, chascun pour le tout, par eulx et leurs ayans cause rendre et payer desore en droit chascun an.... par les quatre termes en lan généralement à Paris accoustumés etc. . . . .
. . . .
En tesmoing de ce, nous avons à ces lettres le seel mis de la prevosté de Paris, à l'an mil trois cens soixante et deulx le Jeudi vint et troisiesme jour de Juing, vigille de sainct Jehan Baptiste.

(Cartul. B, fol. 59).

Lettres de Charles, roi de Navarre, comte d'Evreux, sur la rente des moulins de Pacy.

1372.

Charles, par la grace de Dieu, roy de Navarre, conte d'Evreux, à noz bien amez Jehan Le Franc, nostre tresorier en Normendie et Sevestre Colombi, receveur de nostre conté d'Evreux et a chascun d'eulz salut. L'abbesse et le couvent de Montmartre pres Paris par manière de supplication nous ont signiffié et donné entendre que il ont certaine rante chascun an sur nos molins de Pacy, de laquelle leur est deu de reste de plusieurs années passées, si comme il dient, dont il nous desplaist sil est einssi. Pour ce est-il que nous vous mandons et estroitement enjoignons que a ladicte abbesse et couvent de Montmartre paiez ou faictes paier les restances qui leur sont deues du temps passé à cause de ladicte rante que il ont sur nos diz molins, et deci en avant les faictes paier chascun an aux termes acoustumez. Car einssi le voulons et nous plaist. Donné en nostre Ville d'Olit le XX⁰ jour d'octembre l'an de grace mil CCC soixante et douze.

(Original sur parchemin).

1376.

Bail passé par l'abbesse Isabelle de 7 arpents de vigne, sis à Montmartre, lieu dit Sacatié, au profit de Jourdain de Nanteuil, Simon Chest, Simon Tivalare, Linois Parfait et Parrain Bien, bourgeois de Paris, pour 12 septiers de vin par arpent.

(Chéronnet, p. 81).

Etat du monastère et des propriétés de l'abbaye
à la fin du XIVe siècle.

1383 (1384).

A tous ceux qui ces presentes lettres verront, sœur Isabeau de Rieux, abbesse de l'église de Montmartre lez Paris, salut. Savoir faisons que nous tenons de la fondation de notre Eglise, et tout en temporel et pour le gouvernement de nous et de notre couvent tout ce que cy-après s'ensuit :

Premièrement, à Montmartre : Notre Eglise et tout le lieu, si comme il se comporte ; duquel lieu nous et notre couvent sommes ordonnées pour Dieu servir ; lequel lieu est en petit et il y fault moult de réparations, mais nous n'avons pas d'aisement, pour ce que nous avons moult perdu de notre revenu pour le fait des guerres.

Item au terroir de la ville de Montmartre, avons environ six vingts arpents de terres, desquelles terres nous faisons labourer une partie, et l'autre est en friche, où il y a plusieurs terriers de connils et est la garenne du Roy nostre seigneur.

Item environ cinq arpents et demi de vignes, lesquelles terres et vignes sont assises en plusieurs censives, et en devons chacun an environ cinquante-huit sols six deniers parisis de cens.

Item en ladite ville de Montmartre, et au terroir d'environ, et aux marests de Paris, où nous soulions avoir jadis environ [cent] soixante dix livres de rente et huit livres de menus cens, nous n'avons à présent par tout qu'environ cent livres de rente et quatre livres de menus cens.

Item aux marests de Paris, avons un petit hôtel et jardin devant le moulin à vent, assis en la censive de sainte Opportune, duquel hôtel et jardin nous devons chacun an trente six sols six deniers parisis, lequel hôtel et jardin nous rend à présent treize livres de ferme.

Item nous prenons sur le moulin à vent six livres de rente.

Item en la ville de Paris, où nous soulions avoir treize vingts livres de rente, nous n'avons à présent qu'environ deux cens livres de rente assise en plusieurs censives, et si avons en ladite ville environ quatre livres deux sols de terre.

Item en la ville de Boulogne la Petite lez Saint-Cloud, avons un hôtel qui est en petit état ; mais nous ne le pouvons amander, dont il nous poise ; et en icelui hôtel a plusieurs terres, environ cent arpents appartenans audit hôtel, dont la graigneur partie en friche ; et si y avons seize arpents de prés, et si avons cens, rentes, avoines, chapons, lequel hôtel et appartenances nous souloit rendre par chacun an quarante livres parisis, que Jehan Xibout demeurant audit lieu tient à présent de nous a vingt quatre livres parisis de ferme chacun an.

Item au bourg la Royne, avons cens, finaiges, qui nous souloient valoir chacun an vingt huit livres parisis, que Pierre Lefebvre notre maire, demeurant audit lieu, tient à présent de nous à vingt livres parisis de ferme.

Item en ladite ville soulions avoir six vingts chapons et cinq muids d'avoine, où nous n'avons à présent qu'environ quatre vingts chapons et trois muids et demi d'avoine, et trois queues de vin de pressoir, receus en la grange aux Merciers.

Lès le pont de Charenton, avons deux muids de seigle de rente.

Item à Tourfou en la châtellenie de Montlhéry les Bonnes, où nous soulions avoir cent solz parisis de menus cens, neuf vingts septiers d'avoine, neuf vingts gelines, cinq muids quatre septiers de bled de moisson, et cinq muids quatre septiers d'avoine, que Jean Hardo notre maire, demeurant à Lardy, tient à présent de nous à treize livres de ferme chacun an.

Item en Gatinois lès Boissy le Repous, au lieu que

l'on dit Herbauvilliers, où sembloit avoir une ville, où nous soulions avoir bon hôtel ; mais en ladite ville n'avons ne borde ne maison, et fust tout ars par le fait des guerres. Et en un autre lieu que lon dit Mainbervilliers, bien près du lieu dessus dit, est un moulin à eau emprès le bois Mallesherbes, auquel pays et appartenances des lieux dessus dits, dont on nous souloit rendre chacun an neuf vingt dix livres et cent chapons, que Adam Bois-Dehaire et Adam Ledoulx, demeurans à Boissy le Repous, tiennent à présent de nous à vingt quatre livres de ferme chacun an.

Item en la ville de Victry et au terroir d'environ, avons environ huit sols de menus cens, que Mathurin de Fresnes, demeurant audit lieu, tient à présent de nous à seize solz parisis de ferme chacun an.

Item en la ville de Monstereul et au terroir d'environ lès le bois de Vincennes, environ vingt solz de menus cens que Raoul Moreau, demeurant audit lieu, tient à présent de nous à trente deux solz parisis de ferme chacun an.

Item en la ville du Bourget et ou terroir d'environ, avons cens, rentes, champarts qui nous souloient valoir seize livres chacun an, que Jean Dole, bourgeois dudit lieu, notre maire, tient à présent de nous à huit livres parisis de ferme chacun an.

Item en la prairie de Chelles-Saint-Vaultour, avons dix arpents de prés que Perrin Cartois, demeurant à Chelles, nous rend à présent huit livres chacun an.

Item emprès Luserches, avons un hôtel que l'on dit chasteau Moustel-les-Nonnains, dont il y a la graigneur partie cheue, et l'autre partie ne vault guères mieux, où il y a environ soixante dix arpents de terres que bonnes que males, et six arpents de prés, trois de pastis et environ seize deniers de cens, dont tout nous souloit valoir trente livres parisis par an, que René Regnier, demeurant à Lusarches, tient à présent de nous à quinze livres parisis de ferme par an, par telle condition qu'il doit mettre lesdites quinze livres en réparations audit hostel chacun an jusqu'à certain temps.

Item en la ville d'Auvers lès Ponthoise, avons une dixme qui nous souloit valoir chacun an trente muids de bled et cinq muids d'avoine, que Estienne Manetier, demeurant audit lieu, tient à présent de nous à quatre muids de bled et deux muids d'avoine.

Item aux près Saint-Gervais et à Pontrouville avons environ soixante solz parisis de rente.

Et en tesmoing de ce, nous avons mis notre seel duquel nous usons. Ce fut fait le Jeudi XI° fevrier M.CCCIIII"III.

(Copie d'un extrait fait en 1585 sur un registre de la Chambre des comptes).

Arrêt du Parlement qui rejette l'appel des bouchers de Paris.

1392 (1393).

Condempnation de la grand'boucherie de Paris.

Karolus Dei gratia Francorum rex, universis presentes litteras inspecturis salutem. Notum facimus quod cum a quadam sententia per prepositum nostrum parisiensem, ad utilitatem religiosarum abbatisse

et conventus Montis-martirum prope Parisius, et
contra magistrum, juratos et communitatem magne
carnificarie parisiensis, ratione possessionis et saisine
levandi, habendi et percipiendi per suas gentes et
officiarios summam sexaginta librarum, decem septem
solidorum, sex denariorum parisiensium annui et perpetui redditus, super omnia stala et corpus dicte carnificarie ad dictam communitatem spectantia, per manus
dictorum magistri et juratorum aut deputatorum per
eosdem, ac summam viginti duarum librarum et octo
solidorum, novem denariorum parisiensium pro arreragiis ante inchoationem processus, per dictos magistrum et juratos occasione dicti redditus dictis religiosis
debitis, et que pendente processu coram dicto preposito agitato obvenirent, in quibus possessionibus et
saisinis dicte religiose se esse et fuisse dicebant, lata,
per quam dictus prepositus noster pronuntiaverat
quod dicte religiose in possessione et saisina habendi,
capiendi et percipiendi quolibet anno super corpus
dicte magne carnificarie parisiensis et super omnia
stalla ejusdem ad dictam communitatem spectantia
sexaginta libras, decem septem solidos, sex denarios
parisienses redditus in dicto processu declarati manutenerentur et conservarentur, dictos magistrum juratos
et communitatem ad reddendum et solvendum dictis
religiosis summam viginti duarum librarum, octo solirum et sex denariorum parisiensium eisdem occasione
arreragiorum dicti redditus ante inchoationem dicti
processus debitorum et omnia arreragia que durante
processu dicto obvenerant, non obstantibus perturbationibus ac impedimentis per dictos magistrum,
juratos et communitatem in premissis appositis, et ad
cessandum de dictis perturbationibus et impedimentis

et in expensis dictarum religiosarum comdempnaverat, fuisset pro parte dictorum magistri, juratorum et communitatis ad nostram parlamenti curiam appellatum, auditisque partibus antedictis, in dicta curia nostra in causa appellationis predicte; processuque, an bene vel male fuerit appellatum, ad judicandum recepto, eo viso et diligenter examinato, per judicium predicte nostre curie dictum fuit dictum prepositum nostrum bene judicasse et dictum magistrum, juratos et communitatem male appellasse. Et emendabunt appellantes ipsos in expensis hujus cause appellationis condempnando, earumdem expensarum taxatione eidem curie nostre reservata. In cujus rei testimonium presentibus litteris nostrum jussimus apponi sigillum. Datum Parisius in Parlamento nostro prima die Martii, anno Domini millesimo trecentesimo nonagesimo secundo, et regni nostri decimo tertio. — Sigillatum sigillo nostro in absentia magni ordinario.

(Cart. B, fol. 41, verso).

1401.

Sentence du prévot de Paris, donnant acte du désistement d'une opposition formée par les religieuses de Montmartre, au sujet d'une maison de la rue du Sablon. — 12 décembre 1401.

1401 (1402).

Lettres de Guillaume de Tignonville, prevost de Paris, homologuant le bail fait par les religieuses abbesse et couvent de Montmartre, à Guillaume Le Coq escorcheur de la grant boucherie de Paris et Anne sa femme, des « pierres et auvens appartenant à icelles religieuses.... assises à Paris et tenans aux murs de Chastelet de Paris devant la grant boucherie pour en joyr les vies deulx deux durant ». . . .

« . . . .

« En tesmoing de ce. . . . . avons mis à ces lettres le seel de la presvosté de Paris, le samedi vingt cinq de Février l'an de grace mil quatre cens et ung. »

(Cartul. B, fol. 60).

Reçu de Jeanne du Coudray, abbesse de Montmartre.

1411.

Saichent tuit que nous sueur Jehanne du Coudray, humble abbesse de l'Eglise de Montmartre-lez-Paris, confessons avoir receu du viconte de Coustances LVIII s. VI d. qui nous estoient deuz par les comptes de feu Jehan Vouireau jadis receveur de Paris, et des émolumens appartenans a la ville, a cause de XXX s. par an que prent la prieure dudict lieu pour et ou nom du couvent. En tesmoin de ce nous avons mis le seel de nostre dite Eglise en ces présentes le XXVI° May MIV°. XI.

(Collect. Gaignières, 251, fol. 274. — Sceau en cire brune, dessiné dans Gaignières)

*Sentence du Chastelet de Paris en faveur des religieuses
de Montmartre.*

1416.

*Lettre de provision pour la rente de la grand' boucherie
de Paris.*

A tous ceulx qui ces lettres verront, Tanguy du
Chastel, chevalier, conseiller chambellan du Roy
nostre sire, et garde de la prevosté de Paris, salut.
Savoir faisons que nous l'an de grâce mil CCCC et
seize, le lundi quinziesme jour de Feuvrier, veismes
unes lettres seellées du seel de la prevosté de Paris,
desquelles la teneur sensuit : « A tous ceulx qui ces
lettres verront, Tanguy du Chastel, chevalier, conseiller, chambellan du Roy nostre sire et garde de la prevosté de Paris, salut. Savoir faisons que aujourd'hui
comparans en jugement par devant nous ou Chastelet
de Paris, honnorable hommes et saiges maistre Pierre
de Lesclat et Robert de Tuilleries, commissaires
ordonnés de par le Roy nostre sire, en ceste partie,
et le procureur du Roy nostre sire audit Chastelet
d'une part, et Messire Jehan Chalemart comme procureur des religieuses abbesse et couvent de Montmartre-lez-Paris d'autre part, et après la requeste
aujourd'huy et aultre foys faicte par ledict procureur
desdictes religieuses abbesse et couvent, ad ce quelles
fussent recompensées par le Roy nostre sire de soixante livres, dix sept soulz, six deniers parisis de rente
d'une part, et de vingt cinq soulz parisis de fons de

terre d'autre part, que elles avoient droit et cause et
estoient en bonne et souffisante saisine et possession
davoir, prendre, gaiger, percevoir et recepvoir par
chascun an à tousjours, aux quatre termes à Paris
acoustumés, en et sur la grant boucherie de Paris,
assise devant le Chastelet, laquelle le Roy nostre sire
a nagaire faict demolir et abattre, et aussi que icelles
religieuses abbesse et couvent fussent paiées des
arrièraiges a elles deuz desdictes rentes et fons de
terre depuis le démolissement de ladite boucherie.
Nous ouye la dite requeste dudit procureur desdictes
religieuses abbesse et couvent, et veues les lettres et
tiltres desdites religieuses abbesse et couvent, par
lesquels est souffisamment apparu icelles religieuses
abbesse et couvent avoir droit de prendre et percevoir par chascun an ausdicts quatre termes lesdictes
rentes et fons de terre en et sur ladicte grant boucherie avant quelle feust démolie et abattue, avons dit et
ordonné, disons et ordonnons par manière de provision et sans préjudice, ès presences desdits commissaires et dudit procureur du roy non contredisant,
que lesdictes religieuses abbesse et couvent seront
paiées doresenavant de leurs dictes rentes et fons de
terre aux termes dessusdicts sur les rentes et revenues qui furent à la Communauté de ladite boucherie
et qui appartiennent à present au Roy nostre sire, par
le recepveur de Paris tant qu'il les recepvera, ou par
les aultres qui les recepveront, jusques à ce que par
le Roy nostre sire elles soient recompensées de leurs
dictes rentes et fons de terre, et aussi que sur icelles
rentes et revenues lesdictes religieuses abbesse et
couvent seront paiées des arrièraiges qui leur sont
deuz de leur dicte rente et fons de terre depuis le dé-

molissement de ladicte boucherie. Si donnons en mandement audict recepveur et autres qui recepvront lesdictes rentes etc. . . . . . En tesmoing de ce nous avons faict mestre à ces lettres le seel de la prevosté de Paris. Ce fut faict en jugement ou Chastelet de Paris le merquedi XXXe jour de Décembre l'an de grace mil CCCC et seize ; ainsi signé : Pierre Le Guiant. » Et nous a ce présent transcript avons mis le seel de ladicte prevosté de Paris l'an et jour dessus dicts.

Les gens des comptes et trésoriers du Roy nostre sire à Paris, au recepveur de Paris ou à son lieutenant, salut. Veue par nous la requeste cy attachée soubz l'un de nos signez, à nous faicte par les religieuses abbesse et couvent de Montmartre-lez-Paris, en ce que certaines lettres de sentence semblablement y attachées, faisans mantion entre aultres choses de soixante livres, dix sept soubz, six deniers parisis de fons de terre d'autre, quelles avoient droit et accoustumé de prendre chascun an sur la grant boucherie de Paris par avant la demolition d'icelle, et pour considération du contenu en icelles requeste et sentence, nous vous mandons et enjoingnons que des rentes dessus dictes et des arriéraiges deuz et eschuz depuis ladicte démolition vous paiiez ou faictes paier et contenter lesdictes suppliantes par la forme et manière contenue et déclarée en ladicte sentence. . . . sans aulcun contredit ou deffault. Donné à Paris le IIIIe jour de May l'an mil CCCC et dix sept.

(Cart. B, fol. 50).

*Bail de loyer d'une chambre appartenant
aux religieuses.*

1422.

Lettre de la voulte dessoubʒ Chastelet.

Regnault Auzoust, enlumineur, demourant à Paris, confesse avoir prins et retenu à tiltre de loyer d'argent, du jour de Pasques dernier passé à quatre ans apres eux finis et accomplis, de vénérable et discrete personne maistre Pierre Garoul prestre, au nom si comme procureur des religieuses abbesse et couvent de Montmartre, bailleur audit tiltre, une chambre appartenante ausdites religieuses, assise à Paris sous Chastelet devant la porte dudit Chastelet, tenant d'une part à deulx aultres bannes que tient de présent Loys Gaydeau sergent à verge, pour en joyr etc. Cette prinse et retenue faite moienant le pris et somme de sept frans, quatre sols parisis monnoie courante, que de loyer par chascune desdites années ledit Regnault Auzoust sera tenu, promet et gaige rendre et payer audit maistre Pierre oudit nom etc... aux quatre termes à Paris accoustumés, premier terme de payement eschéant à la saint Jehan baptiste prochain venant, et ainsi de terme en terme. Pour ce en ont obligé etc... Fait le Jeudi XVIIIe jour d'Avril mil CCCC et vint et deux après Pasques.

(Cart. B, fol. 62).

Lettres du maitre des eaux et forets, reconnaissant le droit de propriété de l'abbaye, dans la foret de Rouvray[1].

1424.

Jehan de Blaise seigneur de Villeconte, maistre et enquesteur des eaux et foretz du roy nostre sire ès pays de France, Champagne et Brye, au maistre et garde de la forest de Rouvray et garenne de Saint-Cloud sallut. Veue par nous la requeste des relligieuses abbesse et couvent de Montmartre lez Paris, contenant que elles disent avoir au temps passé de l'heritaige de l'eglise certaine quantité de terres labourables depuis la Croix de Fust jusques au chesne de la queue du boys, contenant quarante arpens de terre ou environ, joignant au boys du roy de ladicte forest, esquelles terres labourables dessus déclarées appartenant ausdictes dames, comme elles disent, les bois du roy sont agectez et accreuz en leurs dictes terres, si comme disent icelles relligieuses abbesse et couvent, et aussy veu l'informacion sur ce faicte et par ladvis et délibération du conseil, advocat et procureur général du roy nostredict seigneur en Parlement ; Nous à icelles religieuses abbesse et couvent, avons donné et donnons congé par ces présentes de faire labourer esdictes terres, coupper et exploicter le boys dicelles en et soubz la main du roy nostredict seigneur et de nous à leur caution, jusques à ce que par nous en soit autrement ordonné au proffict de qui il appar-

---

1. Le bois de Boulogne.

tiendra et sans préjudice du droict et propriété de la chose et des partyes. Si vous mandons qu'à icelles religieuses abbesse et couvent laissez joir desdictes terres et boys par la manière dessus dicte. Donné soubz le scel de nostredict office le dix septième jour de Octeubre lan mil IIII^c vingt quatre. Signé : Le Tuit, et scellé à double queue de cire verd.

(Copie du xvie siècle).

A la suite de cet acte se trouvent plusieurs actes concernant le même objet, des années 1432, 1487 et 1509.

Loyer à cens d'une échoppe sous le Châtelet.

1425 (1426).

Cest la lettre de Girard le Grand gainnier qui tient une eschoppe de nous assize soubz le Chastelet de Paris, à la vie de luy, sa femme et son filz, à vint livres parisis de rente par chascun an.

A tous ceulx qui ces présentes lettres verront, Simon Morhier, chevalier, seigneur de Villiers, conseiller du roy nostre sire et garde de la prévosté de Paris, salut. Savoir faisons que par devant Arnoul Longueville et Jehan Berthélemy, notaires du roy nostre sire, de par luy establis ou Chastelet de Paris, fut présent Girart le Grand gaynier et bouteillier demourant à Paris, lequel de son bon gré, bonne volunté, propre mouvement et certaine science, sans aulcune force ou contrainte, recongnut et confessa avoir prins et retenu

à tiltre de cens ou rente anuuelle, des maintenant, durant les vies de luy, de Katherine sa femme et de Jacquet le Grant, leur aisné fils, à présent orfèvre.... des religieuses et honnestes dames les religieuses abbesse et couvent de l'église de Montmartre, une eschoppe contenant cellier, ouvroir par bas et chambre dessus, estant soubz le Chastelet de Paris du costé devers saint Lieffroy, tenant d'une part à une aultre eschoppe que tient a présent Casin la Bote, et d'autre part à une aultre eschoppe, où demeure à présent Henriet Mariavale, pour de tout ce joyr et user par lesdits Girart, Katherine sa femme et Jaquet leur fils, leurs dictes vies durant, et du survivant de chascun d'eulx et de leurs ayans cause. Ceste prinse et retenue faicte tant pour et parmy ce que lesdits Girart, sa femme et fils seront tenus de tenir clos et soustenir ledit lieu bien et deuement durant leurs dites vies, comme et parmy huit livres parisis de rente que sesdits femmes et fils en seront tenus, et luy present devant lesdits notaires gaiga en leurs mains et promist en bonne foy rendre et paier par chascun an... aux quatre termes en lan à Paris généralement accoustumés, premier terme commençant à la S. Remy prochain venant etc. . . . .
En tesmoing de ce, nous, à la relation desdicts notaires, avons mis à ces lettres le seel de ladicte prevosté de Paris, l'an mil quatre cens vint cinq, le Mardi cinquiesme jour du moys de Mars.

(Cart. B, fol. 56).

1429.

Bail d'une maison rue de la Heaumerci au profit de Philippe Damien, marchand bourgeois de Paris, moyennant 6 livres de rente perpétuelle et 3 deniers de cens, payable l'une à la S. Remy, l'autre à la S. Denis, tous deux à l'auditoire du Forr-aux-Dames.

(Chéronnet, p. 85).

1430.

Lettres de Simon Morhier, garde de la prevosté de Paris, homologuant le bail d'une « eschoppe, cellier et ouvroir par bas, et chambre audessus » fait par les religieuses, abbesse et couvent de Montmartre, à Henry Mariavale et Jehanne sa femme, moyennant six livres huit sols parisis de rente annuelle leurs vies durant. Ladite « eschoppe située et assize sous le Chastelet de Paris, du costé de l'Eglise saint Lieffroy, tenant d'une part à une autre eschoppe que tient et occupe ledit Mariavale, et d'autre part à une autre eschoppe que souloit tenir et occuper feu Michelet de Nogent. » — « Fait et passé l'an de grace mil quatre cens et trente, le merquedi dix neufviesme jour de Jullet. »

(Cart. B, fol. 55).

1432.

Lettres de Simon Morhier, garde de la prevosté de Paris, homologant le bail fait par les religieuses abbesse et couvent de Montmartre, à « Roger Le

Coq escorcheur juré de la grand boucherie de Paris, Godefroy de Wirstenford et Perrette sa femme, Simon Choisin et Philipotte sa femme, ycelles Perrette et Philippote seurs dudit Roger et enfans de Guillaume Coq, » des « pierres et auvens que ycelles religieuses ont à Paris.... tenans aux murs du Chastelet de Paris, » pour « en joyr et user par lesdits preneurs et par après le trespassement dudit Guillaume Le Coq, les vies durant desdits Roger Le Coq, Perrette et Philippote tant seulement » . . . . . « parmy la somme de cent solz parisis de rente » . . .

. . . .

« En tesmoing de ce, avons mis. . . . . le seel de la prevosté de Paris à ces présentes lettres, faictes et passées le mardi seize de septembre l'an de grace mil quatre cens trente deulx. »

(Cart. B, fol. 57).

1437.

Accord consenti devant le prévot des marchands, entre l'abbesse et religieuses de Montmartre d'une part, et les religieux de l'hopital de S. Jean de Jérusalem, au sujet de dix muids de blé de rente que ceux-ci prétendaient avoir droit de prendre sur la terre de Barbery. Du 17 septembre 1437.

(Original sur parchemin).

1448.

Cession par l'abbesse Agnès à l'Hotel Dieu de Paris d'une petite place vide dans la rue du Sablon, aboutissant à la rivière, sous un cens annuel de 24 sols parisis.

(Chéronnet, p. 867).

1451.

Sentence condamnant Anceau Langlois, curé de Montmartre, à renoncer à la perception des dîmes qu'il prétendait s'attribuer à cause de sa cure.

(Chéronnet, 87.)

1451. 9 Novembre.

Accord à ce sujet intervenu entre l'abbesse et le dit curé, auquel est entr'autres abandonnée pour sa vie durant, une rente de 28 sols parisis qu'il devait sur 2 arpents de vigne dans la culture du monastère.

(Ibid.).

1454.

Arret du garde de la prevosté de Paris, par lequel une rente de cent solz parisis due à la chapelle des Martyrs, sur une maison assise au bout du Grand-Pont, devant l'horloge du Palais, à laquelle pend pour enseigne « l'homme sauvage, » sera payée avant toutes autres. — Du 16 Novembre 1454.

(Vidimus sur papier).

*Autorisation de l'évêque de Paris pour conclure
une transaction.*

1460.

La lettre du clocher de Montmartre.

A tous ceulx qui ces presentes lettres verront, Robert d'Estouteville chevalier, seigneur de Beine, barron d'Ivry et de Sainct-Andrieu en la Marche, conseiller, chambellan du roy nostre sire, et garde de la prévosté de Paris, salut. Savoir faisons que nous l'an de grace mil quatre cens soixante, le lundi dixiesme jour du mois de Novembre, veismes unes lettres scellées, comme il apparoit, en sire vermeille, sur double queue, du scel de révérend père en Dieu Monsr Guillaume à présent évesque de Paris, desquelles la teneur est telle : « Guillelmus miseratione divina episcopus parisiensis, universis presentes litteras inspecturis, salutem in Domino. Cum nos annis pluribus et diversis, et visitationibus nostris personaliter factis, in monasterio seu abbassia religiosarum monialium ordinis Sancti Benedicti in Monte-martirum prope civitatem Parisiensem, periculum eminentissimum chori et campanilis ecclesie antedicte per plures commissarios nostros, evocatis variis opificibus, lathomis, carpentariis et aliis in nostra civitate parisiensi juratis visitari fecerimus, et propris oculis duxerimus visitandum, et ad evitandum et providendum predicto periculo in eisdem choro et campanili, ex quo totalis ecclesia destrui posset, varias injunctiones fecerimus et fieri fecerimus per commissarios nostros abbatisse, procuratoribus et administratoribus ejusdem abbatie, ut dicte necessitati providerent et reparationes facerent opportunas sub penis et censuris, prout in nostris injunctionibus et ordinationibus plenius continetur, tandem dicta abbatissa et predicti procuratores infra terminos eisdem a nobis assignatos se excusarunt apud nos inopiam et necessitatem dicti monasterii allegantes, tam propter diminutionem reddituum, ac reparationes alias jam in dicto monasterio domibus et officinis factas, ob quas causas et alias multiplices se dicto periculo providere non posse pretendebant. Nos necessitati predicte provideri volentes, statum ejusdem monasterii in redditibus, in bonis mobilibus et immobilibus et aliis duximus, absque tamen quacumque reactione et expensa, visitandum ; et quia tam per juramenta dicte abbatisse et singularum religiosarum dicti loci ac procuratorum et administratorum, ac aliorum proborum et fide dignorum testium cognovimus non posse dicte necessitati ex mobilibus dicte ecclesie absque provisione alia provideri, audito a dictis abbatissa et procuratoribus quod jam ab annis plurimis lis mota fuerat que jamdiu manserat indecisa inter predictam abbatissam et conventum ex una parte, et certos dominos seu possessores loci seu Granchie des Merciers prope Parisius ex altera, occasione duorum modiorum saliginis ad mensuram parisiensem, expositoque nobis quod ex consilio peritorum, presertim advocatorum suorum, ipsa abbatissa ammonita fuerat ad transactionem et compositionem venire, et eamdem inire cum honorabili viro et provido magistro Johanne Bureau thesaurario Francie et ejus uxore ejusdem ioci et Granchie domino et possessore, qui dictum redditum presertim super dicto loco deberi denegabat, et multa contra petitionem dictarum abbatisse et conventus allegabat, et dicebat per predecessores dominos et possessores dicti loci a quibus causam habebat sepius allegata, quod ipse magister Johannes Bureau pietate commotus summam convenientem, ut videbatur, consilio ejusdem abbatisse loco redditus predicti, attenta difficultate cause, obtulerat in ediffciis dicti chori et campanilis convertendam, cujus transactionis pretextu, ipsa abbatissa ad reparationes multas processerat et eas fieri fecerat, que si non consummarentur ante hyemalia temporalia deperirent, propter quas ab opificibus multis cotidie trahebatur in causam ; nos visitatis tam per commissarios nostros et alios peritos reparationibus jam factis, et etiam consideratis et calculatis faciendis, visoque et considerato eminente periculo et qualitate redditus et cause pendentis statu et conditione pensatis, in sinceritate devotionis et affectione ejusdem magistri Johannis Bureau non parum confidentes, eisdem abbatisse et conventui predictam transactionem incundi, ac cum dicto magistro Johanne Bureau, prout inter partes tractatum extitit et nobis communicatum, contrahendi licentiam et auctoritatem concessimus et concedimus per presentes, proviso quod quicquid ex dicta transactione obvenerit, in reparationem dicte ecclesie et non in alios usus quoscumque convertetur, et nobis de hoc vel successoribus nostris reddentur compota et rationes quociens fuerit opportunum et a nobis fuerit ordinatum. Datum apud Montem-martirum sub sigillo camere nostre, anno Domini millesimo quadringentesimo sexagesimo, die XXIIII°. mensis Augusti. — » Et en la marge de dessoubz estoit escript : « De jussu Domini. » Et estoient signées : « Nicholaus. . . . . » En tesmoing de ce nous à ce présent transcript ou vidimus, avons mis le scel de ladite prevousté de Paris. Ce fut ainssi fait l'an et jour dessus premiers ditz.

(Cartul. B, fol. 29 et 31).

1460.

Les religieuses abbesse et couvent de Montmartre, du consentement de révérend père en Dieu Monsr l'évesque de Paris, ont ce jourd'huy deschargié la terre et seigneurie de Barsis-sur-Seine, et l'ostel et terre de la Granche aux Merciers, de tout tel droit quelles avoient et povoient avoir sur lesditz lieux, et tout cédé et transporté à noble homme et saige maistre Jehan Bureau, trésorier de France, à présent détenteur de ladite Granche aux Merciers, et les deniers quelles en ont receuz ont esté employez à faire de neuf le clochier de la dicte Eglise et à recouvrir icellui. Fait l'an mil CCCC soixante le Mercredi XXIIe jour du mois d'Octobre.

(Cartul. B, fol. 35, verso).

Commission du roi Louis XI pour l'administration du temporel de l'abbaye de Montmartre.

1468 (1469).

Louis par la grâce de Dieu roy de France, au prévost de Paris ou à son lieutenant, salut. Reçue avons l'humble supplication de nostre procureur au Chastelet de Paris, et de nos bien-amées les religieuses abbesse et convent de Montmartre-les-Paris, estant de fondation royalle, contenant que ladicte église et abbaye et les revenus et rentes d'icelle, tant pour le fait et occasion des guerres et divisions qui ont esté en nostre royaume, et que les gens de guerre ont esté ès lieux où elles ont leurs rentes et revenus ; et à ceste cause leurs fermiers ou aucuns d'eulx se sont absentez et n'ont pu cueillir leurs fruits, ne recevoir leurs rentes et revenus, et aussi que les revenus que lesdites suppliantes ont ou pays de Gastinois, qui dez longtemps leur ont esté et sont de nulle valeur, ont esté et sont demeurés tellement gastés, et lesdites suppliantes tellement grevées et endommagées, que au temps passé il leur a convenu faire plusieurs emprunts, et en sont tenues envers plusieurs personnes, et en aucuns arrérages de rentes, esquels elles ont esté condamnées, et autres choses dont à présent ne pourroient faire satisfaction ne payement, qu'il ne leur conviensist cesser le divin service, et les religieuses de ladicte église partir par défaut de vivres ; et pour ce nous a demonstré nostredict procureur, et lesdites religieuses supplié humblement que sur ce leur voulsissions gracieusement pourvoir de remède convenable. Nous inclinant à leur dicte supplication, ces choses considérées, et afin que que le divin service puisse estre continué en ladicte église, vous mandons, et parce qu'elle est assise près de nostre ville de Paris en vostre prévosté et que l'on dit plusieurs de leurs créanciers estre demourants en ladicte ville et à l'environ, commettons que information faicte par le premier examinateur du Chastelet de Paris sur ce requis des choses dessusdites, et se par ladicte information ou autrement deuement il vous appert des choses dessusdictes, ou de tant que souffire doyt, commettez et députez de par nous aucuns ou aucune bonne personne souffisante et solvable au gouvernement des rentes, revenus et temporel de ladicte église et abbaye de Montmartre, lesquels ou lequel commis seront ou sera tenu de gouverner, recevoir et lever les debtes, cens, revenus et temporel de ladicte église et abbaye jusqu'à trois ans prochainement venans, à compter du jour et exécution de l'entèrinement des présentes ; desquelles rentes, revenus, fruits et temporel lesdicts commis ou commis feront ou fera trois parties, et les emploieront et distribueront par nostre main en la manière que sensuit : C'est assavoir, la première partie pour le vivre et autres nécessitez des dictes abbesse et convent, et de leurs familiers et serviteurs ; la seconde partie pour les maisons, édifices, héritages et labours de ladicte église et abbaye maintenir ; et l'autre tierce partie en payement et solution desdictes debtes à leurs susdicts créanciers, chacun proportionnellement selon la qualité et quantité de leurs dictes debtes qui leur seront deues, parmi ce que lesdicts commis ou commis en seront ou sera tenu rendre bon et loyal compte du gouvernement et administration des choses dessusdictes par devant vous ou vos commis et députez, toutes fois que mestier sera ; et à faire autre solution ou payement à leursdicts créanciers ne contraignez ne souffrez estre contraintes en quelque manière que ce soit lesdictes religieuses abbesse et convent de Montmartre, leurs pleiges ou autres pour elles obligez. Et s'aucuns de leurs biens estoient pour ce prins et arrestez ou empeschez, ou aucune chose faicte ou attemptée au contraire, si leur faictes rendre et restituer, et mettre au premier estat et deu. Car ainsi nous plait-il estre faict, et ausdictes religieuses abbesse et convent l'avons octroyé par ces présentes et octroyons de grace espécial par ces présentes, nonobstant que lesdictes religieuses suppliantes ayent eu de nous semblables Lettres, et aussi quelconques obligations et renonciations sur ce faites et passées par foy et serment, pourvu qu'elles en seront dispensées de leur prélat et d'autre ayant pouvoir à ce, et quelconques Lettres subreptices à ce contraires. — Donné à Paris le quart jour de Febvrier, l'an M. CCCC. LXVIII, et de nostre règne le VIIIe.

Imprimé dans l'*Histoire de Paris*, par D. Félibien, t. III, p. 563.

1469.

Bail de la chasse des lapins dans la seigneurie du monastère fait au profit d'Arnould, marchand chandelier demeurant au bourg Saint-Marceau, au prix de 12 sols parisis de rente et 2 lapins de redevance à apporter chaque an à Noël à l'abbaye.

(Chéronnet, 89).

Jugement du prévot de Paris en faveur de l'Abbaye.

1470.

Lettre de la grand boucherie de Paris.

A tous ceulx qui ces présentes lettres verront, Robert d'Estouteville chevalier seigneur de Beine, baron d'Ivry et de Sainct-Audry en la Marche, conseiller-chambellan du roy nostre sire, et garde de la prevosté de Paris, salut. Sçavoir fasons que ouy le plaidoyer faict en jugement devant nous ou Chastelet de Paris, entre les religieuses abbesse et couvent de Montmartre et Jehan Merlot commis de par le Roy nostre sire ou gouvernement du temporel desdictes religieuses abbesse et convent demandeurs d'une part et les maistres jurés de la grand boucherie de Paris, et Jourdain Merault adjoinct avecques lesditz maistres et jurés deffendeurs d'aultre part ; pour raison de la requeste faicte par lesdictz demandeurs qui estoit à ce que lesdictz deffendeurs fussent condampnés et contrains à vuider leurs mains et mectre es mains dudit Jehan Merlot la somme de soixante et cinq livres parisis ou environ par lesdictz maistres et jurés deue à paier, d'arréraiges escheuz au terme Sainct Jehan Baptiste dernier passé inclusivement, à cause de soixante livres dix sept soulz six deniers parisis de rente que lesdictes religieuses abbesse et couvent ont droit de prendre et parcevoir chascun an aux quatre termes sur ladicte grand boucherie, et ce sans préjudice du fons de terre que lesdictes religieuses ont droit sur ladicte grand boucherie et daultres arreraiges se plus grans arreraiges estoient deus ; offrant par ledit Merlot en son propre et privé nom garantir lesdicts jurés de ladicte somme de soixante et cinq livres parisis se mestier estoit, nonobstant choses proposées au contraire par lesdictz deffendeurs et adjoinct dont ils fussent déboutez et condampnés aux despens, dommaiges et interestz desdictes demanderesses, et des raisons et deffances faictes et proposées au contraire par lesdictz deffendeurs et adjoinct, à plain desclarées en leur plaidoier sur ce faict ; considéré lequel plaidoier, nous lesdictes parties eussions appoinctées à estre de nous deliberé de leur faire droict ou aultrement les appoincter comme de raison leur seroit sur iceluy leur plaidoier, duquel appoinctement la teneur est telle : « Jour est assigné au premier jour que sentences seront par nous données et prononcées ou Chastelet de Paris, à Eustace Fernicle procureur des religieuses abbesse et convent de Montmartre-lez-Paris et procureur Jehan Merlot soy disant commis de par le Roy nostre sire au gouvernement du temporel de ladicte église et abbaye de Montmartre, nonobstant ces vacacions, contre Jehan Charpentier procureur des maistres jurés de la grant boucherie de Paris, et Jehan Le Sueur procureur, Jourdain Merault qui huy cest adjoinct avecques ledict Charpentier esdicts noms pour empescher que les deniers, dont est question, ne soient mis es mains dudit Merlot, debatu et empesché par ledit Fernicle destre de nous délibéré de faire droit ausdictes parties ou aultrement les appoincter comme de raison sera sus le plaidoier faict entre elles, pour raison de la requeste faicte par ledit Fernicle ou dict nom, laquelle nous verrons à la fin contenue en ladicte requeste, ensamble la commission dudict Jehan Merlot dont il cest venté, avecques tout ce dont lesdictes parties se vouldroient aider et produire devers la cour dedens Jeudi prochain et sans escripre. Après que ledict Charpentier oudit nom a huy offert audict Fernicle que en luy monstrant par ledict Merlot sa commission de wider ses mains de la somme dont question est ès mains de lun des examinateurs du Chastelet de Paris, a ce que lesdictz de la grant boucherie en demeurent

seurement deschargés ; attendu que lesdictz deniers
sont arrestés à la requeste de personnes cy-après
nommées, lesqueulx ou lung deulx, sil navoient souffisamment consigné lesdits deniers, les porroient de re-
chef contraindre à wider leurs mains desdicts deniers ;
Lesdits arrests faitz à la requeste de Messire Guillaume
Buyer prebtre, Nicolas de Neufville, Jehan Guéret,
Pierre Brunel, maistre Jehan et Pierre Varengeliers,
Emery Galemart, Raoul du Hamel, Jehan le Gendre
boucher, Jehan de Novy, la confrairie Nostre-Dame
à Sainct-Gervais, Amelot Gohier, la vefve et hiretiere feu Jehan Priault, Messire Audry Langloys,
Jehan Le Barbier, maistre Raoul Hauloy, labbé de
Hormault, Leger Breleau, le marguelier de Sainct
Jehan en Grève, la vefve de feu Pierre de Mons,
Malaquin Boulenger, Jehan le Roy fripier, Pierre de
la Bretesche, Jordain Merault ; à quoy ledict Fernicle
ou nom que dessus a respondu quil a main levée
contre les dessus nommés ou la pluspart diceulx, et
que desja lesdictes lettres royaulx desdictes religieuses leur ont esté enterinées, comme il apperra par
linspection de ladicte commission, (qui) seroit de
nulle valeur et effet, ensamble la provision par le Roy
nostre sire faicte ausdictes religieuses, se lesdictz deniers nestoient delivrez audict Merlot commis, et ne
pourroit user de ladicte commission, ne faire la dis-
tribution aux créanciers et aultres qu'il appartient du
temporel desdictes religieuses, sil navoit la delivrance
desdictz deniers, et aller avant etc. Faict lan mil
CCCC soixante dix le mardy second jour d'Octobre,
ainsi signé : Le Visle. » Veus les exploix et commission mis en court par lesdictes demanderesses et leur
adjoinct, et par ledict Merault, et ledict appoincte-

ment à estre deliberé cy-dessus transcript ; et tout veu et consideré ce qui faisoit devoir à considérer...; nous disons que lesdicts deffendeurs a la charge desdictz arrests et sans préjudice diceulx seront tenus wider leurs mains de ladicte somme de soixante cinq livres parisis, deue ausdites demanderesses pour les causes dessusdictes, et ycelle somme mestront es mains dudict Jehan Merlot pour tourner, convertir et employer par ledict Merlot aux paiemens desclarés en sadicte commission, et tout selon le contenu d'icelle, et sans despens dune part et daultre, par nostre sentence, jugement et par droit. En tesmoing de ce nous avons faict mestre à ces présentes le scel de ladicte prevosté de Paris. Ce fut faict et prononcé en jugement oudit Chastelet et dit aux procureurs desdictes parties, le lundi quinziesme jour d'Octobre l'an mil CCCC soixante et dix.

(Cartul. B, fol. 47).

Lettre de collation de la Chapellenie de la Chapelle des Martyrs, faite par l'abbesse de Montmartre.

1481.

Margareta humilis abbatissa monasterii de Montemartirum Ordinis Sancti Benedicti parisiensis diocesis, dilecto nobis in Christo Domino Theobaldo Quarre presbytero, salutem in Domino .Capellam seu Capellaniam perpetuam inferiorem Martyrum prope Parisius sitam, cum omnibus juribus et pertinentiis universis, ad collationem nostram et omnimodam dispositionem ratione ejusdem monasterii nostri pleno jure spectantem et pertinentem, nunc liberam et vacantem per resignationem in manibus nostris pleno jure per venerabilem virum dominum Guillelmum Lebreton presbiterum, procuratorem venerabilis viri domini Guydonis Jolivet presbiteri novissimi et ultimi ejusdem capellanie possessoris, causa permutationis vobiscum factæ aut faciendæ ad capellaniam seu capellam fundatam ad altare beati Martini juxta domum in monasterio Sanctæ Genovefæ Parisiensis, quam nuper obtinebatis, factam et per nos admissam, vobis meritorum vestrorum intuitu conferimus et donamus, ac de illa cum omnibus et singulis suis juribus et pertinentiis universis predictis providemus, vos etiam de eisdem Capellania et juribus per presentium traditionem litterarum investimus, recepto prius per nos a vobis et dicto procuratore in animam sui magistri juramento quod in dicta permutatione facta seu facienda non intervenit aut interveniet fraus, dolus, simonia, pravitas, aut alia quævis pactio illicita, et alio quolibet juramento solito et in talibus præstari requisito. Quocirca omnibus presbiteris, vicariis, capellanis et aliis nobis subditis mandamus, et quoscumque alios nobis non subditos requirimus, quatenus vos vel procuratorem vestrum nomine vestro et pro vobis in possessionem corporalem, actualem et realem Capellaniæ, jurium et pertinentiarum predictarum, auctoritate nostra ponant et inducant, seu poni et induci faciant, servatis et adhibitis solemnitatibus in talibus assuetis, vobisque vel procuratori vestro de ipsis Capellanie fructibus, redditibus, proventibus, obventibus et emolumentis universis (traditionem) faciant.... Jure nostro et cujuslibet alieno in omnibus semper salvo. Datum in dicto nostro monasterio sub sigillo nostro, anno Domini millesimo quadringentesimo octuagesimo primo, die vero decima quarta mensis septembris.

> Copie du xviie siècle, sur un Cartulaire de quelques feuillets, suivie d'une copie de la mise en possession du chapelain Thibaud Quarré, de la même date.

Clef de la Chapelle des Martyrs, confiée à la confrairie de S. Denys.

1483.

Jehan Lecointe, Guillaume du Pré, Guillaume Aubin, et Laurent Lormier orfèvres et bourgeois de Paris, ou nom et comme maistres et gouverneurs de la confrairie Monseigneur sainct Denys des Martyrs fondée en la chapelle Sainct Denys des Martyrs-lèz-Montmartre, confessent que, à leur prière et requeste, religieuse et honneste dame Madame l'abbesse de Montmartre leur avoit et a baillé une clef pour ouvrir et clorre ladicte chapelle de Sainct Denys des Martyrs, pour y faire dire et célébrer les messes de ladicte confrairie, afin de les relever des peynes et travaulx quilz avoient daller quérir icelle clef à chascune fois en ladicte abbaye ; soubz telle condition que lesdictz maistres seront tenus et promettent de rendre, restituer et remettre en la main de ladicte abbesse icelle clef, toutes et quantes fois qu'il plaira à icelle abbesse, ... Faict et passé le Dimanche vingt huictiesme jour du mois de Décembre l'an mil quatre cens quatre vingt et trois.

> Copie du xviie siècle, sur un Cartulaire de quelques feuillets.

*Bulle de Confirmation des privilèges de Montmartre,
du pape Alexandre VI.*

1493.

Alexander episcopus, servus servorum Dei, dilectis in Christo filiabus abbatisse et conventui monasterii Montis-martirum ordinis Sancti Benedicti prope Parisius, salutem et apostolicam benedictionem. — Solet annuere Sedes Apostolica piis votis et honeste petentium precibus favorem benevolum impartiri. Eapropter, dilecte in Domino filie nostre, justis postulationibus grato concurrentes assensu, omnes libertates et immunitates a predecessoribus nostris romanis pontificibus, sive per privilegia vel alia indulta vobis et monasterio vestro concessa, necnon libertates et exemptiones secularium exactionum a regibus et principibus, et aliis Christi fidelibus vobis et eidem monasterio vestro rationabiliter indultas, sicuti ea omnia juste et pacifice possidetis, vobis et per vos eidem monasterio auctoritate apostolica confirmamus et presentis scripti patrocinio communimus. — Nulli ergo omnino hominum liceat hanc paginam nostre confirmationis et communitionis infringere, vel ei ausu temerario contraire. Si quis autem hoc attemptare presumpserit, indignationem omnipotentis Dei ac beatorum Petri et Pauli apostolorum ejus se noverit incursurum. Datum Rome apud Sanctum . . . . . ., anno Incarnationis Dominice millesimo quadringentesimo nonagesimo tertio, nonis Julii, Pontificatus nostri anno primo.

Copie authentique de 1507.

1504.

Statuts dressés en 1504 par Etienne Poncher, évêque de Paris, pour la réforme du monastère de Montmartre, approuvés par le cardinal Georges d'Amboise.

Ces statuts, ainsi que l'indique une note écrite sur une des trois copies servirent depuis à la réforme des abbayes de Jouarre, Chelles[1] et Malnoue.

1507. 7 Septembre.

Donation de tous ses biens à l'abbaye par Alix Repont, veuve Cornu[2], à charge de célébrer chaque année son obit et celui de son mari et de ses parents et à condition que chaque jour après complies les religieuses réciteraient un *Ave* devant l'autel de l'Annonciation.

(Chéronnet, p. 99).

Terrier de Barbery, du 12 Novembre 1512.

(Extrait).

« C'est le regisrre et papier de la seigneurie et justice de Barbery lès Senlis, appartenant à nobles et

---

1. Monastère réformé par Madame Cornu en quittant Montmartre en 1510.

2. Mère de l'abbesse qui avait elle-même pris le voile à Montmartre. Le fils de la légatrice réclama comme lésé dans ses droits et s'arrangea amiablement avec l'abbaye.

honnorables dames religieuses et couvent de Montmartre..... »

.... « Premier. — Lesdites dames dudit Montmartre ont audit lieu de Barbery, ung hostel seigneurial, ouquel a court, deux granches... appelé l'*ostel seigneurial de mesdames de Montmartre*, ouquel lieu sont les prisons et scelz pour pugnir et corriger les délincquans..... »

(Registre in-4° en papier).

Acte par lequel les bouchers de Paris reconnaissent avoir emprunté des titres à l'Abbaye.

1513.

Lettres pour les religieuses de Montmartre, contre les maistres et gouverneurs de la grand boucherie de Paris.

A tous ceulx qui ces présentes lettres verront, Gabriel baron et seigneur d'Allegre, Sainct Just, Meilleau, Trozet, Sainct Diey, et de Pusol, conseiller chambellain du Roy nostre sire et garde de la prevosté de Paris, salut. Sçavoir fasons que par devant Robert le Riche et Robert Alaire, notaires du Roy nostre dit sire en Chastelet de Paris, furent présens en leurs personnes honnorables hommes Pierre de Ladehors, Adriain de Saratyon[1], Pierre de Livres, Claude d'Auvergne, maistres et jurés de la grand boucherie de Paris, maistre Jehan de Saintion laisné, Jacques de Saintion laisné, Jacques de Saintion le jeune, Nicolas

---

1. Saintyon ?

de Saintion, maistre Claude de Saintion, Martin de Saintion, Odo de Saintion, Anceaulme de Saintion, Jehan de Saintion premier moien, maistre de la grand boucherie, maistre Jehan Triault stipullant et soy faisant fort pour Pierre de Saintion, Charles de Saintion, Anthoine de Saintion et Jehan de Saintion, tous quatre enfans de feu Pierre de Saintion et de damoiselle Jehanne de Rubenpré jadis sa femme et de présent femme dudit Triault, et encore ledit Pierre de Ladehors stipulant et soy faisant fort pour Pierre, Loys et Claude de Ladehors ses filz, ledit maistre Jehan de Saintion laisné stipulant et soy faisant fort pour Jehan de Saintion son filz, et ledit Adrian de Saintion comme procureur de Pierre Thibert, tous maistres de ladite grand boucherie faisant et représentant la plus grand et sainne partye dicelle et eulx faisans et portans fort des aultres maistres de ladite grand boucherie, estans assamblez, convoquez et appellez en la maison et auditoire de la justice de ladite grand boucherie pour et ou nom de la communaulté dicelle, lesquelz esdictz noms, de leurs bons grez, sans contraincte, recongnurent et confessèrent que pour leur profit faire et de ladite communaulté et leur dommaige eschiver, les religieuses abbesse et couvent de Montmartre leur ont aidé de trois lettres desquelles la teneur sensuit : « Ego Guido Francorum regis buticularius . . . . (Voy. cette lettre, plus haut, page 131), » — « Ego Ludovicus Dei gratia Francorum rex, ex regie administrationis providentia...... (Voy. cette lettre, p. 89), » — « Philippus Dei gratia Francorum rex. Noverint universi.... quod cum contentio esset..... (Voy. cette lettre p. 146). » Pour desdites trois lettres dessus transcriptes avoir par lesditz de la grand boucherie les coppies ou vidimus collationnées aux originaulx, lesquels originaulx sont tousjours demourés en la possession desdites religieuses abbesse et couvent de Montmartre, pour par iceulx (ceulx) de la grand boucherie eulx aider en certains procès quil ont oudit Chastelet à l'encontre de Louys Daumont, Jehan Daumont, Jehan de Gien lesné au nom qui procède Guillaume de Gien, Jehan le Maistre, maistre Louys Barré ; desquelles coppies, vidimus, ne originaulx, yceulx de la grand boucherie ont promis, seront tenus, et promettent esditz noms de jamais eulx en aider à l'encontre desdites religieuses abbesse et couvent en quelque manière que ce soit, sur paine de cinq cens livres parisis à applicquer auxdites religieuses abbesse et couvent de Montmartre, et de rendre et payer audit nom tous coustz, frais, missions, salaires, journées, despens, dommaiges et interestz qui faictz et encouruz seroient par deffault des choses dessusdictes ou daucunes dicelles non entretenuz et deument accompliz, soubz l'obligation de tous les biens desdictz de la grand boucherie et communaulté esdictz noms, de leurs successeurs, meubles et immeubles présens et advenir, qu'il ont pour ce du tout soubmis et soubmectent en la juridiction et contrainte de ladicte prevosté de Paris et de toutes justices et jurisdictions ou trouvés seront, et renonceront en ce faisant expressément yceulx maistres et communaulté dicelle grand boucherie esdictz noms, à toutes exceptions, déceptions, cavillations, reliefz, impétrations, dispensations, absolutions données et a donner, et à toutes aultres choses génerallement quelques que len pourroit faire, alléguer et obtenir contre ces lettres, et pour empescher l'effect,

contenu et exécution dicelles, et au droit disant generalle renonciation non valoir. En tesmoing de ce, nous, à la relation desdictz notaires, avons faict mestre le scel de ladicte prévosté de Paris à ces présentes lettres qui furent faictes, passées et accordées le Vendredi neufvième jour de Décembre mil cinq cens et treize.
(Cart. B, fol. 44, verso).

Bail d'une arche près du Châtelet.

1516.

A tous ceulx qui ces presentes lettres verront. Gabriel baron et seigneur d'Alegre, Sainct-Just, Meillan, Torzet, Sainct-Diey et de Puset, conseiller chambellain du roy nostre sire et garde de la prevosté de Paris, salut. Savoir faisons que par devant Henry de Larche et François de Larche, clercs notaires jurez du Roy nostre sire, de par luy establis en son Chastelet de Paris, furent présens en leurs personnes Robert Fayel escrinier demourant à Paris et Jehanne sa femme de luy souffisamment auctorisée en ceste partie, pour par elle avecques luy passer, consentir, advouer et avoir pour agréable le contenu cy-apres, les quels de leurs bons grés, pures, franches et libérales voluntés, sans aucunes force, fraude, erreur, seduction ne contrainte, sur ce bien advisés, pourveuz, conseillés et délibérés, si comme ils disoient, recogneurent et confessèrent en la présence et par devant lesdicts notaires, comme par devant nous en droit jugement, et d'abondant par ces mesmes présentes recongnoissent et confessent avoir prins et retenu, prengnent et retiennent à tiltre de rente viagère pour eulx, leurs hoirs et ayans cause ou tamps advenir et durant les vies de eulx et de leurs enfans nez et à naistre en loyal mariage, et du sourvivant deulx tous, des dames religieuses abbesse et couvent de Montmartre lez Paris, qui leur ont par lettres le jourdhuy faictes soubz les seaux de ladicte abbaye, baillé audit tiltre lesdites vies durant, une banne en manière darche ainsi qu'elle se comporte, auxdites religieuses abbesse et couvent appartenant, et laquelle banne paravant huy et des le mardi dix-septiesme jour de Décembre l'an mil cinq cens et neuf, avoit par lesdites religieuses abbesse et couvent esté baillée audit tiltre de rente viagère à Jehan Regnault maistre bourcier et Geneviefve sa femme pour en jouyr durant leurs vies et durant les vies de leurs enfans, auquel bail lesdits Jehan Regnault et sa femme ont ce jourd'huy renoncé au prouffict desdites religieuses abbesse et couvent, ainsi que plus à plain est contenu et déclaré ou brevet de ladite renonciation le jourd'huy passé par devant lesdits nottaires. Ladicte banne ou arche assise à Paris devant et à l'opposite de la porte et entrée dudit Chastelet de Paris, tenant d'une part à une aultre banne appartenant au priour de sainct Eloy à Paris, et daultre part à une aultre banne appartenant aux frères religieux des Jacobins à Paris, aboutissant par derrière aux murs des prisons dudict Chastelet, pour de ladicte banne et arche jouyr, user et posséder dores en avant par ledict Robert Faiel, Jehenne sa femme, leurs hoirs et ayant cause audict tiltre de rente viagère durant les cours des vies d'iceulx tous. Ceste présente prinse et retenue faicte

tant moyennant ce que lesdicts preneurs ont promis, promisrent et promettent par eulx leurs hoirs et ayans cause durant lesdictes vies entretenir ladicte banne de toutes réparations généralement quelcunques, comme parmy le prix et somme de trèze livres dix soubs tournois de rente ou pension viagère annuelle, que pour ce lesdits preneurs, leurs dits hoirs et ayant cause en ont aussi promis, promisrent et promettent et gaigent chascun pour li tous sans division, rendre et paier et contenter doresnavant par chascun an ausdites religieuses abbesse et couvent de Montmartre à leur procureur ou recepveur ou au porteur de ces lettres pour elles, aux quatre termes en l'an à Paris accoustumés, premier terme de paiement eschéant au jour et terme de Noel prochain venant, et de la en avant en continuant d'an en an et de terme en terme, etc. . . . .
En tesmoing de ce. nous à la relation desdictz notaires avons mis le seel de ladite prevosté de Paris à ces lettres qui passées furent l'an mil cinq cens et seize, le merquedi dix-septiesme jour de septembre.

(Cartul. B, fol. 53).

*Lettres de François I*er*, defendant à tous gens de guerre de se loger dans l'abbaye de Montmartre et ses dépendances, etc.*

1524.

De par le Roy,

A tous noz lieutenans, gouverneurs, mareschaulx, bailliz, seneschaulx, prevostz, capitaines, chefz et conducteurs de noz gens de guerre, tant de noz ordonnances, ban et arrière-bán, que de pied, qui sont ou seront cy-apres à nostre soulde et service, et aux commissaires commis et a commectre, à faire et establir les logeis de nosdictz gens de guerre, ausquelz ces présentes ou vidimus d'icelles faict soubz seel royal seront monstrées et exhibées, salut. Nous vous deffendons très expressément et a chascun de vous, sur tant que craignez a nous desobéyr et encourir nostre indignation, que vous ne aulcun de vous ne logez ne souffrez loger en l'abbaye et monastère de Montmartre les Paris, ne ez maisons, lieux, mestaieries et censes qui en deppendent ; et en icelles ne prenez ou fourraigez, faictes, ne souffrez prendre ou fourraiger aulcuns bleds, vins, chairs, lars, poullailles, foings, avoynes, ne aultres biens ou provisions quelzconques, oultre le gré, voulloir et consentement des relligieuses de ladicte abbaye de Montmartre ou de leurs gens, procureurs, fermiers, mestaiers et censiers et fermiers. Laquelle abbaye, maisons, lieux et mestairies d'icelle, ensemble lesdictes religieuses, leurs dictz gens, procureurs, fermiers, mestaiers et censiers nous avons exemptez et exemptons desdictz logeis, et les avons prins et mys, prenons et mectons quant a ce en et soubz nostre protection et sauvegarde espécial, sçachans ceulx qui feront le contraire de ceste nostre présente sauvegarde et deffense que nous en ferons faire la justice et pugnition si tres estroicte et rigoreuse que les aultres y prendront exemple. Donné à Romorantin soubz nostre seel de secret, le quinziesme jour de Juillet l'an de grace mil cinq cens vingt quattre. — Ainsy signé : Par le Roy, De Neufville, et scellé du seel secret du Roy en placard de cyre rouge.

Original sur parchemin, sceau enlevé).

1529. 14 Juillet.

Echange fait par l'abbaye qui cède à Mathieu Marchecon, seigneur de Passy-lez-Paris, huissier de la chambre du roi, huit arpents de terre aboutissant aux Tuileries, contre un arpent et six perches de terrain près du pont de Sèvres et deux arpents et demi, dit pré des Noires Malades.

(Chéronnet, p. 107).

Lettres de Henri III, portant autorisation aux habitants de Barbery, de fortifier leur village.

1576.

Henry par la grace de Dieu, Roy de France et de Poloigne, à tous present et advenir, salut. Nous avons receu l'humble supplication de noz chers et bien-amez les habitans du villaige de Barbery, bailliage de Senlis, appartenant de fondation royal à noz chères et bien amées les religieuses abbesse et couvent de Montmartre lez Paris, contenant que ledict lieu est assis et scitué en bon et fertil pays, bien accompaigné, construict et ediffié d'un bon nombre de maisons, habitans, marchans, laboureurs et aultres, pour lesquels tenir et mectre en seureté, ensemble leurs personnes et leurs biens à l'encontre des adventuriers et brigandz, genz sans adveu, vagabons et mal vivans qui ont par cy-devant esté et vont ordinairement audict lieu de

Barbery les piller, fouller et opprimer, aussy pour eviter les tumultes et maulvais traictemens qui leur ont esté faictz par plusieurs gens de guerre et aultres, qui soubz pretexte de nostre service les ont pillez et mal traictez ; Ils nous ont tres humblement supplié et requis leur voulloir sur ce pourveoir de pareille faveur grace et remede que pour semblables causes et occasions nous avons faict à d'aultres bourgs et villaiges de nostre royaulme. Pour ce est-il que nous pour ces causes et aultres justes considérations à ce nous mouvans, à iceulx habitans dudict Barbery, avons permis et permectons, octroyé et octroyons par ces présentes qu'ilz puissent et leur soit loisible des à prèsent ou quand bon leur semblera. . . . icelluy villaige faire clorre et fermer de fossez, murailles, tours, portes, pontz-levis, barbacanes, bouleverts, et de toutes aultres sortes de fortifficasions, clostures et choses requises à closture et forteresse de ville, et pour la seureté d'icelle et en particulier pour nostre service y avoir et tenir, tant en général qu'en particulier, toutes sortes d'armes offensives et deffensives qu'ilz verront estre besoing et requis de ce faire. Et pour ce que lesdictz habitans n'ont aulcuns deniers patrimoniaulx ne aultres en commun qui soient suffisans pour satisfaire à la despence de ladicte closture . . . . . . avons permis et octroyé, permettons et octroyons par cesdictes présentes qu'ilz puissent asseoir et faire lever tant sur eulx que sur tous ceulx qui ont ou auront maisons, terres ou héritaiges au dedans de l'encloz de ladicte ville et de ce qui en demeurera pour les fauxbourgs la somme de douze cens livres tournois, pour icelle somme estre employée au faict de ladicte closture. . . . .

Donné à Paris ou moys de May l'an de grace mil cinq cens soixante seize et de nostre règne le deuxiesme. Signé : Boucher. — Par le Roy en son conseil : Bruslart. — Séellé du grand sceau de cyre verd.

<small>(Original sur parchemin. — Sceau à moitié perdu).</small>

Lettres royaux de Henri IV, portant autorisation de dresser un terrier des possessions de Montmartre.

<small>(Enumération sommaire des possessions).</small>

1598.

Henry, par la grâce de Dieu, roy de France et de Navarre, au prevost de Paris ou à son lieutenant, salut. — Nos bien amées les relligieuses abbesse et couvent de Montmartre lez Paris, nous ont faict remontrer que d'ancienneté ladicte église et abbaye a esté par nos prédécesseurs rois de France fondée et douée de plusieurs droictz, terres et sieuryes, ou elles ont tout droict de justice haulte, moyenne et basse, ressort de bailliage qui s'exerce en nostre ville de Paris au coing de la rue de la Heaumerye, en laquelle rue et autres rues de nostredicte ville elles ont plusieurs droictz de cens et rentes, avec droict de haulte justice, moyenne et basse sur leurs hostes en icelles; pareillement sont dames dudict Montmartre, du Bourg-la-Royne, de Melunz et Boullongne lez Sainct Cloud, de Barbery au bailliage de Senlis, de Boissy le Repos, Herbauvilliers, Mainbervillier, et plusieurs hameaux d'environ au bailliage de Nemours et autres lieux, esquelz elles ont aussy haulte justice, moyenne et basse, qui ressortist en appel par devant ledict baillif et dudict baillif pardevant vous. Ont aussy à cause desdites terres, seigneuryes, plusieurs beaux droictz de fiefz, arrièrefiefz, domaynes et possessions, aussy sont tenuz d'elles tant en fief que saisine et roture, plusieurs héritaiges, possessions et autres dont leur sont deubz par les détenteurs plusieurs cens, rentes, dixmes, champartz, bledz, avoynes, poulles, chappons et autres debvoirs annuelz, lesquelz droictz les exposantes désireroient faire recognoistre de nouvel par les détempteurs desdictz héritaiges et fiefz estant desdictes sieuryes par le moyen d'un nouveau pappier terrier, craignans que à l'advant lesdictz détempteurs leur voulussent desnyer lesdictz droictz, qui leur tourneroit à grand préjudice, lequel pappier terrier elles ne peuvent faire, sans avoir sur ce nos lettres nécessaires qu'elles nous ont très humblement supplyé et requis leur octroyer. Nous à ces causes désirans pourveoir aux biens et droictz de l'église desquelz sommes protecteurs et gardes, mesmes de ce que a esté fondé de noz prédécesseurs comme est celle dudict Montmartre ; Vous mandons, et parceque lesdictes exposantes, par privillèges à elles donnez par noz prédécesseurs roys de France, ont leurs causes commises par devant nous, vous commectons que pour le soulagement desdictes exposantes et de leurs subjectz, vous commettez et depputez ung ou plusieurs nottaires de cour laye, greffiers et tabellions royaux des lieux où sont situez lesdictes terres et sieuryes, et par chacun en ses fins et mettes, suffisans et capables, et leur donnez pouvoir, comme nous leur donnons, par ces présentes, de faire appeller et comparoir pardevant eux, ès hostelz seigneuriaux de chacun desdictz lieux où se payent lesdictz droictz ou autres lieux plus prochains et commodes, touttes et chacunes les personnes qui tiennent et occuppent fiefz, arrièrefiefz et autres héritaiges, immeubles desdictes exposantes, pour les contraindre par touttes voyes deues et raisonnables, par serment solempnellement faict par devant eux, le bailler par déclaration, et mesmes spéciffier, confronter et limitter tous et chacuns les héritaiges, fiefz et arrière-fiefz, leurs cens et autres choses quilz tiennent desdictes exposantes, esdictes sieuryes et enclaves dicelles, quelz droictz et debvoirs ilz en donnent et payent, et sont tenuz faire et payer ou leurs prédécesseurs ausdictes exposantes, par quel moyen ilz tiennent lesdictz héritaiges, et à cette fin apporter les lettres, tiltres et enseignemens tant procédans de leurs acquisitions que de leurs prédécesseurs détempteurs, qu'ilz ont et doibvent avoir, les foy et hommaige, adveuz et dénombrement, acquictz et quittances du droictz quilz en ont payez ausdictes exposantes, depuys quarente ans, de tout ce quilz tiennent mouvans d'elles, et déclairer les arréraiges quilz doibvent, ce qui est deub depuis ledict temps ; le tout dedans certain temps et terme qui leur sera pour ce fixé par le sergent qui fera les proclamations ou adjournemens, et de ce qui sera recognu et confessé, en faire par lesdictz nottaires, greffiers et tabellions, pappiers terriers signez en fin de chacune déclaration ; ouquel terrier elles pourront faire mettre, confronter et limitter touttes et chacunes leurs maisons, terres, prez, boys et autres choses à elles appartenantes, et le tout faire mesurer, arpenter, mettre et asseoyr bornes par gens à ce cognoissans

et appeller ceux qui pour ce faire seront à appeller.
Et si dedens le temps à eux limitté après lesdictes
publications, lesdictz subjectz détempteurs et redevables nont satisfaict, prenez, saisissez et mettez en la
main desdictes exposantes lesdictz fiefz, arrière-fiefz,
héritaiges et autres possessions dont n'aura esté satisfaict par les propriétaires et détempteurs. . . . . . et
aussy à payer lesdictz droictz féodaux, arréraiges de
leurs rentes, dixmes, champartz et autres droictz, contraignez ou faictes contraindre les détempteurs desdictz héritaiges par saysies et arrestz et autres manières deues et raisonnables, et aussy tous greffiers,
nottaires et tabellions et autres personnes publicques
à exhiber leurs registres et enseignemens faisant
mention desdictz droictz depuys quarente ans, et en
bailler coppye collationnée aux originaux, aux despens
desdictes exposantes. . . . nonobstant oppositions ou
appellations. . . . .
Mandons et commandons à tous justiciers, officiers
et subjectz que à vous, vos commis et depputez en ce
faisant aient à obéyr. Car tel est nostre plaisir. —
Donné à Angers, le 30e jour de Mars l'an de grace
1598, et de nostre regne le 9e. — Signé : Par le Roy
en son conseil : De Verton, et scellé de cire jaulne.

(Copie transcrite en tête du terrier dressé
en vertu de ces lettres).

Lettres patentes de Henri IV, portant confirmation des possessions et privilèges de l'Abbaye.

1609.

Henry, par la grace de Dieu roy de France et de
Navarre, à tous présens et avenir salut. Receu avons

l'humble supplication de noz chères et bien amées dévotes relligieuses, les abbesse et relligieuses du monastère de S. Denys du Mont des Martirs de Montmartre, ordre de Sainct Benoist, contenant que en lan mil cent trente quatre le feu roy Loys auroit, à la requeste et par le conseil de Catherine Adelays royne sa très amée espouze, fait bastir à l'ayde de Dieu ledict monastère, esglise et abbaye en ladicte montaigne, à laquelle esglise et aux sanctimonialles y servans Dieu il auroit donné et octroyé, pour avoir et posséder à jamais, de son bien et domayne, accordant à ce son filz Loys lors ja esleu roy, les villages, maisons, bouticques, terres, vignes, prez, bois, pescheries, moulins, cours d'eaues, fours et autres appartenances et usaiges, avec la justice, vicairie, cens, rentes et autres domaines, le tout libre, paisible et franc de toute exaction, tailles et coustumes, le tout à plain déclairé et spéciffié par les lettres de chartre de la dottation et fondation de ladicte abbaye ; laquelle fondation et dottation après leur décez auroit esté ratiffiée, accreue et augmentée en biens et domaines par ledit roy Loys leurs filz, es années mil cent quarante deux, mil cent quarante trois, et mil cent cinquante quatre, par ses lettres de chartre, par lesquelles il leur auroit conceddé toutes les choses susdites sy libres et sy paisibles quil ne se seroit reservé rien ny à luy, ny à ses heritiers, ny à homme du monde, à quoy le pappe Innocent en lan mil cent trente-sept, le pappe Lucius en lan mil cent quarante quatre, et le pappe Eugenius en lan mil cent quarante sept, auroient presté consentement selon la pétition que lesdictz deffunctz roy et royne en auroient faict à leurs sainctetez, ayant iceulx pappes confirmé ledict monastère, statuans que l'ordre monastique y seroit à perpétuité gardé et conservé selon la reigle de S. Benoist, voullans que lesdictes sanctimonialles eussent libre puissance d'eslire leur abbesse, et que quelconques possessions et biens, qui y estoient ou seroient donnez pour pieuse dévotion, fussent conservez audict monastère à jamais, dont et de tout ce que dessus, elles auroient tousjours du depuis bien et dheuement jouy et usé, nous requérant humblement, que comme il a pleu à Dieu convertir ceste calamiteuse affliction qui estoit pendant les troubles et guerres dernières, en une paix, repos et tranquillité, nostre plaisir soit les y voulloir maintenir et conserver. Sçavoir faisons, que nous inclinans libérallement à la supplication et requeste desdictes abbesse et relligieuses, desirans non seullement les maintenir et conserver en la dottation et fondation de leurdicte église, monastère et abbaye, ains aussy leur accroistre et augmenter, leur avons de grace spécial, plaine puissance et auctorité royal, confirmé et confirmons ladicte fondation et dottation de ladicte église, monastère et abbaye, avec tous et chacuns leurs villaiges, maisons, terres, prez, vignes, boys, cens, rentes, justice, vicairie, voyries, biens, possessions et droictz quelzconques, qui leur ont esté donnez par pieuse donation et de nouveau leur donnons et conceddons, pour par lesdictes abbesse et relligieuses, leurs officiers, receveurs, fermiers, tenanciers, hommes et serviteurs domesticques, en jouyr et user plainement, paisiblement et librement, francs de toutes exactions, tailles et coustumes, et sy libres et sy paisibles que nous ne nous en sommes rien réservé ny à nos héritiers, ny à personne du monde, ainsy qu'il est contenu par lesdites

lettres de chartre desdites fondation et dottation,
ensuivant lesquelles nous les avons exemptées et les
exemptons de toutes tailles, subsides, pontz, portz,
péages, passaiges et autres impositions quelzconques
qui pourroient estre demandez à leurs dictz officiers,
receveurs, fermiers, domestiques, chartiers et che-
vaulx, quand ilz amennent en ladicte abbaye bledz,
vins, boys, bestiaulx, salines, fruictz et autres provisions nécessaires pour la nourriture, vestiaire, et
entretènement desdictes abbesse et relligieuses et de
leurs ditz serviteurs domesticques, en monstrant aux
commis à la levée desditz impostz le certifficat de
ladicte abbesse, seellé du sceau de ladicte abbaye,
afin qu'il n'en soit abusé, voullans que par leurs
officiers et voyers, elles puissent faire tenir leur
justice et faire les allignemens des bastimens et
edifficcs en leurs ditz villaiges, terres, héritaiges et
possessions, et qu'elles soient maintenues et conser-
vées en leurs autres droictz de garde gardienne et de
Committimus pour leurs causes et procès, le tout ainsy
qu'ilz en ont cy-devant bien et deuement jouy et uzé,
jouissent et usent encores à présent. Sy donnons en
mandement à nos amez et féaulx Conseillers les gens
tenans noz Cours de Parlement et des Aydes à Paris,
prevost dudict lieu, ou son lieutenant, et à tous noz
justiciers et officiers qu'il appartiendra, que noz présentes lettres de confirmation, octroy, don, concession et exemption ilz facent lire et enregistrer, et de
tout le contenu es lettres de dottation, fondation,
donation de ladicte abbaye, et des présentes, ilz
facent, souffrent et laissent jouir et user lesdictes
abbesse et relligieuses, ensemble leurs officiers, receveurs, fermiers, fermes et domesticques, plainement

et paisiblement, cessant et faisant cesser tous troubles au contraire, etc... Donné à Montraulx ou moys d'Aoust, l'an de grace mil six cens neuf, et de nostre regne le vingt ungnième.

Signé : Henry. — Par le Roy : Signé : Forget.

(Original sur parchemin, scellé du grand sceau de cire verte).

Lettres patentes de Louis XIII, sur le même objet, données à Paris en Novembre 1618.

(Original sur parchemin, scellé du grand sceau de cire verte).

Lettres patentes de Louis XIV, sur le même objet, données à Paris en Mai 1648.

(Original sur parchemin, scellé du grand sceau de cire verte).

Lettres patentes de Louis XV, sur le même objet, données à Versailles en Juillet 1726.

(Original sur parchemin, scellé du grand sceau de cire verte).

Fondation du prieuré de la Ville Levêque, par Catherine et Marguerite d'Orléans et Anna de Beauvilliers.

1613.

Henricus de Gondy, Dei et Sanctæ Sedis apostolicæ gratia Parisiensis episcopus, Domini nostri regis in suis Status et Sanctiori Consiliis Consiliarius, ac Oratorii suæ regiæ majestatis præfectus seu magister, universis præsentes litteras inspecturis, salutem in Domino. — Piis supplicum votis, præsertim divini cultus augmentum concernentibus, libenter annuimus, illaque favoribus prosequimur opportunis. Cum itaque, sicut exhibita nobis pro parte illustrissimarum principum Catharinæ d'Orleans domicellæ de Longueville, et Margaretæ d'Orleans domicellæ d'Etouteville, ac venerandarum admodum et relligiosarum dominæ Mariæ de Beauvillers, humilis abbatissæ abbatiæ et monasterii Montis-martyrum vulgo de Montmartre prope et extra muros Parisienses, ordinis Sancti Benedicti, monialiumque et conventus ejusdem monasterii, clarissimæque dominæ Annæ de Beauvillers, defuncti illustris domini Petri Forget dum viveret equitis, domini temporalis de Fresnes aliorumque locorum, domini nostri Regis in suis status et sanctiori consiliis consiliarii, secretarii financiarum et mandatorum suæ regiæ majestatis, supplicationis series continebat, quod ipsæ devotionis affectu motæ gratias Altissimo omnium bonorum largitori reddere, seque et bona sua eidem prompte animo offerre cupientes, ut ipsarum ex parte cultus augeretur divinus, certum prioratum de novo in pago de Villa-Episcopi prope Parisios, sub invocatione Beatæ Mariæ Virginis gratiæ, ordinis Sancti Benedicti, et a monasterio seu Abbatiæ et conventu Montis-martyrum dependentem, de novo erigi et construi de denariis nomine eleemosinæ et aliunde colligendis curare, favente Altissimo et sub beneplacito et obedientia nostris, proposuisse atque ad hunc finem ipsas domicellas Catharinam et Margaretam d'Orleans et dominam Annam de

Beauvilliers, relligiosasque Abbatissam, et conventum Montis-martyrum, super dotatione hujusmodi prioratus, victu et vestitu novitiarum, presbyterorumque et capellanorum ibidem imposterum collocandorum, die secunda præsentium mensis et anni, coram magistri Joanne et Ludovico Le Camus notariis regiis in Castelleto parisiensi, contractum iniisse, quem per nos laudari et confirmari summopere petunt et requirunt. Nos parisiensis Episcopus præfatus, desiderantes ipsas clarissimas Catharinam et Margaretam d'Orleans domicellas de Longueville et d'Etouteville ac dominam Annam de Beauvilliers fundatrices et dotatrices, in tam sancto et laudabili proposito favere et alios ad similia et augmentanda excitare et promovere, visis per nos prædicto contractu donationis, dotationis et fundationis, quo constat ipsas Catharinam et Margaretam d'Orleans donasse et donare donatione perpetua et irrevocabili inter vivos præfatis relligiosis monialibus abbatissæ et conventui monasterii Montis martyrum acceptantibus, domum, horrea, columbaria, hortos, aream et loca muris clausa in dicto contractu designata, sita in pago vulgo dicto *la ville Lévesque*, per ipsas acquisita de domicella Maria Le Picart vidua defuncti domini de la Grange-Courtin, dum viveret consiliarii regis et libellorum supplicum ejus hospitii magistri ordinarii, prout apparet, contractu desuper confecto coram Ludovico Le Camus et Nicolao Jolly notariis regiis die quarta mensis Augusti anno domini 1612, et aliam domum præcedenti vicinam prout sese habet cum suis dependentiis, in qua ipsæ domicellæ de Longueville et d'Etouteville nunc habitant. . . . . . , ipsam vero dominam Annam de Beauvilliers pro parte dotationis dicti prioratus ut supra de novo erigendi et construendi donare, constituere et assignare super omnibus et singulis suis bonis mobilibus et immobilibus summam mille ducentarum librarum turonensium redditus annui duobus æqualibus terminis solvendam, incipiendo a die quo celebrabitur in loco designato pro constructione dicti prioratus prima missa, et in eo actualiter manebunt ad minus decem moniales. . . . . . . Nos eapropter dictum contractum dotationis et donationis, ac omnia et singula in eo contenta, tanquam ad laudem et gloriam Omnipotentis Dei, B. Mariæ semper virginis, omniumque Sanctorum et Sanctarum, divini cultus augmentum, populi ædificationem et devotionem, commodum et utilitatem ecclesiarum et dicti monasterii Montis-martyrum cedentes, auctoritate nostra ordinaria laudavimus, approbavimus, confirmavimus et emologavimus, laudamusque, approbamus, confirmamus et emologamus per præsentes, idque faciendo permisimus eisdem. . . . . . in loco designato vel designando prioratum ut supra qualificatum sub nostris auctoritate et obedientia de novo erigi et construi facere et curare, sub clausulis, conditionibus, oneribus et reservationibus in dicto contractu declaratis, ea tamen lege quod dicta domina Anna de Beauvilliers privilegiis et gratiis fundatricibus concedi solitis utetur et fruetur tamdiu quamdiu solutionem hujusmodi redditus annui. . . . continuabit, et non aliter. . . . . In quorum confirmationem et testimonium, has præsentes litteras manu nostra obsignatas per Magistrum Joannem Beaudouyn . . . . curiæ episcopalis parisiensis notarium juratum et episcopatus nostri parisiensis secretarium ordinarium fieri et signari, sigilliquæ nostræ cameræ jussimus et fecimus appensione muniri. Datum Parisiis anno Domini 1613, die 10 mensis Aprilis. — Signatum : H. episcopus Parisiensis. — Et plus bas : De mandato rever. Domini Parisiensis episcopi : J. Beaudouyn.

(Copie authentique extraite du registre 68^e
des Insinuations du châtelet de Paris).

Fondation du prieuré des Martyrs.

1622.

Silvius a Petraviva doctor theologus, insignis ecclesiæ parisiensis Cancellarius et Canonicus, et Dyonisius Le Blanc presbiter, jurium licentiatus, dictæ parisiensis ecclesiae canonicus, vicarii generales in spiritualibus et temporalibus Ill. et Rever. in Christo patris et domini, domini Henrici miseratione divina S. R. E. presbyteri cardinalis de Retz nuncupati, parisiensis episcopi, universis præsentes litteras inspecturis, salutem in Domino. — Notum facimus quod visis per nos libello supplice pro parte abbatisse et sanctimonialium monasterii beatæ Mariæ de Montemartyrum restituti regulari disciplinæ..... ordinis Sancti Benedicti, prope Parisios, Ill. et Rever. domino Cardinali parisiensi episcopo præfato, seu nobis.... oblato et porrecto ad fines dotandi et erigendi sacellum et oratorium, in honorem et memoriam sanctorum martyrum Dionysii et sociorum prius consecratum, in prioratum et conventum sub invocatione et sub titulo ejusdem sacri martyrii divi Dionysii et sociorum, cujus, adveniente vacatione, collatio, provisio, institutio et quævis alia dispositio ad abbatissam sive cœnobiarcham præmissi monasterii de Monte-martyrum ratione antedicti cœnobii pendeat, et pertineat, necnon uniendi et incorporandi præfato conventui et prioratui duas Capellanias in antiqua prædicta ædicula aut sacello olim fundatas et ibi deserviri solitas, cum suis juribus et pertinentiis universis, atque ad hunc effectum contractum super hujusmodi fundatione et erectione. . . . inter præfatam abbatissam, et sanctimoniales sorores dicti cœnobii et nobilem dominam Annam de Beauvilliers viduam, relictam defuncti nobilis et egregii viri domini Petri Forget. . . . , dum viveret domini temporalis de Fraxinis, initum et constitutum homologandi, confirmandi et approbandi tendentes, ordinatione ejusdem Illust. domini Cardinalis antistitis parisiensis in calce ejusdem libelli supplicis adscripta acta visitationis ejusdem sacelli . . . . per præfatum Illustr. Cardin. in propria persona facte, etc. . . . . ; prædicto contractu in forma authentica et super hujusmodi fundatione, dotatione, institutione, erectione, unione et incorporatione prioratus et conventus supradicti solemniter inito et constituto, una cum clausulis . . . . mentem . . . præmissæ dominæ de Beauvilliers, necnon approbationem......, prædictæ fundationis et erectionis per supra nominatas dominas abbatissam et sanctimoniales. . . præ se ferentibus, signato Remond et Leroux de die decima mensis Martii novissime effluxi anni præsentis et currentis, litteris procuratoriis magistri Michaelis Giffard capellaniarum prædictarum capellani. . . . . ad resignandum simpliciter, ad effectum tamen unionis et incorporationis. . . . et non alias nec alio modo ; titulis et documentis fundationum antiquarum capellaniarum suprascriptarum, nobis communicatis et exhibitis, promotorum dictæ curiæ episcopalis parisiensis

.... conclusionibus scripto datis, omnibus vero quæ in hac parte videnda erant visis et mature consideratis ; attentis piis et fidelibus votis præmissæ dominæ de Beauvilliers dominæ de Fresnes, habita etiam ratione amplificationis cultus divini et venerationis sanctorum Dionysii et sociorum martyrum, ad majorem Dei gloriam, quia ex præmissis nobis constitit et constat dictum contractum... in evidentem utilitatem et commodum ecclesiæ prædicti monasterii Montis-martyrum, divini cultus augmentum, populi ædificationem, piorum consolationem vergere et cedere, Nos vicarii generales præfati ea propter præmemoratum contractum ac omnia et singula in eo contenta..... laudavimus, approbavimus et omologavimus, laudamusque, approbamus et omologamus per presentes, ad leges et conditiones in eo præscriptas, ac proinde fundationem et dotationem dictæ dominæ Annæ de Beauvilliers acceptandam esse, eaque de causa ædiculam in honorem sacri martyrii divi Dionysii et sociorum constructam in prioratum et conventum ereximus et erigimus, ac in posterum prioratum et conventum *Sacri Martyrii*... dici et nuncupari, ab omnimoda dispositione præfatæ abbatissæ dependentem. Quæ quidem abbatissa sanctimoniales seu religiosas numero decem, ad divinum et tam diurnum quam nocturnum officium in perpetuum persolvendum, in dicto prioratu et conventu actu residentes habere et tenere tenebitur. Cujus etiam prioratus et conventus præmissa domina Anna de Beauvilliers fundatrix et benefica patrona agnoscetur et habebitur, ad cujus votum et desiderium.... religiosas præmissas ibidem residentes.... horas canonicas decantare quotidieque divina officia celebrare....... necnon suffragia in prædicto contractu præscripta pie et devote persolvere, eadem institutione adstrinximus et adstringimus; atque hujus piæ fundationis ac dotationis intuitu prædicta domina Anna de Beauvilliers juribus, privilegiis et gratiis fundatoribus et benefactoribus ecclesiarum concedi solitis, uti, frui et gaudere debebit, eaque de causa, in tam munificæ pietatis gratiam, annui proventus summæ mille ducentarum librarum turonensium quem pro fundatione prioratus *Ville episcopalis* spoponderat ipsa domina Anna de Beauvilliers, donec sufficienti redditu constaret, cum jam eidem prioratui... aliunde sit debite provisum..... libera et exonerata remanebit ; summam vero septem et viginti mille librarum quam pro dotatione et institutione prædicti conventus et prioratus Sancti Martyrii suppeditare.... pepigit supradicta domina....., in prædii alicujus et fundi realis acquisitionem ad dcti prioratus emolumentum collocare et insumere præfatæ D^{næ} Abbatissa et Sanctimoniales tenebuntur, quæ videlicet acquisitio ab ipsis alienari.... non poterit nisi ad effectum in dicto contractu expressum. Quod autem ad incorporationem duarum capellaniarum attinet.... dicimus, ordinamus et decernimus presentium tenore... easdemque capellanias eisdem prioratui et conventui annectimus et incorporamus..... In quorum præmissorum fidem et testimonium, has præsentes litteras per magistrum Joannem Baudouyn .... notarium juratum et episcopatus parisiensis secretarium ordinarium fieri et signari, sigilloque cameræ præfati Illust^{mi} Domini Cardinalis fecimus et jussimus appencione communiri. Datum Parisiis anno Domini 1622, die 7^a mensis Junii.

(Copie authentique sur papier).

*Lettres de sauvegarde accordées par Louis XIII
à l'abbaye de Montmartre.*

1623.

De par le Roy,
A tous lieutenans généraux, gouverneurs, capitaines et conducteurs de gens de guerre tant à cheval qu'à pied, baillifs, sénéchaux, prevostz, juges, leurs lieutenans, et à tous nos autres justiciers, officiers et subjectz. Nous vous mandons et commandons que vous n'ayez à loger ny souffrir loger aucunes gens de guerre tant de cheval que de pied, de quelque nation qu'ilz soient, fourager, prendre, ny emporter aucun bled, vin, chair, lard, poulaille, foin, paille, avoyne, ny estre faict aucun tort dans tous les lieux et endroictz dépendans de l'abbaye et couvent de Montmartre et de l'église et petit couvent des Martirs, lesquelz lieux avec l'abbesse et religieuses nous prenons en nostre protection et sauvegarde, à laquelle nous deffendons à toutes personnes d'y contrevenir sur peine de la vie . . . .
Donné à Paris ce XVe jour de Fevrier mil V^c vingt troys. — Signé : Louis. — Par le Roy, signé : De Loménie.

(Original sur papier).

Contrat d'acquisition de rentes sur les aides, au profit du prieuré des Martyrs.

1627.

Par acte notarié du 25 Juin 1627, l'abbesse de Montmartre, Marie de Beauvilliers, et les religieuses de ce monastère « assemblées au son de la cloche en forme de chapitre, » ont déclaré avoir fait ce jourd'huy acquisition « de MM. le prevost des Marchands et eschevins de Paris, au proffict du prieuré du Sainct Martire, aultrement dict Les Martirs, annexe et dépendant de ladicte abbaye de Montmartre, de deux mil sept cens livres tournois de rente sur les aydes.... pour la somme de vingt sept mil livres tournois qu'elles ont receue de dame Anne de Beauvilliers, dame de Fresnes, veufve de deffunct Mre Pierre Forget, vivant seigneur dudict Fresnes, conseiller du roy en ses Conseils d'Estat et privé, etc... pour la dotation et fondation faicte par ladicte dame de Fresnes dudict prieuré.... » Fait et passé devant Noel, Le Semellier et Pierre Leroux notaires.

(Expédition sur parchemin).

Est joint à cet acte le Contrat de la donation faite par ladite Dame de Fresnes, pour cette fondation.

Lettres patentes de Louis XIII, portant dotation de 300 livres, en faveur de la chapelle des Martyrs.

1630.

Louis, par la grace de Dieu roy de France et de Navarre, à tous présens et à venir salut. Les plus riches ornemens dont les hommes se puissent signaler en ce monde sont les vertus que Dieu nous a proposées comme des degrez pour parvenir et participer à la divinité, lesquelles se trouvant aux personnes des roys sont d'autant plus remarquables que leurs qualitez advantageuses les mettent au dessus des autres. Et de toutes, celle que nous debvons aujourd'huy le plus praticquer et mettre en exercice semble estre la gratitude et recognoissance, laquelle Sa Majesté divine nous prescrivant mesmes envers ceux qu'il nous a soubmiz, nous faict voir que celle des bienfaictz et graces qui viennent de sa bonté doibt estre toute particulière. Ceux que nous recevons journellement de son assistance, outre l'obligation que nous luy avons de nous avoir establis pour commander à tant de peuples, de nous conserver encores et nous combler de tant de grâces, nous doibvent esmouvoir à de nouveaux ressentimens, lesquelz, ne pouvant tesmoigner en l'estat qui nous est commun avec les autres hommes que par des submissions et actions de graces tres affectueuses, aultant que nous sommes esloignez de ses perfections, dans sa bonté ordinaire, il nous a faict cognoistre avoir agréables, comme la foiblesse de nostre nature ne nous permet de nous aprocher de sa grandeur, d'adresser quelques fois noz prières à ceux, lesquelz après avoir conversé en ce monde, et par leurs bienfaictz et souffrances mérité d'estre receus en son paradis, pour porter noz vœux et acquérir de sa divine bonté les choses qui nous seroient nécessaires pour mériter les mesmes graces par la charité qu'il a daigné enseigner et recommander surtout à ses créatures ; c'est pourquoy tant de graces et bienfaictz, et particulièrement celuy du recouvrement de nostre santé après une si dangereuse maladie, nous convient de nouveau à tesmoigner par quelques marques du ressouvenir de l'efficace des intercessions des Sains Martirs que nous avons tousjours eu en particulière vénération et recogneuz favorables mediateurs des graces de Sa Divine Majesté, à seconder les pieux desseings de ceux qui ont naguières faict construire une chapelle au Mont des Martyrs près nostre bonne ville de Paris en l'honneur d'iceux. Ce que ne pouvant mieux faire que par la fondation d'icelle et dotation par chacun an d'une somme capable d'y entretenir ung prestre qui puisse tous les jours vacquer au service divin et y célébrer la Saincte Messe en l'honneur de Dieu soubz l'invocation des Sainctz Martirs — Par ces causes et aultres à ce nous mouvans, avons ce jourd'huy de nostre grace specialle, par ces présentes signées de nostre main, fondé et dotté à perpétuité pour nous et noz successeurs roys ladite chapelle nouvellement bastie en l'honneur de Dieu soubz l'invocation desditz sainctz Martirs audit Montmartre, de la somme de *trois cens livres* doresnavant par chacun an, à commencer du premier jour de Janvier de l'année prochaine, pour l'entretien, comme dict est, d'ung prestre qui vacquera seulement à y célébrer le service divin et Saincte Messe par chacun jour de l'année, à icelle somme de trois cens livres avoir et prendre sur le revenu de notre domaine audict Paris, les anciennes charges préalablement acquittées, laquelle susdicte somme nous voulons estre par chacun an paiée et délivrée comptant à la dame abbesse de l'Eglise et couvent de Montmartre et de ladicte chapelle sur ses simples quittances par le receveur de nostredict domaine audict Paris. Sy donnons en mandement à nos amez et féaux conseillers les gens de nos Comptes à Paris, présidens et trésoriers généraux de France et de noz finances audict lieu, que ces présentes ils facent registrer chacun en droit soy et d'icelle somme de III^c livres jouir et user par les mains des receveurs de nostredict domaine présens et avenir, les procureurs dudict lieu ou administrateurs soubz leurs simples quittances, selon le contenu en ces présentes, voulant que tous ce qui leur aura esté payé et délivré à l'occasion susdicte soit passé et alloué en la despence des Comptes desdictz receveurs par lesdictz gens de noz Comptes, leur mandant ainsy le faire sans difficulté, car tel est nostre plaisir. Et afin que ce soit chose ferme et stable à tousjours, nous avons faict mettre nostre scel à cesdictes présentes. — Donné à Paris, au mois de Décembre, l'an de grace mil six cens trente, et de nostre regne le vingt uniesme.

Signé : Louis. — Par le roy : De Loménie.

(Original sur parchemin, scellé du grand sceau de cire verte).

Contrat de donation de 800 livres, par la reine Anne d'Autriche, pour la fondation d'une messe quotidienne.

1662.

Par devant Louis Gossuin et Bernard Mousnier, notaires garde-nottes du Roy au Chastelet de Paris soubzsignez, furent présentes :

Trés haulte, très illustre, très excellente et tres puissante princesse, Anne, par la grace de Dieu, reyne de France et de Navarre, mère du Roy, d'une part,

Et révérendes et dévotes religieuses illustre princesse Françoise de Lorraine, abbesse de l'abbaye royalle de Montmartre près Paris, dame dudit Montmartre, des Porcherons, du Fort-aux-Dames et autres lieux, sœurs Margueritte L'Anglois, prieure à Montmartre, Magdelaine Picart, prieure aux Sainctz-Martyrs, Catherine Poulet, prieure du cloistre à Montmartre, Marie Benoist, prieure du cloistre aux Martyrs, Marguerite de Coulange, soubz-prieure de Montmartre, Françoise Benoist, soubz-prieure des Sainctz-Martyrs, Louise de Morges, portière, Marguerite Ferrand, célérière à Montmartre, Charlotte de Chaulnes, secrétaire du chapitre, Claude de Seve, boursière, et Margueritte Bourdet, célérière des Sainctz - Martyrs, touttes relligieuses professes de ladicte abbaye de Montmartre, assemblées au son de la cloche en forme de chapitre, ainsy qu'il est accoustumé, au devant de la grille du parloir de ladicte dame abbesse, au prieuré des Saintz-Martyrs, annexe inséparable, dépendant et estant dans l'enclos dudit monastère, d'autre part.

Disant madicte dame Reyne, que ayant receu en une infinité d'occasions des marques visibles de la bonté divine sur sa personne et sur cet estat par l'intercession du glorieux sainct Denis qui en est l'apostre et le protecteur, et particulièrement au recouvrement de la santé du Roy son fils, lors de la grande et périlleuse maladie dont il fust affligé en la ville de Calais, en l'année mil six cens cinquante sept, et désirant laisser à la posterité des marques de sa recognoissance, et des sentimens qui luy en restent, et attirer à l'advenir la continuation des graces célestes sur ce royaume et sur les princes et princesses de la famille royale, Sa Majesté auroit résolu de fonder en l'Eglise de ladicte abbaye de Montmartre une messe basse chacun jour

de l'année à perpétuité, pour estre dicte et célébrée
en la basse chappelle de sainct Denis par un chapelain actuel et ordinaire, au choix et nomination de
ladicte dame abbesse et ses successeurs abbesses
en ladicte abbaye, depuis sept jusques à huict heures
du matin, après qu'elle auroit esté tintée un temps
suffisant pour en advertir les habitans du lieu et des
environs et les passans pour se rendre en ladicte
chapelle, si bon leur sembloit, et une lampe ardante
jour et nuit aussy à perpétuité en ladicte basse chapelle ; et pour l'entretènement de ladicte fondation,
madicte dame Reyne auroit destiné huict cens livres
de rente chacun an pareillement à perpétuité sur le
revenu du domaine de Calais qui luy a este délaissé
par le roy pour partye de son douaire et de ses deniers dotaux, dont le payement seroit faict en cette
ville de Paris par les fermiers présens et advenir dudit
domaine entre les mains et soubz les quittances de
ladicte dame abbesse et ses successeurs, en deux
termes égaux, à la charge que lesdites dames abbesse
et relligieuses et leurs successeurs seroient tenues et
obligées de gager et entretenir ledict chapelain, de
fournir d'ornemens convenables, de luminaire, pain,
vin, et autres choses nécessaires pour ladicte messe,
et d'huisle et mesche pour ladicte lampe, comme
aussy de lampe quand besoin seroit, et après que la
lampe d'argent dont madicte dame Reyne a faict présent au subjet de ladite fondation viendroit à manquer,
le tout à perpétuité. Et afin que le payement desdictes
huit cens livres de rente chacun an fust plus certain
et asseuré, Sa Majesté se chargeroit de le faire consentir et agréer par le roy par lettres patentes qui
seroient vérifiées et registrées en la chambre des

Comptes aux frais de madicte dame Reyne ; et ayant ladicte dame abbesse et religieuses esté informées de la pieuse intention de Sa Majesté, elles lui auroient tesmoigné qu'elle leur faisoit grand honneur, et asseuré qu'elles estoient prestes de satisfaire à ses volontez, et d'en passer contract toutes fois et quantes qu'il plairoit à madicte dame Reyne, et mesmes auroient commencé à faire dire et célébrer ladicte messe dès le premier jour du présent mois, en conséquence de quoy, madicte dame Reyne et lesdictes dames abbesse et religieuses sont demeurées d'accord des conditions suivantes :

C'est à sçavoir que lesdites dames abbesse et religieuses se sont par ces présentes chargées et obligées, tant pour elles que pour leurs successeures en ladicte abbaye et monastère de Montmartre, de faire dire et célébrer en leur église en ladicte basse chapelle de sainct Denis, par un chapelain actuel et ordinaire, qui sera choisi et nommé par ladicte dame abbesse et ses successeures abbesses en ladite abbaye à tousjours, ladicte messe basse chacun jour de l'année à perpétuité, depuis sept jusques à huit heures du matin, après qu'elle aura esté tintée un temps suffisant pour en advertir les habitans dudit lieu et des environs et les passans, afin qu'ils se rendent en ladite chapelle si bon leur semble pour ouir ladicte messe, laquelle sera tenue et réputée de fondation royalle, et d'entretenir ladicte lampe ardante, jour et nuict, en ladicte basse chapelle de sainct Denis, gager et entretenir ledit chapelain, fournir d'ornemens convenables, luminaire, pain, vin, huisle et mesche pour ladicte lampe, comme aussy de lampe, celle dont madicte dame Reyne a faict présent au subject de ladicte fondation, qui est d'argent, venant à manquer, et toutes autres choses nécessaires pour l'entretènement et exécution de ladicte fondation, le tout à perpétuité.

En considération de laquelle fondation, et pour donner moyen à ladicte abbaye et monastère de Montmartre de l'entretenir et y satisfaire, madicte dame Reyne a destiné et par ces présentes donné à icelle abbaye et monastère la somme de huict cens livres par chacun an, aussy à perpétuité, à prendre et assigner spécialement sur ledit revenu du domaine de Calais, laquelle somme sera payée par les fermiers présens et advenir d'iceluy en ceste ville de Paris, entre les mains et soubs les quittances de ladicte dame abbesse et de ses successeures abbesses en ladicte abbaye et monastère, en deux termes égaux, sçavoir, Pasques et Sainct-Remy, six semaines après chacun terme escheu, dont le premier terme escherra au jour de Pasques de l'année prochaine mil six cens soixante-trois, et sera payé six semaines après, et ainsy continué à tousjours, lesditz termes étant ceux auxquels est ordinairement payable la ferme dudit domaine de Calais, sans que ledit payement puisse estre reculé et retardé, ny ladicte somme de huict cens livres divertie ou diminuée, soubs quelque prétexte que ce soit, attendu la juste cause pour laquelle elle est accordée et donnée. A l'effet de quoy icelle somme sera employée en la despense des estats des charges assignées sur ledit domaine, qui s'expédiera chacun an, au chapitre des fiefs et aumosnes, et ledit don et assignat consenty et agréé par le roy par lettres patentes que madicte dame Reyne se charge de faire incessamment registrer et vérifier à ses frais et dilligences, en ladicte chambre des Comptes.

Et afin que ladicte fondation soit en mémoire perpétuelle, Sa Majesté la pourra faire inscrire en substance sur bronze, cuivre ou marbre à son choix, et appliquer à tel endroit qu'elle désirera de ladicte basse chapelle de sainct Denis, aux frais et despens de sadicte Majesté, et outre lesdictes dames abbesse et religieuses en feront mention sur le livre de leur martirologe.

Promettans et obligeans chacun endroit soy, renonçans etc.

Faict et passé à l'esgard de madicte dame Reyne au chasteau de Sainct-Germain-en-Laye, et pour lesdictes dames abbesse et religieuses à la grande grille et parloir de leur dit monastère, l'an mil six cens soixante-deux, le dernier jour de juillet après midy, et ont signé avec lesditz notaires la minutte des présentes demeurée à Mousnier l'un desditz notaires soubzsignez.

Signé : Gossuin, Mousnier.

(Expédition authentique sur parchemin).

Lettres patentes du roi Louis XIV confirmant le contrat et donation ci-dessus, données à Paris en mai 1663.

(Original sur parchemin, scellé du grand sceau de cire verte).

Déclaration du titre de bienfaiteurs conféré aux princes et princesses de la maison de Guise.

1672.

Par acte notarié du 25 juin 1672, « très haulte et très puissante princesse Mme Françoise-Renée de

Lorraine, abbesse de l'abbaye royale de Montmartre, dame dudit lieu, des Porcherons, Clignancourt, Bourg-la-Reine, du Fort-aux-Dames, à Paris et autres lieux, dévotes et vertueuses religieuses dame Marguerite Ferrand prieure, Marguerite Langlois prieure aux SS. Martyrs, Marie Filandre prieure du cloistre, Charlotte de Launes prieure du cloistre et secrétaire du chapitre, Catherine Legrand sous-prieure, Charlotte Legrand infirmière, Louise de Morges portière, Catherine Bauldron célérière, Marie Benoist, Françoise Benoist, J. Daurat tourière, Elizabeth Poullet sacristine, Catherine de Meaux sous-infirmière, Elizabeth Lemercier maistresse des pensionnaires, Catherine Letellier portière des SS. Martyrs, Claude de Noue, Marie Bourdet, Marie Aubineau maistresse des novices, Elizabeth Aymejan dépositaire, Marie Blardel, Marguerite Leclerc, Catherine Marcadé bourcière, Anthoinette de Mombron, Thérèse Colbert, Elizabeth Baussan célérière, Marguerite Leclerc, Marguerite Hamelin, Catherine Ballet, Marie Ancelin, Geneviefve Brion, Marie Berruyer, Elizabeth Parfaict, Hélaine Chamois, Jeanne Poncher, Marguerite Marin, Gabrielle Fournier, Eléonor Carré, Magdelaine Le Camus, Elisabeth Lecocq de Corbeville, Marguerite Bonnette, Anne Cornuty, Louise Cornuty, Marie Ourcel, Elizabeth Maquard, Catherine Marin, Renée de Noue, Marie-Anne Dudot, Anne Tigneville, Jeanne Fishot, Anthoinette Lambert, Claude Guédon, Marie Langlois, Marie Polalion, Hilaire Letillier, Catherine Tronson, Marie-Magdeleine de Hames grenétière, Marguerite Benoist, Geneviefve Peché, Therèse Pellot, Geneviefve Pellot, Marguerite Porcher, Marie Carbon, Marie Duval, Denise Oursel, Anne Manchon, Magdelaine Barbier, Marie de la Forest et Geneviefve Hénault, toutes religieuses professes en ladite abbaye.... lesquelles désirans que la mémoire soit éternellement conservée.... des bienfaicts et libéralitez que lesdites dames abbesse et religieuses ont reçeus des princes et princesses de la maison de Guise, ont volontairement reconnu et confessé, dit et déclaré par ces présentes : que pour empescher les incommoditez que lesdites dames religieuses souffroient en allant et venant à découvert, en toutes les saisons de l'année et pendant les injures du temps, de la maison de Montmartre en celle des Martyrs, dont l'une est située au plus hault de la montagne, et l'autre au pied d'icelle, dès l'année 1647, deffuncte.... Mme Henriette de Joyeuse, lors veufve de.... Mgr Charles de Lorraine duc de Guise,.... fist bastir la gallerie de communication qui est de..... thoises, laquelle... conduit à couvert du dortoir de ladite maison des Martyrs... jusques à l'ancienne église... de laquelle gallerie la dépense cousta... la somme de 23,000 livres ; que, ladite dame a donné de plus de riches ornements ; en 1664 la duchesse de Chevreuse donna 40,000 livres pour la dot de Marie et Henriette de Lorraine, sans compter leur pension annuelle de 5,000 livres ; Marie de Lorraine donna 25,000 livres pour racheter une rente de 1,000 livres contractée pour un emprunt dont la somme avait été employée à la reconstruction des murs en 1659, et de plus de nombreux et riches ornements ; le prince Henry de Lorraine, duc de Guise donna une somme de 30,000 livres pour donner lieu de recevoir sans dot trois pauvres filles, laquelle somme fut payée après sa mort par sa sœur en 1657; Françoise de Lorraine, abbesse, a fait, sans qu'il en ait rien cousté à la Communauté, plusieurs despenses pour la décoration de l'Eglise, etc., en reconnaissance desquels bienfaits, lesdites dames reconnaissent lesdits seigneurs et dames bienfaiteurs de la Communauté, leur donnent part à toutes les prières, et s'engagent à la célébration de services solennels aux anniversaires du décès des susdits seigneur et dames,.etc. Et « que du contenu en ces présentes, il soit fait mention dans un marbre ou cuivre que lesdites dames religieuses feront apposer en un lieu éminent en l'une de leurs églises, etc. » — Cet acte fut passé au prieuré des SS. Martyrs au devant de la grille du parloir de ladite dame abbesse, l'an 1672 le 25ᵉ jour de Juin, par Sainfray et de Saint-Jean, notaires.

(Expédition sur parchemin).

Détail des dépendances du fief du For-aux-Dames, à Paris.

(Extrait d'un acte notarié du 24 Janvier 1674).

... « Illustre et vertueuse princesse Madame Françoise-Renée de Lorraine, abbesse de l'abbaye royale de Montmartre-lez-Paris, dame dudit lieu de Montmartre, des Porcherons, de Clignancourt, du Bourg-la-Reine, du Fort-aux-Dames à Paris et autres lieux... déclare qu'à sadite abbaye de Montmartre appartient un fief sis à Paris, vulgairement appelé le *fief du Fort-aux-Dames,* et qu'à cause d'icelui elle a justice haute, moyenne et basse aux lieux desquels elle a droit de censive et droit de voierie, et que pour l'exercice d'icelle elle a un bailly, lieutenant, procureur fiscal, sergens et autres officiers de justice, comme pareillement elle a, en vertu dudit fief, droit de censive portant lods et ventes, saisine et amendes, quand le cas y eschet, es rues et sur les maisons qui ensuivent :

1° *Rue de la Heaumerie*, sur quatre maisons, dans l'une desquelles se tient et exerce la juridiction de l'abbesse.

2° *Rue Saint-Martin*, sur une maison.

3° *Rue des Petits-Champs* (Saint-Martin), sur une grande maison.

4° *Rue des Menétriers*, sur deux maisons.

5° *Rue Neuve-Saint-Méderic*, sur cinq maisons.

6° *Vieille Place-aux-Veaux, rue de la Lanterne*, sur deux maisons.

7° *Sur la Grande-Boucherie* de la porte de Paris, ayant issue sur quatre rues.

8° Sur cinq places à vendre tripes et poissons, adossées contre le mur du *Grand-Chastelet*.

9° *Voute du Grand-Chastelet*, une maison en forme de banne.

10° *Rue de l'Arbre-Secq*, sur quatorze maisons.

11° *Rue Saint-Honoré*, sur trente-trois maisons.

12° *Rue Tire-Chappe*, sur six maisons.

13° *Sur l'Hostel-Dieu de Paris*.

14 sols parisis de rente, pour une étable sise *rue du Sablon*.

30 sols parisis de rente, pour une maison réunie audit Hostel-Dieu.

Ledit fief du *Fort-aux-Dames* est amorti depuis la fondation de ladite abbaye.

Fait et passé au grand parloir de ladite dame abbesse, au prieuré des SS. Martyrs, l'an 1674 le 24 Janvier, par Gautier et Sanfray, notaires.

(Copie sur papier).

Indemnité accordée pour la suppression de la haute justice du For-aux-Dames.

(Extrait des Lettres-patentes du Roi, du mois d'Avril 1676).

Louis par la grâce de Dieu, etc...... pour indemniser les dames abbesse et religieuses de Montmartre de la perte qu'elles ont soufferte par la suppression de la haulte-justice du For-aux-Dames, qu'elles avoient cy-devant en notre bonne ville de Paris, que nous avons supprimée et réunie à la justice du Chastelet par notre édit du mois de Février 1674, ... ne voulant pas diminuer les grâces et les bienfaits des rois nos prédécesseurs envers ladite abbaye ;..... Nous avons déclaré et déclarons n'avoir entendu supprimer les hautes justices des paroisses et prévosté de Montmartre, Boulogne-sous-Saint-Cloud, et autres justices dépendant de ladite abbaye de Montmartre, mais seulement le bailliage du For-aux-Dames, et la haute justice qu'avoit ladite abbaye dans notre bonne ville et fauxbourgs de Paris, ... voulons que le siège des hautes justices de ladite abbaye qui se tenoit audit lieu du For-aux-Dames se tienne en l'auditoire dudit Montmartre....., comme aussi maintenons et gardons les... abbesse et religieuses en la possession de la justice foncière sur les maisons et héritages de nostredite ville et fauxbourgs de Paris, sur lesquelles il leur est deu censives et rentes seigneuriales et autres droits seigneuriaux, ... et pour les récompenser et indemniser tant de la valeur des offices que des droits et choses appartenantes à la haute justice dont elles sont privées, ... nous leur avons par ces présentes cédé et transporté, cédons et transportons tous et tels droits qui nous peuvent appartenir en conséquence de nos édits.... pour les droits seigneuriaux sur les échanges, pour en jouir par elles et celles qui leur succèderont, en toutes les terres dépendantes et tenues en censive de leur abbaye, les déchargeons du payement de la finance dont elles pourroient être tenues pour raison d'iceux droits seigneuriaux pour les échanges, ... comme aussy nous ferons payer à la décharge d'icelle abbaye la somme de cinquante livres chaque année, à laquelle elle avoit été taxée pour ayder à la nourriture et subsistance des enfans trouvés. ... — Donné à Saint-Germain-en-Laye au mois d'Avril 1676, et de nostre règne le 33°. — Signé : Louis. — Par le roy : Colbert.

(Copie sur un registre en papier contenant le terrier de 1709).

Ordonnance de l'Archevêque de Paris pour la translation de la Communauté de Montmartre en la maison des Martyrs.

1681.

François par la grâce de Dieu et du Saint-Siège Apostolique, archevesque de Paris, duc et pair de

France, commandeur des Ordres du Roy, sur la requeste à nous présentée par dame Françoise de Lorraine, abbesse de Montmartre-lez-Paris, contenant que depuis longtemps on a eu dessein de ne faire qu'une seule Communauté des deux qui sont dans le monastère de Montmartre, dont l'une demeure en la maison conventuelle sur le haut de la montagne, et l'autre au-dessous en la maison dite des Martyrs, à raison de la difficulté qui se trouve en l'administration du spirituel et du temporel de ladite abbaye, mais que jusques à présent on n'a pu parvenir à ce dessein, y ayant de trop grandes dépenses à faire pour bastir une maison propre à loger lesdites deux communautez, que le Roy ayant eu la bonté de promettre à la suppliante de faire les frais dudit bastiment, elle a présentement dessein de mettre cette ancienne résolution en exécution, et de joindre la Communauté du haut de la montagne à celle qui est audit lieu des Martyrs. C'est pourquoy elle a eu recours à nous pour y estre pourveu, ainsy que de raison. Veu laquelle requeste, nostre Commission d'informer du contenu en icelle estant au bas de ladite requeste, addressée au sieur abbé Chéron nostre vice-gérant en nostre cour ecclésiastique, comme aussy de l'utilité ou inutilité desdites union et translation, commodité ou incommodité des lieux, pour sur son enqueste estre pourveu ce que de raison ; Veu aussy ladite enqueste du 21ᵉ Juillet dernier, par laquelle il nous a paru qu'il sera très utile audit monastère et commode à toutes les religieuses d'estre réunies en ladite maison des Martyrs ; Le tout considéré, nous avons ordonné et ordonnons que lesdites deux communautés seront réunies en une, que les religieuses qui sont en la maison size au haut de la montagne seront transférées en celle des Martyrs, que tous les offices qui se célébroient en l'église d'en hault se feront et célébreront dans ladite église des Martyrs, et qu'il n'y aura plus qu'un seul et mesme office, et en conséquence, avons permis et permettons de transporter les reliques, chaises (sic) et ornements du chœur et des autels de ladite église du haut de la montagne en celle des Martyrs, disposer de ladite église pour l'augmentation de celle de la paroisse, sans néanmoins toucher aux tombeaux qui sont en icelle, démolir tous les lieux réguliers, réserver néanmoins le bas-costé de l'église qui est joignant le vieil cloistre, où il sera fait une grille pour les stations et processions qui se pourront faire par lesdites religieuses. Fait à Paris en nostre palais archiépiscopal, le 12º du mois d'Aoust 1681.

Signé : François, archevêque de Paris. — Par Monseigneur, signé : Morange.

(Original sur parchemin).

Fondation d'une messe basse par Mademoiselle de Guise.

1682.

Par acte notarié du 3 août 1682, « très haute et très puissante et très illustre princesse Mademoiselle Marie de Lorraine, duchesse de Guise et de Joyeuse, pair de France, princesse de Joinville, senéchalle héréditaire de Champagne, demeurant en son hostel, rue du Chaume, près Saint-Jean-en-Grève...... à l'exemple de ses illustres ancêtres, touchée de l'honneur et de la gloire de Dieu, et pour s'attirer les effets de sa miséricorde pour la rémission de ses fautes, mesme à l'intention et pour le remède des âmes de deffunts Monseigneur et Madame ses père et mère et ses autres parents d'icelle, espéré obtenir par l'intercession de la bienheureuse Vierge Marie et de S. Joseph, a fait desseing de fonder à perpétuité une messe basse par chacun jour, qui sera dicte et célébrée en l'église des SS. Martyrs, et en ayant fait la proposition à S. A. très haute, très puissante et religieuse princesse Madame Françoise-Renée de Lorraine, sœur de S. A. abbesse de l'abbaye royale de Montmartre et prieure des SS. Martyrs, et dame sœur Marie Fillandre prieure, sœur Marguerite Ferrand prieure aux SS. Martyrs, sœur Marie Berruyer prieure du cloistre, sœur Charlotte de Chaulnes secrétaire du chapitre, sœur Marie-Magdelaine de Hames portière et célérière, sœur Elizabeth Aymejan dépositaire et sœur Catherine Marcadé boursière, » la proposition a été acceptée, moyennant la constitution de 400 livres tournois de rente annuelle et perpétuelle. Ladite messe sera dite par le sieur Hubert Musnier, prestre du diocèse de Chaalons, sa vie durant, « lequel choix de la personne dudit sieur Musnier, S. A. Mademoiselle de Guise a fait en considération de ce qu'il y a plus de 100 ans que ses père, ayeul et autres parents sont à son service et de ses prédécesseurs. » Ledit acte passé au parloir des Martyrs à la grande grille, l'an 1682, le 3° jour d'Aoust, par Bouret et Prieur notaires.

(Expédition sur parchemin).

Association avec l'abbaye des Blanches[1].

1685.

Nous sœur Marie-Anne de Lorraine, abbesse de l'abbaye de Nostre-Dame de Montmartre, ordre de Saint-Benoist, de fondation royalle, ayant esté priée instamment par Madame Marie Marin, abbesse de Nostre-Dame de la Blanche en Normandie, de l'ordre de Saint-Bernard, de luy faire la grâce de la vouloir associer avec nostre Communauté pour entrer en une sainte union ensemble des biens spirituels, et la faire participante de toutes les bonnes œuvres et saintes actions qui se font journellement dans l'exercice et pratique de nostre sainte règle et observance régulière ; ce que nous avons accordé à ladicte dame avec le consentement de nostre Communauté capitulairement assemblée, autant qu'il est en nostre pouvoir, appuyée sur les mérites de Jésus-Christ ; estant bien ayse de ceste occasion pour luy donner des marques de nostre estime et affection, et que lorsque nous serons adverties du déceds de quelqu'une des religieuses de sa dicte abbaye, nous les ferons aussi participantes des prières et suffrages selon la coustume des couvents qui nous sont associez, espérant de leur part la mesme association que nous souhaittons réciproque, afin qu'estant unies ensemble d'une sainte union et charité, nostre Seigneur la remplisse de ses grâces et bénédictions. En foy de quoy nous avons

---

1. Diocèse d'Avranches.

faict dresser ce présant acte, signé de nostre main et faict contresigner par notre secrétaire du chapitre, et apposer le scel de nostre abbaye, ce seiziesme d'Aoust 1685.

Signé : Sœur Marie-Anne de Lorraine, abbesse de Montmartre.

Par commandement de Madame ; Signé : Sœur Charlotte de Chaulnes, secrétaire du Chapitre.

(Bibl. Nat., f. lat. 10065. — Original sur papier. — Sceau appliqué sur pâte entre deux papiers).

Lettres patentes de Louis XIV portant autorisation de dresser un terrier des possessions de l'Abbaye du 19 Avril 1687.

(Identiques aux lettres ci-après de l'année 1704).

Ce terrier, dressé par l'ordre de l'abbesse Marie-Anne de Lorraine, porte le nom de terrier de 1696.

(Registre in-folio, sur papier).

Concession de deux arcades et des bas-côtés de l'église, à la paroisse de Montmartre.

1688.

Par contrat d'échange passé devant Ponier et Sainfray, notaires à Paris, le 11 Mars 1688, entre les Dames abbesse et religieuses de l'abbaye royale de

Montmartre, et les sieurs Curé et Marguilliers et habitants dudit lieu, lesdites dames ont cédé à titre d'usufruit et par forme de précaire auxdits sieurs Curé et Marguilliers les deux arcades qui forment le chœur de l'église paroissiale et les deux ailes appelées collatéraux, s'en réservant à toujours le droit de propriété etc... se réservant en outre lesdites Dames le droit de trois livres par chaque inhumation dans l'église. — Et en échange lesdits sieurs Curé et Marguilliers ont abandonné et cédé auxdites Dames abbesse et religieuses la propriété de sept quartiers de vignes, sis au lieu des Saccalis, avec permission de fouiller et tirer à leur profit toute la masse de pierre à plâtre qui se trouve dessous.

(Expédition sur parchemin).

Concession de terrain pour le Cimetière et le Clocher de la paroisse de Montmartre.

1697.

Par acte passé devant Sainfray, notaire à Paris, le 22 Juillet 1697, les Dames abbesse et religieuses de l'abbaye royale de Montmartre ont donné aux manants et habitants dudit lieu, un terrain pour faire un cimetière clos de murs, et pour y construire un clocher, le tout aux dépens des habitants, à la charge de payer auxdites dames à perpétuité par chacun an une journée de corvée, par chaque habitant.

(Expédition sur papier).

*Promesse de bail pour l'exploitation d'une carrière
à plâtre*[1].

Vers 1700.

Nous abbesse de Montmartre soussignée, si nous obtenons de la capitainerie la permission de tirer le restant de masse de pierre à faire plâtre cy-après,

Promettons passer au profit de sieur Jacques-Gilbert Lamarre, marchand plâtrier, demeurant rue et paroisse de Clichy, ce acceptant, le bail dudit restant de masse de pierre à faire plâtre étant dans une carrière exploitée par deffunt Houdet et son fils, située lieudit la *Hutte au garde*, paroisse de Montmartre et Clichy.... contenant à présent 35 toises de longueur, sur 10 toises ou environ de large.

Et ce pour une, deux ou trois années, si tant dure l'exploitation, à commencer la jouissance du jour dont nous conviendrons.... aux charges, prix, clauses et conditions qui suivent, sçavoir :

Article I. Ladite carrière sera exploitée, comme elle a été commencée, aux frais du sieur Lamarre, à la découverte, dans la largeur qui sera prescrite par l'ordonnance de la capitainerie..., sans pouvoir laisser

---

1. Le premier acte où il soit question des carrières à plâtre de Montmartre est un bail, cité par M. Chéronnet (p. 80), passé par Bernard, chanoine de Paris, au profit de Jean Porrée, bourgeois de cette ville, comprenant 3 arpents et un quartel, sis à la Couture, devant les Martyrs, aux prix d'une rente de trois minots de blé à payer au grenier de l'abbaye et d'un cens de 2 sols 6 deniers. Ce bail ajoutait le droit d'exploiter la platrière existant en sous-sol moyennant 6 deniers parisis par cent voitures de plâtre extrait. Défense était faite d'extraire du plâtre sous le quartel, comme trop rapproché du chemin public.

dans la fouille et après icelle aucun cavage, pilier ni voute quelconque.

Art. 2. Il sera loisible audit sieur Lamarre d'obtenir la permission de rapprocher les fours construits sur ladite pièce de terre de sa pièce voisine, qu'il se propose de mettre en carrière ; ce faisant, les moellons qui proviendront de la démolition seront convertis en plâtre, aussi aux frais dudit sieur Lamarre, et les fournées qu'ils produiront seront payées à nous abbesse susdite, au même prix que celle de moellon neuf ;... à l'égard des bois et autres matériaux desdits fours, ledit sieur Lamarre les prendra pour le prix qu'ils seront estimés par gens à ce connaissant, dont nous conviendrons.

Art. 3. Si pour la construction des nouveaux fours ledit sieur Lamarre prend du moellon dans notre carrière, il le paiera au prix cy-après fixé ; à ce moyen, il pourra à l'expiration ds présent bail...., disposer de tous les matériaux desdits nouveaux fours, comme de chose lui appartenant.

Art. 4. En tirant le restant de la masse, ledit sieur Lamarre la commençant du côté du chemin, et la suivant graduellement jusqu'au nord de la pièce, remblaiera les endroits découverts et tirés.... en talus ou berge, de manière à faire point d'appui contre l'éboulement, et à pouvoir mettre cette berge en culture.

Art. 5. Les fours actuellement subsistants étant dans ces proportions savoir : 17 pieds de longueur sur 12 de largeur, réduite à 11 et demi, et 7 pieds de hauteur produisant dans son milieu 7 pieds et demi, chacune des fournées... sera payée à raison de [1]....

---

1. Le prix est en blanc.

et s'il est construit de nouveaux fours, chaque fournée sera payèe à raison de la plus ou moins grande capacité.... proportionnellement aux dimensions des anciens.

Art. 6. Le prix de chaque toise de moellon qui sera pris ou vendu en nature, sera par lui payé la somme de...... et le libage... à raison de..... la voye.

Art. 7. Le sieur Lamarre promet et s'oblige de cuire au moins deux fours par chaque semaine.... ce qui fera au moins 104 fours par an, ou de payer ladite quantité, comme si elle avait été cuite, comme aussi d'avertir lorsque le temps ou les circonstances l'empêcheront de cuire, ainsi que quand il enlèvera du moellon ou le fera enlever pour le port au plâtre ou ailleurs, où il sera toisé à ses frais.

Art. 9. Il livrera chacun an à nous abbesse susdite, ou gens de notre part, dans ladite carrière, la quantité de 4 toises de moellon, tirées à ses frais, sans diminution du prix cy-dessus, que nous ferons enlever de ladite carrière à nos dépens.

Fait double etc....

Donation d'une rente de 200 livres, pour fondations, par Demoiselle Marie de Villers, veuve de Louis Hinard.

1701.

Par acte notarié du 13 mai 1701, — Demoiselle Marie de Villers, veuve de Louis Hinard, entrepreneur des tapisseries de la manufacture de Beauvais, demeurant à Paris, rue de Richelieu, paroisse Saint-Eustache, « mue de dévotion pour l'abbaye royale de Notre-Dame de Montmartre, où elle a eu quatre filles religieuses, dont il y a encore deux actuellement vivantes, et ayant toujours reconnu dans les Dames de cette abbaye une piété très exemplaire et une application toute édifiante au service qui se fait dans leur église, désirant contribuer de sa part à l'augmentation dudit service et en même temps donner à ladite abbaye des marques de son affection et de la reconnoissance qu'elle a des bons offices que lesdites dames ses filles y ont reçeus, auroit résolu d'y faire une fondation, et à cet effet, elle se seroit adressée à très noble et très vertueuse dame, Madame Marie Gigault de Bellefont, abbesse de ladite abbaye, dame dudit lieu de Montmartre, de Clignancourt, des Porcherons, du fief du Fort-aux-Dames à Paris et autres lieux, et dame Louise Cornuty prieure, Marie de la Forest prieure du cloistre, Elizabeth Ayme-Jean dépositaire, Gillette Lévesque secrétaire du Chapitre, Elizabeth Lecoq portière, Françoise Fromantel cellerière, Barbe Dupron boursière, » et leur a offert en faveur de ladite abbaye une rente de 200 livres au principal de 4000 livres, sur les aydes et gabelles, moyennant fondation de saluts, messes et prières mentionnés dans l'acte ; ce qui a été accepté. Ladite donation et la fondation seront inscrites sur une petite plaque de cuivre « que les dames feront incessamment poser à leurs frais dans le chœur de leur église ; laquelle plaque sera ornée de marbre. » — Ledit acte passé en ladite abbaye au grand-parloir de ladite dame abbesse, l'an 1701, le 13ᵉ jour de May, par Bru et Dionis notaires.

(Expédition du 25 octobre 1742).

Lettres patentes de Louis XIV portant autorisation de dresser un terrier des possessions de Montmartre.

(Extrait).

1704.

« Louis, par la grâce de Dieu etc... Notre chère et bien aimée Marie Gigault de Bellefont, abbesse de l'abbaye de N.-D. de Montmartre, nous a fait remontrer que les terres et seigneuries de Montmartre, Clignancourt, les Porcherons, Bourg-la-Reine, Boulogne, les Menus-Saint-Cloud, Barbery près Senlis, Herbauvilliers, Boissy-le-Repos et ses dépendances en Gatinois luy appartiennent avec tous droits de justice, haute, moyenne et basse, plusieurs domaines, fiefs, arrière-fiefs, maisons, manoirs, foy et hommage, cens, censives et rentes, et autres droits et devoirs seigneuriaux qui luy sont deus par plusieurs personnes, tant nobles que roturiers, dont l'exposante a toujours jouy...... Mais comme elle craint de perdre une partie de ses droits par la mutation des tenants et aboutissants et la mauvaise foy des détenteurs, dont la pluspart sont refusans de passer titre nouvel, donner des déclarations, bailler adveux et dénombrements, et de reconnoistre ce qui est deu à l'exposante, s'ils n'y sont contraints, et ne luy est pourveu de nos lettres sur ce nécessaires, qu'elle nous a très humblement fait supplier lui vouloir accorder. — A ces causes,..... nous vous mandons et enjoignons par ces présentes, qu'à sa requête, vous fassiez savoir, tant par publications et prônes de grand-messes, cry public et affiches ez lieux accoutumés desdites terres et seigneuries, faire commandement, si besoin est, à tous vassaux, détenteurs, emphitéotes et tenanciers d'héritages sujets auxdits droits, que par devant un ou deux notaires ou greffiers qui seront par l'exposante nommez...., ils ayent dans le temps qui sera préfix, à faire leur foy et hommage deus, bailler par écrit adveux et dénombremens, et fidèles déclarations des noms, contenances, tenans et aboutissans, redevances et charges, tant en fiefs que rotures, des lieux et domaines qu'ils possèdent, redevables desdits droits, rapporter les titres en bonne forme en vertu desquels ils jouissent, exhiber, se purger par serment sur la vérité d'iceux adveux, dénombremens et déclarations, payer les arrérages deus et escheus......, et où ladite exposante voudroit maintenir lesdits adveux, dénombremens et déclarations n'estre véritables, vous, aux despens de qui il appartiendra, faire arpenter et mesurer lesdits lieux...., faire planter bornes et limites ez endroits nécessaires, et de tout faire, par lesdits notaires, registres et papiers terriers etc....... Donné à Versailles le 12ᵉ jour de May l'an de grâce 1704, et de nostre règne le 60ᵉ. — Par le Roy en son Conseil, signé : Noblet.

(Copie sur le registre du terrier de 1709 et suivants).

Transaction avec le curé de Montmartre, sur les droits curiaux.

1708

Par acte notarié du 20 Novembre 1708, entre « très illustre et vertueuse dame Marie Gigault de Bellefont, abbesse de l'abbaye royale de Montmartre et ses religieuses, » et d'autre part Pierre Thévenin, curé de la paroisse de Montmartre, — Ledit curé de Montmartre cède et abandonne auxdites dames religieuses « tout droit curial qu'il pourrait prétendre sur les domestiques et commissionnaires de l'abbaye, ainsi que sur les étrangers qui occuperoient des chambres dans le corps-de-logis appellé le grand commun de Mme la grande duchesse de Toscane, bâti dans l'enceinte de l'abbaye, » sauf le droit de baptiser et marier, si le cas se présente ; — à la charge pour lesdites dames de payer au curé de Montmartre la somme de cinq livres à la Saint-Martin de chaque année. — Fait et passé à Montmartre, au parloir de ladite dame abbesse, l'an 1708, le 20 Novembre, par Demahault et Goudin notaires.

(Expédition sur papier).

Lettres patentes de Louis XV, portant dédommagement pour la démolition de la voûte du Châtelet.

1723.

Louis, par la grace de Dieu roy de France et de Navarre, à noz amez et féaux conseillers les gens tenans nostre Chambre des Comptes à Paris, salut. Les abbesse et relligieuses de l'abbaye royalle de Montmartre nous ont très humblement fait suplier et représenter qu'elles jouissoient depuis le mois de septembre M. CC six d'une voute à Paris située dans le Grand Chatelet, en vertu d'un don à elles fait par Gautier, chambellan du Roy, et autres, pour acheter ladite voute qui appartenoit à Nicolas Boucher et Barthélemy son gendre, laquelle donation a été confirmée par les lettres de Philippe, roy de France, du mois de septembre M. CC six, que cependant par arrest de nostre Conseil du sept avril mil sept cens vingt deux, signiffié aux exposantes le dix sept dudit mois, nous avons ordonné que cette voute avec quatre autres boutiques appartenants à différentes personnes, qui se trouvent enclavées dans l'intérieur de la prison du grand Châtelet, seroient incessamment démolies pour estre jointes à ladite prison, sauf aux propriétaires à se pourvoir par devers nous pour leurs indemnités sur les titres de propriété et les baux qu'ils ont passés depuis les vingt années dernières, et que les locataires desdites voute et boutiques seroient tenus d'en vuider les lieux aux termes de la Sainct-Jean suivant, ce qui a été exécuté de la part desdites exposantes, lesquelles nous ayant représenté leurs titres de propriété avec plusieurs baux desdites voute et boutiques, pour estre pourveu à la liquidation et au dédommagement qui leur est dû pour lesdites boutiques, nous avons par arrest de nostre Conseil du 9 avril MVII^c vingt trois, liquidé à la somme de deux cens livres par an le dédommagement prétendu par lesdites exposantes à cause de la démolition ordonnée par ledit arrest de nostre Conseil dudit jour sept avril MVII^c

vingt-deux de ladite boutique, et en conséquence ordonné que dans les états de nos domaines de la généralité de Paris, qui seront arrêtés à l'avenir, à commencer dans celuy de ladite année MVII^c vingt-trois, il soit fait fonds sous le nom desdites dames abbesse et relligieuses de l'abbaye de Montmartre, de la somme de deux cens livres et par doublement de celle de cent livres pour les six derniers mois de l'année mil sept cent vingt-deux, pour estre ladite somme paiée aux exposantes sur leurs quittances par le receveur général de nos domaines en la manière accoutumée, sans aucune retenue de dixiesme, en vertu dudit arrest, pour l'exécution duquel nous avons ordonné que toutes lettres nécessaires seroient expédiées, lesquelles les exposantes nous ont très humblement fait suplier de leur vouloir accorder. A ces causes, de l'avis de nostre Conseil qui a reçu ledit arrest, dont l'extraict est cy attaché sous le contre-scel de nostre chancellerie, nous avons liquidé et par ces présentes signées de notre main liquidons à la somme de deux cent livres par an le dédommagement prétendu par les exposantes à cause de la démolition ordonnée.... d'une boutique ou échoppe à elles appartenante située sous le Châtelet. Ordonnons que dans les états de nos domaines de la généralité de Paris qui seront arrêtés à l'avenir, à commencer dans celuy de la présente année MVII^c vingt-trois, il sera fait fonds sous leur nom de ladite somme de deux cent livres et par doublement de celle de cent livres pour les six derniers mois de l'année mil sept cent vingt-deux, laquelle somme leur sera paiée par le receveur général de nos domaines en la manière accoutumée et sans aucune retenue de dixième, et icelle passée et allouée dans la dépense de ses comptes, sur leurs simples quittances, en vertu des présentes. Sy vous mandons que ces présentes vous ayez à registrer purement et simplement, et du contenu en icelles faire jouir et user lesdites exposantes. Car tel est notre plaisir. Donné à Versailles le dix-huitième jour du mois de Décembre l'an de grace mil sept cens vingt-trois, et de notre règne le neuvième.

Signé : Louis. — Par le roy : Phelippeaux.

(Original en parchemin, scellé du sceau de cire jaune).

Estat des maisons qui relèvent de l'abbaye de Montmartre, en 1729.

Rue Saint-Martin.
Rue des Petits-Champs.

En entrant à main droite par la rue Saint-Martin.

Rue Saint-Julien des Menestriers.
Rue Neuve Saint-Merry.
Rue de la Heaumerie.
Rue de la Lanterne et de la vieille place aux Veaux.
Echoppes adossées à la tour du Grand-Châtelet.
Rue de l'Arbre-Sec.
Rue Saint-Honoré.
Rue du Roulle.
Rue Tire-Chappe.
Rue du Cour du Maur.
Montmartre.

(Arch. de l'Hôtel-de-Ville de Paris, cart. 1270).

Lettres patentes du Roi, accordées au sujet de la nomination aux places fondées par Mademoiselle de Guise dans l'abbaye de Montmartre.

1731.

Louis, etc., Notre très cher et très amé oncle le duc d'Orléans, premier prince de notre sang, etc... et nos biens amées les religieuses de l'abbaye de Montmartre, nous ont très humblement fait représenter que notre cousine, Marie de Lorraine, a légué à cette abbaye de Montmartre par son testament olographe du 6 Février 1690 la somme de 150,000 livres pour être employée en fonds de terre, dont le revenu serviroit à l'entretien de 20 jeunes demoiselles des duchés de Lorraine et de Bar, et de ses terres, tant qu'il s'y en trouvera, de propres et de bien appellées à être religieuses...... par lesdites abbesse et religieuses qui recevroient lesdites filles gratuitement et sans dot, et lorsque le nombre desdites filles ne seroit pas rempli, le surplus du revenu desdites terres seroit employé à faire apprendre des métiers à de pauvres filles de ses terres..... Notre Cour de Parlement, par arrêt du 11 avril 1690, a ordonné l'exécution d'icelui testament.... Les héritiers de notre dite cousine ont pris le parti, au lieu de faire ladite délivrance, d'abandonner les biens dont notre cousine avoit pu disposer par testament. . . . .
Dans ces circonstances... notre bien amée cousine Louise-Emilie de la Tour d'Auvergne, abbesse de l'abbaye royale de Montmartre, et nos bien amées les

religieuses, nous ont représenté que.... les temps sont devenus plus difficiles que lors dudit testament et que lesdites demoiselles ne peuvent être religieuses sans qu'il en coute 2000 livres ou environ d'argent comptant pour le noviciat et la profession de chacune d'elles, et pour leur donner tout ce qui leur est nécessaire, il convient de réduire ladite fondation au nombre de 12 demoiselles au lieu de 20 portées par ledit testament, elles nous ont en conséquence très humblement fait supplier de vouloir bien leur accorder nos Lettres patentes..... A ces causes, etc.....

Donné à Versailles au mois de Décembre l'an de grâce 1731, et de notre règne le 17e. Signé : Louis. — Et plus bas, Par le roi : Phelippeaux.

(Arch. de l'Hôtel-de-Ville de Paris, cart. 1270).

Récolte de l'année 1746.

Foins et Luzernes.

Recueilli au-dedans.	895 bottes.
— au-dehors.	3,150 —
— à la dixme.	900 —
— sur les prez de Boulogne..	2,500 —
	7,445 bottes.

Grains recueillis sur les terres de la maison.

Seigle.	1,190 gerbes.
Orge.	450 —
Avoine	1,230 —

Grains recueillis sur la dixme.

Froment.	80 gerbes.
Seigle.	930 —
Orge.	2,600 —
Avoine	1,000 —
	7,480 gerbes.

(Arch. de l'Hôtel-de-Ville de Paris, cart. 1270).

Arrangement pour payer le gros de la cure de Montmartre en argent, au lieu de le payer en nature.

1747.

Par acte notarié du 21 Novembre 1747, entre très illustre et très vertueuse dame Catherine de la Rochefoucault de Cousages, abbesse de Montmartre et ses religieuses, et d'autre part Louis-René Compagnon, prêtre, curé de Montmartre. — Il a été convenu que pour tenir lieu du gros de ladite cure, que l'abbaye payait en nature audit cure, lesdites dames s'obligent à payer annuellement la somme de 405 livres, sans que, à l'avenir, le curé puisse exiger d'être payé en nature. — Fait et passé en ladite abbaye, l'an 1747, le 21 Novembre, par Touvenot et son collègue, notaires.

(Expédition sur papier).

Etat des revenus, créances et dettes de l'abbaye de Montmartre.

1763.

Montmartre.

L'abbaye a la haute justice dans tout le territoire, et une partie des censives et dixmes. Le chapitre de l'Eglise de Paris, le prieur de S. Martin des Champs sont cocensitaires et codécimateurs, et les dames de S. Gervais et de Ste Catherine sont codécimatrices; et cependant l'abbaye paie seule le gros du curé et du vicaire.

Les grosses dixmes produisent, années communes, sept à huit muids de tous grains qu'on apprécioit, il y a deux ans à environ. . . . . 900^l » ^{s} » ^{d}

Les dixmes vertes à 40 s. l'arpent, comprises les luzernes. . . . 300 » »

Sept muids de vin de dixme à 20 l. . . . . 140 » »

Les cens, rentes et corvées, environ . . . . , ... 200 » »

Tous ces objets ne sont pas affermés.

Un arpent de marais au clos des Alliés, près la Nouvelle-France, loué à Jean Besnard par bail du . . . . par an. . . . . 200 » »

A reporter . . . 1.740^l » ^{s} » ^{d}

Report......	1.740 [1]	» s	» d

86 à 87 arpens de terres labourables, et 6 arpens de luzerne.

De cette quantité les dames de Montmartre en font valoir 28 arpens, dont le produit évalué à 20 l. l'arpent forme un objet annuel de.................. 728 »   »

Les 6 arpens de luzerne, à 30 l. l'arpent, produisent......... 180 »   »

Le surplus est affermé, sçavoir : 22 arpens à Jacques - Auguste Cottin, à 20 l., par bail du .... ci.. 440 »   »

23 arpens à Augustin Cottin à 20 l., par bail du .... ci...... 460 »   »

Le nommé Ladra, 5 arpens par bail du .... ci............ 100 »   »

La veuve Maunier, par tacite reconduction d'un bail passé en 1756, 3 arpens que l'abbaye se proposait de faire valoir..,.... 60 »   »

Laurent Picard, 1 arpent un tierceau, en plusieurs petites pièces, sans bail.................. 36 »   »

Le bâtiment de la ferme de Clignancourt, loué au Sr Ansel boucher et à Jacques Rocher laboureur.................. 450 »   »

Le Sr Pecquet, au lieu de Carré et sa femme, tient à rente foncière non rachetable un quartier de terre,

A reporter ... 4 194 [1]   » s   » d

Report.....	4.194 l	» s	» d

rue Royale, à 40 l., par acte du 17 septembre 1723........... 40 » »

M. de Saint-Germain tient un terrain clos de murs, appelé la Tour-aux-Dames, à bail emphytéotique, par acte du 3 septembre 1743, moyennant 150 l. par an, ci. 150 » »

Le S^r De Hesse tient à bail à vie, par acte passé le.... 1763, la maison dite *la Brière*, à la charge des grosses et menues réparations, moyennant 200 l. par an. 200 » »

Le moulin de la Lancette, affermé à la Vve Gareau par bail du.... ci................ 350 » »

Une maison sur le tertre, louée par bail du.... au Sr Debise.... 250 » »

Dans la cour extérieure de la nouvelle abbaye :

Un appartement loué à Mme de Sorcy, dont le bail n'est pas encore passé.............. 400 » »

Au Sr Legros un petit appartement sans bail............ 225 » »

A la Vve Caron, une chambre.. 40 » »

Autres locations dans l'ancienne abbaye, sur le tertre :

A Pierre Gromet, pour..... 80 » »

A reporter... 5.929 l » s » d

Report	5.929 [1]	» s	» d
A Duval, charron, pour	80	»	»
Au Sr Hiaume, pour	60	»	»
Au Sr Cagnard, pour.	60	»	»
A la Vve Renoult, pour.	80	»	»
A Jacques Gromet, pour	36	»	»
A . . . . Bonneau, pour.	30	»	»
A la Vve Gamache, pour	30	»	»
An nommé Pellegrin, pour . . .	26	»	»
A la Vve L'Ecuier, pour	80	»	»

Dans l'intérieur, et partie de l'extérieur :

Mad^lle de Penthièvre, pour . . .	1.500	»	»

Est à observer que lorsque S. A. quittera son appartement, la location diminuera plus de moitié.

Deux petites rentes dues par la Dem^lle Guérin et le S^r Du Hanap montant ensemble à . . . . 23 » »

Finalement, les lods et ventes évalués, année commune, à . . . . 1.800 » »

Maisons et Domaine à Paris.

Une petite maison, rue de la Heaumerie, vendue en vertu d'arrest au S^r Le Sourd, moyennant 7,200 l., destinées avec 4,800 l., lorsque l'Abbaye pourra fournir cette somme de ses deniers, pour

A reporter . . . 9.734 [1] » s » d

| | Report..... | 9.734 l | » s | » d |

rembourser 600 l. de rente au principal de 12,000 l., dont sera cy-après parlé, et cependant ledit S^r Le Sourd paie l'intérest des 7,200 l. à 4 pour cent, cir..... 300 » »

Une maison, rue Neuve-des-Petits-Champs-Saint-Martin, louée par bail du 1er octobre 1757, qui n'a point été renouvelé..... 650 » »

Une échope sous le Grand-Châtelet, sans bail.......... 100 » »

Une rente due sur la Grande-Boucherie, de Paris, de...... 77 13 »

Une autre par les Pères de la Doctrine de la rue St-Martin, de.. 60 » »

Les cens et quelques autres petites rentes sur environ cent maisons en différents quartiers..... 60 » »

Les lods et ventes de ces maisons, année commune........ 700 » »

La terre et seigneurie de Barbery, près Senlis.

Elle a haute justice et une ferme.

Cette ferme est tenue par la Vve Mery, par bail du..... 1762, avec les cens et rentes et la moitié des lods et ventes, moyennant :

   Bled-froment. 24 muids.
   Avoine...... 2 —
   Argent...... 300 livres.

A reporter ... 11.681 l 13 s » d

Report	11.681 l	13 s	» d
Et observé qu'avant l'augmentation des grains, on estimoit cette ferme, année commune, à environ	4.300	»	»
Les lods et ventes, dont l'Abbaye n'a que moitié, sont ordinairement très peu de chose; le terroir est petit, et le village n'a que 18 maisons, de manière que les mutations sont très rares; cependant.... on peut faire une année commune sur 20 et la fixer à	180	»	»

Terres et seigneuries de Boissy, Herbauvilliers et dépendances en Gâtinois.

Elles ont deux hautes justices et trois fermes; le tout est affermé, compris la moitié des lods et ventes par bail du ..... à la Vve Beaumont	1.900	»	»
Les lods et ventes sont peu de chose, dans un pays où il n'y a que des chaumières, et où les terres, l'une dans l'autre, ne valent pas plus de 30 l. l'arpent de prix principal; aussi les lods et ventes pour l'Abbaye ne font pas un objet, année commune, de plus de.	40	»	»

L'Abbaye s'est réservé un sur-

A reporter	18.101 l	13 s	» d

Report.....	18.101 l	13 s	» d
cens de 70 l. par an, sur une portion de marais qui lui appartient, et qui depuis a été donnée à cette charge...............	70	»	»

Terre et seigneurie de Boulogne, près Saint-Cloud.

Elle a une ferme, quelques rentes et les cens, le tout affermé au Sr de Villiers par bail du.... ci..	900	»	»
Le greffe...........	60	»	»
Une rente foncière sur une maison audit lieu de........	181	6	6
Les lods et ventes évaluées, année commune, à........	1.300	»	»

Seigneurie du Bourg-la-Reine.

A haute justice, mais point de ferme.

Les cens et rentes sur 200 arpens de terre ou environ.....	50	»	»
La maison qui sert d'auditoire et de prison tant à la justice qu'à la maréchaussée; M. le Cte de Saint-Florentin a bien voulu faire paier jusqu'à présent à l'Abbaye, à cause de la prison, par an...	150	»	»
Les lods et ventes, année commune................	130	»	»
A reporter...	20.942 l	19 s	6 d

Report . . . . . 20.942 ¹ 19 ⁸ 6 ᵈ

Collégien en Brie.

Une ferme et rentes tenue par René Guinard par bail.   950   »   »

Chaumontel-les-Nonnains, près Luzarches.

Une ferme seigneuriale tenue par Charles Imbert, par bail . . .   600   »   »

Clichy.

Une ferme tenue par Michel Desgrais, par bail   900   »   »

Est à observer que cette ferme et les rentes ci-après ont été acquises par l'Abbaye en 1728. Elle doit de reste du prix 12,000 l. produisant 600 l. de rente.

Rentes foncières audit Clichy.

Par la Vᵛᵉ Fouquet   100   »   »
Par M. de la Ferrière.   25   »   »
Par la Vᵛᵉ Crouiller et le nommé Lapéruque.   25   »   »
Par Gilbert Letellier.   25   »   »
Par Durand   50   »   »
Par Dumur   25   »   »
Par Marais   25   »   »
Par M. Isableau   30   »   »

A reporter . . . 23.697 ¹ 19 ⁸ 6 ᵈ

Report ..... 23.697 l 19 s 6 d

Auvers près Pontoise.

Les trois cinquièmes des grosses dixmes, affermés à J.-B. de May par bail du .... ci .... 1.200 » »

Chelles.

Un pré affermé à Jean Pucelle, par bail du .... ci .... 150 » »

Le Mesnil-Aubry.

Une rente foncière de..... 27 » »

Argenteuil.

Plusieurs parties de rentes montant à .... 80 13 »

Roissy-en-Brie.

Environ 120 arpens de bois taillis, divisés en 25 coupes d'environ cinq arpens chacune. L'Abbaye en fait exploiter chaque année une coupe pour partie de son chauffage, chaque coupe produit année commune 8,000 fagots et 40 cordes de bois. On peut évaluer le produit de chaque coupe à 300 livres l'arpent, ci.......... 1.500 » »

A reporter ... 26.655 l 12 s 6 d

CARTULAIRE

Report..... 26.654¹ 12ˢ 6ᵈ

Rentes sur le Roy et autres.

SUR LE DOMAINE DE PARIS

De fief et aumône.........	374	»	»
A cause de l'union de la Chapelle des Martyrs à l'Abbaye...	32	10	»
Pour droit d'indemnité d'une boutique réunie aux prisons du Châtelet.................	200	»	»

SUR LE DOMAINE DE CALAIS

De fief et aumône, donné en 1662 par la reine Marie-Thérèse d'Autriche.................	800	»	»

SUR LA VILLE DE COMPIÈGNE

Rente dont on ne connoît pas l'origine.................	12	10	»

SUR LES AYDES ET GABELLES

Par contrats divers. — Total du principal, 81,130 l.; de la rente.	2.554	05	»

SUR LES TAILLES

Principal de 1924, rente.....	39	12	»

SUR L'ANCIEN CLERGÉ

Rentes réduites en 1564 et 1573....................	63	»	»

A reporter... 30.730¹ 09ˢ 6ᵈ

Report.....	30.730 l	09 s	6 d
Comme légataire de M{ lle} de Guise, pour l'entretien de 12 religieuses................	6.250	»	»
Pour fondation d'une messe perpétuelle..............	400	»	»

PENSIONS DES RELIGIEUSES

A 6 diverses religieuses.....	1.453	6	8
Pensionnaires au nombre de 16	6.250	»	»
Total général des revenus...	45.083 l	16 s	2 d

CHARGES

Luminaire et ornements de la sacristie................	900	»	»
Le gros de M. le Curé de Montmartre et de son vicaire....	730	»	»
Decimes de l'Abbaye et de son chapelain, environ..........	2.180	»	»
Nourriture, vestiaire, entretien de 48 religieuses, à 500 l., attendu l'augmentation de toutes les espèces de denrées.............	24.000	»	»
Nourriture de 3 ecclésiastiques, d'un intendant et d'un chirurgien, à 500 l. l'un................	2.500	»	»
Dîner au conseil de l'Abbaye qui s'assemble tous les mois ; nourriture et logement des fermiers et leurs chevaux, environ........	800	»	»
A reporter...	31.110 l	» s	»

Report.....	31.110 l	» s	» d
Nourriture de 17 domestiques à 350 l....,.............	5.950	»	»
De 6 chevaux, à 30 s. par jour.	3.285	»	»
Entretien des harnais et voitures...............,...	952	»	»
Entretien des couvertures....	1.800	»	»
Exploitation des bois et supplément pour le chauffage........	3.500	»	»
Réparations aux vitres de l'Abbaye...................	240	»	»
1,200 l. de chandelle par an..	700	»	»
Frais de justice...........	1.000	»	»
Messes de fondation.......	700	»	»
Prédicateurs.............	100	»	»
Entretien de l'orgue,.......	70	»	»
Aumônes aux pauvres.......	800	»	»
16 minots de sel aux officiers des gabelles...............	275	»	»
Récolte et culture des terres..	650	»	»
Gages et appointements du confesseur, de l'intendant, des médecins, chirurgien, sacristain.....	1.766	»	»
Des domestiques et servantes..	1.571	»	»
Une rente de 600 l., due pour les 12,000 l. non payées sur la ferme de Clichy............	600	»	»
Total général des chargss...	55.069 l	» s	»

RÉPARATIONS

Année commune............ 12.606 l 09 s » d

DETTES

Aux entrepreneurs et ouvriers
pour réparations . . . . 50.147   11   »
Pour le terrier de l'Abbaye, à
l'arpenteur et autres. . . . . 3.000   »   »
A divers fournisseurs de la mai-
son. . . . . 19.000   »   »
Aux gens de service . . . . 3.437   »   »

Total . . . 75.584 ¹ 11 ˢ » ᵈ

IL EST DU A L'ABBAYE

Pour legs non encore payés et
pensions arriérées . . . . 43.697 ¹ 6 ˢ 4 ᵈ

Minute d'une lettre de l'abbesse de Montmartre.

1785.

J'ay l'honneur, Monsieur, de mettre sous vos yeux le compte qui a été rendu de l'entreprise des boulangers[1] de Paris contre un boulanger domicilié sur mon territoire. Elle me parait tout-à-fait contraire à mes

---

1. Il s'agit d'un boulanger demeurant rue des Poissonniers, dans le ressort de l'abbaye. Mais comme il était en dedans des barrières de Paris, la corporation des boulangers prétendait l'assujettir aux visites et règlements de la boulangerie de Paris.

droits. Je vous prie, Monsieur, d'être tout-à-fait favorable audit Duparc. J'ai confiance en votre équité pour soutenir les droits de chacun..... C'est dans ces sentiments que j'ay l'honneur d'être, etc... Sœur Montmorency-Laval, abbesse de Montmartre.

A Montmartre, le 9 septembre 1785.

(Arch. de l'Hôtel-de-Ville de Paris, cart. 1270).

Etat des revenus de l'abbaye en Octobre 1790.

Sept grosses fermes.	18,472ˡ 10ˢ » ᵈ
Un moulin et terrain	604
22 arpents que les dames font valoir	675
12 arpents à Auteuil	800
8 arpents à Chelles	148
150 arpents de bois taillis . .	3,500
Dixmes d'Auvers affermées . .	1,500
Cens et rentes de la Seigneurie de Montmartre	250
Cens de la Seigneurie du For-aux-Dames.	60
Surcens à Herbauvilliers. . .	70
Cens de la Seigneurie du Bourg-la-Reine	30
Rentes foncières	929 9 6
Rentes sur le domaine des villes de Paris, Calais et Compiègne. .	1,419
A reporter	28,457ˡ 19ˢ 6ᵈ

Report......	28,457ˡ	19ˢ	6ᵈ
Rentes sur les aydes, gabelles, etc.	2,856	17	
Fondations	6,833		
Bâtiments extérieurs loués ..	2,296		
4 maisons à Montmartre ...	1,605		
Maisons à Paris, rue des Petits-Champs-Saint-Martin	600		
Echoppe attenant au Grand Châtelet..........	80		
Total	42,728ˡ	16ˢ	6ᵈ

Etat des charges annuelles à la même date.

Fondations de messes, services, etc.	3,000ˡ	»ˢ	»ᵈ
Décimes à la charge du monastère	4,756	6	9
Frais de sacristie et confesseur .	900		
Arrérages d'un principal de 466 l.	18	6	9
Intérêts de 63,000 l. dus pour travaux de maçonnerie	3,150		
Entretien et réparation des bâtiments	2,136		
Total.......	13,960ˡ	13ˢ	6ᵈ

(Arch. de l'Hôtel-de-Ville de Paris, cart. 1270).

Déclaration de sortie de l'abbaye de Montmartre, faite en vertu du décret de l'Assemblée Nationale du 13 Février 1790, par :

Marie-Louise Poullot, sœur Sainte-Athanase, née en 1769, et professe depuis 1783.

Marie Gillet, née à Metz, sœur converse, depuis 1781.

Elizabeth Dosne, née à Rupt, diocèse de Châlons-sur-Marne en 1749, sœur converse depuis 1770.

Reine Laurent, née à Gy en Franche-Comté en 1743, converse depuis 1775.

Scholastique Bourget, née à Paris en 1760, professe depuis 1779.

Marie-Louise Langlais, née à Paris en 1735, professe depuis 1755.

Marie-Antoinette Laurent.

(Arch. de l'Hôtel-de-Ville de Paris, cart. 1270).

Liste des Religieuses au 23 Décembre 1790, et au 15 Avril 1791.

28 Dames de chœur.

Marie-Louise de Montmorency-Laval, abbesse.
Marie-Françoise Jacquin.
Françoise-Anne Dantan.
Marie-Catherine Lemaire.
Marie-Renée de la Choüe.
Perrine-Louise Goyon.

Marguerite Gaudard.
Marie-Reine Vallet.
Marie-Marguerite Laurent.
Louise-Henriette Hochet.
Marie-Elizabeth Guerinville,
Marie Nebreville.
Jeanne-Simonne Dutour.
Marie-Anne Dantan.
Marie-Rose Guyot.
Anne-Geneviève Meraise.
Marie-Anne Richer.
Marguerite-Catherine Clément.
Louise-Georgette Surbeck.
Marie-Louise Boulard.
Justine Desplas.
Marie-Anne Desplas.
Marie-Cécile Margarita.
Jeanne-Elizabeth Alazard.
Marie-Anne Crouzas.
Marie-Cécile Margarita.
Marguerite Coullet,
Pierre-Antoinette Fayet.

18 Sœurs converses

Marie Bouquemont.
Marie-Anne Bedel.
Marie-Catherine Bedel.
Marie Courtois.
Marie-Catherine Ruffi.
Françoise Machy.
Thérèse Selle.
Marie Damizeau.
Marie-Catherine Drajeon

Marie Riche.
Jeanne Girost.
Gabrielle Jolly.
Hélène Toulmont.
Marie Jacquinet.
Anne Dumaine.
Angélique Fauveau.
Marie Blin.
Marie Maqueron.

(*Ibid.*).

Registre renfermant le détail de la dépense journalière de l'abbaye de Montmartre du 1er Mars 1789, au 5 Mai 1791. On en a extrait l'article suivant comme spécimen.

Le 1er Janvier 1791.

Etrainnes. Donné à M. l'Intendant.	24[1] »	s
— Au chirurgien	12	»
— Au sacristain, au laquais, au portier, aux deux chartiers, au maitre jardinier, aux deux tourières, chacun 6 l.	48	»
— Aux trois garçons jardiniers, porteur d'eau, Robert la commissionnaire, deux filles de service, vigneron, chacun 3 l.	27	»
— Au suisse et bedeau de Montmartre, à celui de Ste-Anne, au geolier, à un journalier, chacun 24 s.	6	»

Etrainnes. A nos deux enfans de chœur .	1ˡ	4ˢ
— Pour deux aumônes	4	4
— Aux garçons serrurier et couvreur	2	8
— Au garçon tonnelier	»	12
— Pour des présens apportés à Madame	2	4
— Aux garçons maréchaux, charron et bourrelier	5	8
— Au garçon boucher	1	4
— Aux domestiques	6	12

Le 5.

Donné pour 6 carpes. 7ˡ 16ˢ

Le 6.

Au prédicateur du jour des rois. . . . 6ˡ »ˢ

(Arch. de l'Hôtel-de-Ville de Paris. — C. D. reg. 759).

Ordre d'évacuer l'abbaye de Montmartre.
1792.

Municipalité de Paris.

Le 16 Août, l'an 4ᵒ de la liberté et le 1ᵉʳ de l'égalité.

Procureur de la Commune,

La Commission extraordinaire de l'Assemblée Nationale, Monsieur, m'a paru désirer qu'on fît évacuer le plus promptement possible la maison cy-devant Abbaye-Montmartre. L'arrêté de la Commune relatif aux couvents de Paris ne donne que trois jours pour déloger. Vu les circonstances et le besoin qu'on peut avoir de cet emplacement pour établir des batries (*sic*), je vous prie, Monsieur, de vouloir bien adopter la même mesure que nous et de faire signifier sur le champ aux religieuses de Montmartre de se retirer dans le délai que votre sagesse leur prescrira. Signé : Billaud-Varennes.

Certifié conforme par moi, secrétaire du district de Saint-Denis.

Signé : Defauconpret.

(Arch. de l'Hôtel-de-Ville de Paris, cart. 1270).

Argenterie enlevée à l'abbaye de Montmartre.
1792.

Je soussigné, directeur de la monnaie de Paris, reconnais qu'il m'a été remis, le 26 septembre dernier, une portion d'argenterie provenant de la ci-devant abbaye de Montmartre, montant en doré à 9 marcs, 5 onces et 2 gros, en argent 17 marcs, 3 onces, formant ensemble 27 marcs, 2 gros, y compris les corps étrangers.... Plus qu'il a été apporté deux coffres d'argenterie de ladite abbaye, lesquels ont été ouverts en présence des commissaires de ce département qui ont trouvé à la vérification en doré et argent, 399 marcs, 6 onces, qui après l'extraction des corps étrangers, ont produit 358 marcs, 5 onces, 6 gros, dont j'ai accusé réception au procureur syndic de la municipalité dudit Montmartre par ma lettre du 16 de ce mois. A Paris ce 19 Octobre 1792, l'an 1er de la République française.

Pour duplicata. Signé : Roëttiers.

(Ibid.).

SUPPLÉMENT

1292.

Lan de grace mil CC IIII^{xx} et douze le Juedi apres les brandons fu commandé à frère Ernoul frere et rendu de Malbuisson tant comme ex procureur de ladite eglise que il meissent hors de leur main tele partie comme il leur appartenoit es mesons feu Guillaume Savouré par la reson Thiephanie la Commine rendue en ladite eglise. A ce fu présent Clement Le Vallet, Pierre Paridan, L. Le Clacelier, Guerin le Fournier, Guillaume la Chièvre, et Robert le Sergens.

(Cartul. A, not. du folio, page 22).

Cession par l'abbesse Edeline à la congrégation des veuves dites Beguines, du cens de 28 sols et 3 deniers dus par elle à l'abbaye sur deux maisons sises rue Saint-Merry.

1294.

Universis presentes litteras inspecturis, soror Edelina Dei gratia monasterii Montis-martirum humilis abbatissa, totusque ejusdem loci conventus, salutem in Domino sempiternam. Noverint universi presentes et futuri quod cum nos nostro et nostri monasterii nomine congregationem viduarum mulierum manentium versus portam Templi Parisius suo et domus ipsius congregationis nomine justa de causa compelleremus ad ponendum extra manum earum duas domos contiguas sitas in vico novo Sancti Mederici Parisius, contingentes ex una parte domui Allexandri de Chemino pastillarii, et ex altera domui Andree Amplici in censiva et dominio nostro, quas defunctus Jacobus dictus de Forripiis olim matricularius in ecclesia Sancti Mederici Parisius congregationi eidem ad opus domus ejusdem dederat donatione facta inter vivos, ut dicitur, que quidem dicte domus tenentur nobis in tribus denariis annui capitalis census; et in viginti octo solidis annui incrementi census quibusdam aliis privatis personis ex parte dictarum viduarum nobis extitit requisitum, ut nos nomine quo supra eisdem viduis nomine congregationis predicte in pace et quiete absque compulsione seu coactione aliqua vendendi una cum dicto censu aut extra manum suam ponendi in futurum permitteremus. Nos vero pensata utilitate nostri monasterii predicti, receptis ab eisdem viduis nomine quo supra vel eorum mandato viginti libris parisiensium ex causa predicta, voluimus et volumus, concessimus et concedimus ex nunc inperpetuum, solvendo capitali censu predicto nobis et monasterio nostro, in perpetuum teneant et possideant absque compulsione seu coactione [jus] eas ponendi extra manum earum necnon et incrementum census predictum, si eum acquirere potuerint in futurum, dummodo ipse nobis pro emptione ventas debitas persolvant. Similiter volumus, concessimus et concedimus quod absque compulsione aliqua teneant et possideant in futurum, retenta nobis et monasterio nostro predicto in predictis omnibus omnimoda justicia prout antea habebamus. Confitemur etiam et pro firmo hiis nostris presentibus testamur quod pecunia supradicta inde habita et recepta a nobis in utilitatem nostri monasterii et in acquisitione ipsius est conversa. In cujus rei testimonium et munimen ad perpetuam rei memoriam sigilla nostra presentibus litteris duximus apponenda. Datum anno Domini millesimo CC° nonagesimo quarto, die Mercurii post festum beati Martini hyemalis.

(Cartul. B, fol. 14, verso).

1297.

Donation par devant l'official de Paris d'un cens annuel de six sols parisis faite à l'abbaye de Montmartre par Alix Lambine, veuve de Adam Lecoux, marchand mercier à Paris, à prendre sur une maison sise rue de la Corroierie, à la condition que la sœur Françoise la Picarde jouirait viagèrement de ce cens. (*Hist. de Montmartre* par D. J. F. Chéronnet, p. 74).

Donation par Philippe-le-Bel, de 20 liv. par. de rente annuelle à la Chapelle des Martyrs.

1304.

Philippus Dei gracia Francorum rex, Notum facimus universis tam presentibus quam futuris quod cum Hermerius de Monte-martirum dilectus scutifer noster, et Katerina ejus uxor, ob sincere devotionis affectum quam ad sacrum locum Capelle Martirum prope abbatiam monialium de Monte-martyrum hactenus habuerunt, quemdam capellanum ad modicos et minime sufficientes redditus in ipsa capella diu institutum de suis bonis ditare, et aliam capellaniam fundare ibidem proponant, ut cultus divinus inibi augmentetur. Nos eorum laudabile propositum attendentes ac considerantes attentius quod redditus jam instituti capellani predicti adeo sunt tenues et exiles quod sufficienter non potest ex eis sustentari, quodque conjuges supradicti tam salubre suum propositum perficere sine gravi dispendio rerum suarum non possunt, ob nostre et carissime consortis nostre et parentum nostrorum remedium animarum, necnon devotionem et reverentiam quas ad gloriosum martirem beatum Dyonisium, socios ejusdem et alios martires qui palmam martirii receperunt ibidem habemus, viginti libras parisiensium annui et perpetui redditus in thesauro nostro Parisius capiendas annis singulis, terminis infrascriptis, medietatem videlicet in festo omnium sanctorum, et aliam medietatem in festo Ascensionis Domini, concedimus et donamus, dividendas per eosdem conjuges et perpetuo assignandas duobus capellanis qui in dicta capella divinum officium celebrabunt juxta ordinationem et dispositionem conjugum eorumdem. Concedentes nichilominus quod iidem capellani et successores sui redditum supradictum secundum ipsorum conjugum ordinationem perpetuo et hereditarie teneant et possideant pacifice et quiete, absque coactione vendendi vel extra manum suam ponendi, et sine prestatione financie cujuscumque, salvo in aliis jure nostro et in omnibus jure alieno. Quod ut ratum et stabile in perpetuum perseveret, presentibus litteris nostrum fecimus apponi sigillum. Actum Pissiaci, anno Domini millesimo trecentesimo quarto, mense Octobris.

(Original en parchemin ; sceau rompu en deux morceaux, mais adhérent à l'acte).

Charte de l'évêque de Paris approuvant la fondation d'une seconde chapellenie dans la chapelle des Martyrs, par Hermier et sa femme.

1305.

Guillelmus permissione divina Parisiensis episcopus, notum facimus universis tam presentibus quam futuris, quod coram nobis personaliter constituti, Hermerius de Monte-martirum, scutifer illustrissimi regis Francorum, et Katherina ejus uxor, videntes et considerantes Capellaniam Sanctorum Martirum subtus Montem-martirum in honorem sancti Dionysii et aliorum martirum ab antiquo fundatam, propter minus sufficientes redditus tenues et exiles in ipsa Capellania non bene nec honorifice deserviri, quodque ex eis capellanus dicte capellanie non poterat commode sustentari, habentes eamdem magne devotionis affectionem, et volentes propter reverentiam dictorum Sanctorum Martirum divinum officium augmentari, in augmentum reddituum capellani in dicta capellania antiquitus instituti, et ad utilitatem et jus ejusdem capellanie dederunt sex libras parisienses annui et perpetui redditus capiendas in thesauro illustrissimi regis Francorum Parisius annis singulis, terminis infrascriptis : videlicet medietatem in festo Sanctorum Omnium, et aliam medietatem in festo Ascensionis Domini super sexdecim libris parisiensibus annui et perpetui redditus amortizatis ex donatione regis quas habuerunt et habent dicti conjuges in thesauro predicto, ut dicebant. — Item asserunt dicti conjuges coram nobis quod ipsi intendentes et proponentes una cum predicta capellania sic ab ipsis ditata et etiam augmentata, in eadem capella unum alium capellanum fundare ibidem cum primo Capellano, ut cultus divinus ibidem solemnius augmentetur ob reverentiam dictorum beati Dionysii, ejus sociorum et aliorum martirum, (concesserunt) viginti libras parisienses quas Philippus illustrissimus rex Francorum nunc regnans dedit et concessit dictis conjugibus annui et perpetui redditus in thesauro suo parisiensi capiendas annis singulis amortizatas, terminis infrascriptis; scilicet, medietatem in festo Omnium Sanctorum et aliam medietatem in festo Ascensionis Domini, quas viginti libras parisienses annui et perpetui redditus eisdem conjugibus datas in thesauro predicto dederunt et in perpetuum concesserunt cuidam Capellano in dicta capella de novo instruendo secundum formam et modum primi Capellani ab antiquo in prima Capellania instituti, et tenebuntur bona fide dicti duo Capellani in dicta capella die qualibet divinum officium celebrare, et in domo construenda a dictis conjugibus personaliter residere; quam domum dicti conjuges promiserunt bona fide edificare et construere eorum propriis sumptibus et expensis bonam, sufficientem et idoneam. Et voluerunt dicti conjuges quod si contingeret eos velle edificare quamdam domum ultra sufficientiam dictorum capellanorum, quod ipsi aut alter eorum superstes, quamdiu vixerint, possint in eadem habitare et de eadem disponere prout eorum placuerit voluntati, quamdiu vixerint duntaxat. Ita tamen quod dicta domus pro eorum usibus propriis construenda ad ecclesiam monialium de Monte-martirum libere revertatur post decessum ultimi decedentis. — Asserunt

etiam quod ipsi dederant et concesserant quamdam
partem cujusdam pecie vinee amortizatam que vocatur
La Gocchière retro capellam predictam, quam habuerant dicti conjuges a religiosis mulieribus abbatissa et
conventu monasterii Montis-martirum, in recompensationem cujusdam alterius pecie vinee quam dicti conjuges dudum habebant et possidebant amortizatam ex
eorum proprio conquestu in loco qui dicitur La Quarrière, contiguam culture Montis - martirum, quam
vineam volunt post edificationem dictarum domorum
et post eorum decessum cedere duntaxat in jus edificii
dictorum capellanorum, hoc pacto quod dicti conjuges
et eorum ultimus superstes possint presentare personam idoneam abbatisse que pro tempore erit, salvo et
retento in omnibus abbatissis Montis-martirum, que
pro tempore erint, omni jure conferendi vel presentandi dictam capellaniam de novo fundatam secundum
modum et formam antique capellanie a dictis abbatissis
super jure conferendi vel presentandi antiquam capellaniam hactenus observatas ; salvo etiam predictis mulieribus religiosis abbatissis et conventui omni jure
dominii, proprietatis, possessionis, juris, patronatus
seu collationis, gardie seu custodie et alterius juris
cujuscumque, que seu quas dicte religiose habent seu
habere poterant ante fundationem nove capellanie
in ipsa capella domoque construenda, cum omnibus
pertinentiis ad eamdem. Que premissa fecerunt dicti
conjuges ob remedium animarum suarum parentumque
suorum et omnium aliorum benefactorum, et specialiter ob remedium anime bone memorie defuncti Philippi regis Francorum qui decessit in Arragonia, Marie
quondam ejus uxoris regine, liberorum suorum et
Philippi nunc regnantis, et bone memorie defuncte

Johanne quondam ejus uxoris ac liberorum suorum.
— Et nos predictus G. parisiensis episcopus cupientes divinum officium augmentari, ut ratum in futurum et stabile perseverent, premissa omnia et singula laudamus, confirmamus et etiam approbamus, et nostri interpositione decreti roboramus. In cujus rei testimonium sigillum nostrum proprium presentibus litteris duximus apponendum. Datum et actum Parisius die Veneris post festum beati Dionysii anno Domini millesimo trecentesimo quinto.

Copie du xvie siècle sur un cartulaire de quelques feuillets, où se trouve à la suite une charte de l'official de Paris de 1306, sur le même objet.

Charte de l'abbesse de Montmatrre, approuvant la fondation d'une seconde Chapellenie dans la chapelle des Martyrs, par Hermier et sa femme.

1306.

Universis presentes litteras inspecturis, Ada de Miciaco, permissione divina monasterii Montis-martyrum prope Parisius humilis abbatissa, totusque ejusdem loci conventus, eternam in Domino salutem.

Pateat universis tam presentibus quam futuris quod cum dilecti nobis in Christo vir providus Hermerius de Monte-martyrum, excellentissimi principis domini regis Francorum armiger, et Katherina consors ejus carissima, attendentes et considerantes Capellaniam Beatorum Martirum subtus Montem-martirum predictum ad honorem beati Dionysii martiris sociorumque ejus aliorum martirum ab antiquo dedicatam et fundatam, propter minus sufficientes, tenues et exiles redditus ejusdem, in ipsa capella non bene nec honorifice deserviri, quodque ex eis redditibus istis temporibus propter caristiam temporis capellanus eidem capellanie solitus deservire sustentari commode non valebat, et idcirco dicti conjuges assensu eorum unanimi concurrente divinitus inspirati, dictam insufficientiam ob prelibatorum Beatorum Martirum reverenciam affectantes aliquatenus relevare, nolentes divinum officium in eadem capella diminui, sed potius augmentari, ob remedium animarum suarum parentumque, amicorum et benefactorum suorum, et specialiter ob remedium et salutem animarum inclite recordacionis domini Philippi quondam regis Francie, qui decessit in Arragonia, domine Marie quondam ejus uxoris regine et liberorum suorum, ac domini Philippi nunc regnantis, defuncteque domine Johanne regine quondam ejus uxoris et liberorum suorum, in augmentacionem reddituum capellani in dicta capellania antiquitus instituti, et ad opus sustentacionis ejusdem cum aliis redditibus quibus extitit dotata primitus dicta capellania et ad usum ejusdem, dederint et concesserint ex nunc in perpetuum, in puram et perpetuam elemosinam donacione irrevocabili facta pure, libere et simpliciter inter vivos, propter Deum eidem capellanie sex libras parisiensium annui et perpetui redditus admortizatas, percipiendas et habendas a capellano qui pro tempore fuerit in eadem, annis singulis, in thesauro dicti domini regis Francie Parisius terminis infrascriptis, videlicet sexaginta solidos parisiensium in festo Omnium Sanctorum, et totidem in festo Ascensionis Dominice super sexdecim libris parisiensium reddituralibus admortizatis, quas dicti conjuges percipere consueverunt annuatim ex dono dicti domini regis sibi facto in thesauro ipsius ; et cum hoc etiam memorati conjuges inspiracione celesti commoti, ob ingentem devocionem quam habent ad dictos sanctos martires et eorum capellam supradictam, ac pro salute animarum ipsorum conjugum et personarum predictarum, atque divinus cultus ibidem sollempnius augmentetur, in eadem capella aliam fundaverint capellaniam ad honorem Dei ac beatissime Virginis Marie matris ejus, et Sanctorum Martirum predictorum, et inibi alium capellanum instituere in mente conceperint, ad celebrandum in eadem capella una cum alio capellano ibidem primitus instituto, cujus redditus, ut premittitur, augmentaverant, prout in eadem solitum est celebrari ab antiquo ; ad cujus secunde capellanie fundacionem sive dotacionem ipsiusque capellani sustentacionem ipsi conjuges contulerint et conferant ex nunc in perpetuum viginti libras parisiensium censuales admortizatas, absque aliqua reddibencia pro eisdem facienda, quas dictus dominus Philippus rex Francie nunc presidens regnum sibi contulerat capiendas annis singulis in dicto suo thesauro Parisius, duobus terminis supra proximo nominatis ; videlicet decem libras parisiensium in festo Omnium Sanctorum, et alias decem libras in festo Ascensionis Dominice ; qui siquidem capellani in quadam domo, quam sepedicti conjuges tenentur facere bona fide sufficientem et ydoneam prope dictam capellam in terra sua quam citius potuerint suis propriis sumptibus et expensis, tenebuntur residenciam facere personalem et ambo die qualibet in dicta capella divinum officium, ut moris est in prima sui institucione, celebrare ; voluerint insuper et sibi retinuerint expressè conjuges supradicti in fundacione dicte capellanie quod edificata domo predicta competenter ad inhabitandum dictos capellanos qui dictis capellaniis deservire tenebuntur, liceat eisdem conjugibus et eorum superstiti, si voluerint, et sua interesse crediderint, aliam domum prope dictam capellam in terra sua constituere et edificari facere bonam et sufficientem dictis conjugibus, et eamdem inhabitare, si maluerint, quamdiu ipsi ambo et eorum superstes vitam duxerint in humanis, et de eadem domo disponere ipsis viventibus pro sue libito voluntatis, ita tamen quod dicta domus quam pro suis propriis usibus construi ibidem contingeret, post ultimi decedentis obitum ad nostrum monasterium Montis-martirum libere deveniret; ordinaverint eciam cum predictis quod pars cujusdam pecie vinee admortizate que vocatur *la Goechière* site retro dictam capellam, quam permutaverunt nobiscum dicti conjuges pro quadam pecia vinee quam habebant admortizata ex eorum proprio conquestu in loco qui dicitur *la Quarrière,* contigua cuscine monasterii nostri predicti, post edificacionem dictarum domorum, et postquam eorum ultimo decedens diem clauserit extremum, cedat in jus et proprietatem edificii dictorum capellanorum duntaxat et ad usum ejusdem edificii totaliter applicetur, reservato sibi et eorum superstiti duntaxat specialiter et retento jure patronatus in dicta capellania ultimo fundata ab eisdem, et jure presentandi nobis et successoribus nostris abbatissis monasterii nostri predicti personam ydoneam ad collationem dicte capellanie, quamdiu ambo et eorum superstes vitam duxerint in humanis, salvo nobis et successoribus nostris in omnibus aliis omni alio jure disponendi de dicta capellania de novo fundata juxta modum et formam antique capellanie hactenus observatos, necnon omni jure dominii, proprietatis, possessionis, jure patronatus, seu collationis, guardie seu custodie et alterius cujuscumque, que seu quas nos habebamus et habere poteramus ante fundacionem dicte capellanie de novo fundate, in ipsa capella et in loco ubi dicta domus debet construi, omnibusque et singulis pertinenciis eorumdem; salvis nobis et successoribus nostris eciam cum predictis omnibus oblationibus ad dictam capellam venientibus [1], necnon correctione dictorum capellanorum si in aliquo delinquere vel remissos fore circa premissa contingat eosdem et alterum eorumdem juxta formam et consuetudinem in antiqua capellania, ut premittitur, hactenus observatos. Si vero nos et successores nostre abbatisse et conventus monasterii nostri sepedicti, qui pro tempore extiterint, in eodem aliquo casu emergente vel quavis necessitate ingruente aut eciam voluntate, eligeremus processu temporis in dicto loco in quo edificande sunt dicte domus commorari, vel fortassis ibidem prioratum constituere, hoc nobis et successoribus nostris post obitum ultimi decedentis eorumdem conjugum liceret facere, et dictam domum a dictis conjugibus eisdem capellanis ut dictum est assignatam et constructam nobis cum suis pertinenciis applicare, eisdem capellanis domum alibi in terra nostra adeo competentem prope dictam capellam nostris sumptibus assignando. — Que omnia et singula sepedicti conjuges promiserint bona fide et per sua super hoc prestita juramenta facere et complere, ac contra premissa vel premissorum aliqua in poste-

---

1. Oblationes pertinent ad abbatissam et moniales. (*Note du XVe siècle*).

rum non venire, se heredesque suos et omnia sua heredumque suorum bona mobilia et immobilia, presencia et futura ubicumque existentia, nobis et successoribus nostris que pro tempore fuerint, ut premittitur, in monasterio nostro sepedicto quoad hec obligando et jurisdictioni Parisiensis curie specialiter supponendo, prout hec omnia in quibusdam litteris sub sigillo dicte Parisiensis curie super hoc confectis, et in quibusdam aliis super confirmatione premissorum, sub sigillo reverendi in Christo Patris domini Guillelmi Dei gracia Parisiensis episcopi concessis eisdem conjugibus plenius continentur. — Nos abbatissa et conventus predicti, nostro et monasterii nostri predicti ac successorum nostrorum in eodem monasterio nomine, attendentes eximiam devocionem et laudabile propositum conjugum predictorum, affectantes, ut tenemur, in dicta nostra capella divinum officium augmentari, premissis omnibus et singulis ad commodum et honorem dictorum nostri monasterii et capelle cedentibus. nostrum unanimiter prebemus assensum, eademque volumus et eciam approbamus et promittimus bona fide et sub voto religionis nostre, quo supra nomine, ea omnia et singula in qualibet sui parte inviolabiliter observare, ac contra in posterum non venire jure aliquo, ingenio vel cautela; nos, monasterium nostrum et successores nostras eidem monasterio presidentes pro tempore, nostra et eorumdem bona mobilia et immobilia presentia et futura dictis conjugibus et eorum alteri quoad hec obligando specialiter et expresse. — Ad cujus rei sic geste memoriam dictis conjugibus presentes litteras sigillorum nostrorum munimine tradidimus roboratas. — Datum et actum in pleno nostro Capitulo, anno Domini millesimo CCC°

sexto, die Martis post dominicam qua cantatur *Quasimodo*.

(Original en parchemin, portant encore des fragments de deux sceaux en cire verte).

Vente d'un moulin à Barbery par les Chevaliers du Temple.

Vers 1306.

In nomine sancte et individue Trinitatis, amen.

Quum ea que humane memorie relinquuntur faciliter pereunt, ad vitandam ignorantiam et ad servandam pacem in posterum, hoc opus scripto quod duret in perpetuum commendatur. Itaque notum sit omnibus tam futuris quam presentibus quod seniores Templi Parisius quoddam molendinum quod est apud Barbariacum, et hospitem nomine Guillelmum cum uxore et mansione sua et filiis et filia sua, domine Ade abbatisse Montis-martyrum et conventui imperpetuum habendum concedunt, hoc videlicet pacto quod inde singulis annis decem modios frumenti ad Silvanectensem mensuram pro molendini recompensatione habebunt; et ne posteri de frumento solvendo veniant in contentionem, statutum est quod de meliori reddatur quod erit in horreo, exceptis seminibus. Si autem casu acciderit quod molendinum et horreum combustione seu vastatione guerre, vel alio aliquo infortunio perierint, ecclesia Montis-martyrum respondebit, et debitum frumentum prout ratio erit persolvet. Est etiam in pacto quod domina abbatissa, si Dominis placuerit, usque Silvanectis illud faciet conduci usque ad festum

Sancti Martini. Hoc totum factum est tempore Gaufridi Fulcherii, qui magister est et procurator rerum quas habet domus Templi citra mare, et fratris Eustachii Canis qui sub predicto G. procurationem tenet et magisterium, fratris Petri de Porta, fratris Roberti de Duaco, fratris Reginaudi, fratris Johannis, fratris Golce, fratris Roberti de Maurepast, fratris Bernardi Cambitoris, et aliorum quam plurimorum, consensu quorum et voluntate predictus Eustachius hanc pactionem manus apositione firmavit et investivit. Hoc etiam factum est tempore domine Ade abbatisse, Risendis priorisse, Adelaidis subpriorisse, Odeline de Remis, Asceline, Elisabet neptis regis, Mabilie cantatricis, Emeline, et Hodierne celerarie ; fratrum David, Pagani, et Dudonis capellanorum, Henrici et Fulconis.

(Original en parchemin ; sceau absent. —
Et cartul. n° 59).

1314.

L'an de grâce M et trois cens et quatorze le vendredi devant feste Saint Pere en Fevrier fu ressaisie labbesse de Montmartre, Thomas Le Bouc bouvier pendu par le prevost de Paris pour la sourfoiture de flourins cooigniez, et fu faite la ressaisine pour le dit prevost par Robert Hobe sergent de Chastelet d'un gant plain de terre, present Mesire Guy de Saint Clout, Martin de Dreus demourant en la rue Saint Merry, Pierre de Ferisy, Huistache le Mareschal, Robert Le Grant, Jehan le Mareschal, Jehan de Vaus serrurier, Estiene de Monstereuil, Robert le Bègue, plastrier, Jehan Deu, Philippe le Moustardier de rue-nueve, Jehan Huidre haubregier, Poince de Biaumes, Tibiau lorfevre, Jehan de Saint-Didier, Symon Renier, Colin de la Doutre haubregier, Gile de Clervaux, Jehan de Mitery, Jehan Le Breton cordonnier, Renaut de Saint Merri et Engerrant Le Chaucier.

(Cartul. A. — Note du fol. 22, verso).

Donation de 40 sols de rente par Jeanne de Saint-Cloud.

1317.

C'est la lettre de dame Edeline et dame Eûle moniaulx de Montmartre de X livres de rente.

Universis has presentes inspecturis, Officialis curie Parisiensis salutem in Domino. Noveritis nos anno Domini millesimo CCC^{mo} decimo nono, die Martis post festum Ascensionis ejusdem in testamento defuncte Johanne quondam relicte defuncti Garneri de Sancto Clodoaldo, quod sic incipit : « Universis presentes litteras inspecturis, Officialis curie Parisiensis salutem in Domino, Notum facimus quod in nostra presencia propter hoc personaliter constituta Johanna de Sancto Clodoaldo relicta defuncti Garneri de Sancto Clodoaldo, sana mente et corpore existens, et prout prima facie apparebat, attendens et considerans quod nichil etc... » — Et sic terminatur : « Datum anno Domini millesimo CCC^{mo} decimo septimo, die Sabbati post festum beati Petri ad vincula ; » vidisse et diligenter inspexisse clausulam que sequitur : « Item dicta testatrix legavit duabus filiabus suis monialibus monasterii Montis-martirum decem libras parisiensium annui redditus, scilicet, cuilibet earum centum solidos parisiensium recipiendos a Jaquelina dicta Latoutsaque super decem et octo libras parisienses. Quas debet dicte testatrici . . . . seu . . . .[1] Parisius, ut dicta testatrix asseruit, coram nobis, et de illis decem libris dicta testatrix legavit monasterio predicto quadraginta solidos parisiensium non amortizatos post decessum dictarum duarum filiarum suarum, ita quod dicte due filie sue vel superstes earum dictas decem libras parisiensium recipiat et habeat, ipsis vero ambabus de medio sublatis, dicte octo libri deveniant pacifice et quiete ad fratrem Galterum monachum commorantem nunc apud Gornaium super Maternam, et Margaretam monialem monasterii de Edera, tenende et habende ab eisdem monacho et moniali quamdiu vixerint duntaxat. Voluit nichilominus dicta testatrix quod illi quadraginta solidi supradicti post mortem dictorum monachi et monialis, implicentur in vestimentis monialium monasterii Montis-martirum predicti. » — Transcriptum autem principii et finis testamenti ac clausule predicte fieri fecimus sub sigillo curie Parisiensis, cujuslibet in omnibus jure salvo. Datum anno et die Martis predictis.

(Cartul. B, fol. 15).

1319.

Bail passé par l'abbesse Jeanne au profit de Etienne Haubergue et Hyacinthe, sa femme, beourgeois de

1. Ces deux noms sont illisibles.

Paris, de la maison dite le Four ou le For-des-Dames, située à Paris, rue de la Heaumerie, au prix de 100 livres une fois payées, et d'une rente annuelle de 10 livres 10 sols[1]. (*Hist. de Montmartre,* par Chéronnet, p. 74).

1320.

Bulle du pape Jean XXII accordant une indulgence d'un an aux pèlerins visitant l'église de l'abbaye de Montmartre le jour de la Saint-Denis ; et de quarante jours pour chacun des jours de l'Octave.

1330.

Jeanne, abbesse de Montmartre cède la dime sur neuf arpents du terroir dit le Marais sous Montmartre, à la confrérie de Notre-Seigneur et de la Vierge établie en l'église de la Madeleine de la Cité sous un cens annuel de 36 sols. (Ibid. p. 76[2]).

21 Juin 1356.

Sentence rendue aux assises des Grès près Senlis, reconnaissant que de temps immémorial l'abbaye de

---

1. Bail transféré en 1361 par Jacques, fils dudit Etienne, à Etienne le Bourguignon, maître armurier à Paris aux mêmes conditions. (Chéronnet, p. 80).

2. Le même auteur mentionne sans indication de date la cession de terrains, près de la rue de la Pallée et l'hôtel de Clairvaux pour l'installation de l'hôpital Saint-Julien des Ménétriers, se réservant la justice et une rente annuelle de cent sols.

Montmartre possédait le moulin et les maisons dit Moulin des Dames sur l'Essonne, contrairement aux prétentions du procureur du roi de la chatellenie des Grès qui le revendiquait au nom du roi. (Ibid. p. 78).

1365.

Bulle du pape Urbain V, portant excommunication contre tous les détenteurs de biens de l'abbaye [1]. (Ibid. p. 79).

---

1. Bulle renouvellée par Grégoire VI en 1373. (Ibid. p. 80).

TABLE

DES NOMS DE PERSONNES ET DE LIEUX

A.

Abbatisvilla (Geoffroy de), chan. de Senlis, page 118.
Acelin le Changeur, p. 127.
— Sibille, sa fille, religieuse, p. 127.
Adélaïde, reine de France, p. 59, 60, 65, 67, 70, 75, 76, 85, 89, 93, 95, 96, 97, 98, 245.
— matrone, p. 84.
Adeline dite Halca ou Adele, p. 64.
Ada, abbesse de Montmartre, p. 85, 87, 95, 96, 98, 101, 102, 104, 107, 108, 109.
Aebard, p. 64.
Agnes, femme d'Ebroin, p. 123.
Agnes, nièce de l'abbesse Edeline, p. 146.
Aimejean, Elisabeth, p. 266. dépositaire de l'abb., p. 274, 281.
Aimeric, cardinal et chancelier du pape, p. 69.
Albericus Ortolanus, p. 58.
Alexandre III, pape, p. 58.
Alexandrs VI, p. 230.
Algrin, chancelier du roi, p. 71, 73.
Alix, femme de Nevelon, p. 131.
Allaire, Robert, notaire, 232.
Allegre (Gabriel, baron d'), garde de la prévôté de Paris, p. 232, 235.

Aloete, Robert, p. 177.
Alneto (Pierre de), p. 104.
Altisiodoro (Jean de), p. 179.
— (Simon de), p. 179.
— (Marie de), p. 179.
— (Simon de), bourgeois de Paris, p. 179.
Amboise, (Cardinal d'), p. 231.
Ameline, chantre de Montmartre, p. 88.
Amiens (Thibaut, év. d'), p. 118, 120.
Ancelin, Marie, religieuse, p. 266.
Anglicus (Alain dit), p. 177.
Anselme, prieur de l'hôpital de Jérusalem en France, p. 124.
Antony (Jean Champdavoine d'), boucelier, p. 191.
Apostolicus (Pierre dit), bourgeois de Paris, p. 177.
Apulia (Adam de), p. 64.
Aquapista (Wido de), p. 58.
Argenteuil en Brie, p. 299.
Arnould, chandelier, p. 223.
Arnulfus, major, p. 58.
Aubertum-Villare, village, p. 107.
Aubin, Guillaume, orfèvre, p. 229.
Aubineau, Marie, maîtresse des novices, p. 266.
Auci, lieu, p. 64, 102.

Aurelianis (Hemeris dit de), clerc, p. 171, 172.
Ausodus, p. 123.
Auteuil, lieu. p. 175, 304.
— (Michel d'), p. 177.
Autriche (Anne d'), p. 260.
— (Marie-Thérèse d'), p. 300.
Auvergne (Claude d'), maître de la boucherie, p. 232.

Auvers (Barthélemi de), p. 102, 104.
— dîme, p. 114, 161, 162, 304.
— (Robert, prieur d'), p. 162.
— village, p. 203, 299.
Avignon, ville, p. 196.

B

Bagneux, village, p. 66, 127, 135, 136.
Baillet, Jean, p. 175, 176.
Balbus, Jean, chan. de Senlis, p. 118.
Baldoyni les Chans (Geneviève fille de), p. 165, 166.
Balduinus, capellanus, p. 106.
Balenni, villa, p. 77.
Ballet, Catherine, relig., p. 266.
Barbery, village, p. 89, 91, 92, 101, 115, 116, 117, 118, 119, 120, 121, 132, 133, 137, 160, 181, 215, 241, 324.
— (Gerard de), p. 119.
— (Garnier de), p. 119.
— (Renaud, laïc de), p. 118.
— (Barthélemi de), p. 119.
— (Chapelle Sainte-Luce à), p. 143.
— (Terrier de), p. 231, 232.
— (Fortifications de), p. 239, 240.
Barberiacum (Voir Barbery).
Barbete (Etienne), p. 157.
Barbier, Madeleine, relig., p. 267.
Barré, maître Louis, p. 234.
Barthélemi, gendre de Nicolas le boucher, p. 142, 143.
— Emmeline sa femme, 143.
Baudouin, Jean, not., p. 251, 252.
Bauldron, Catherine, célérière de l'abb., p. 266.

Baussan, Eliz., célérière, p. 266.
Beaumont (Eléonore, comtesse de), p. 126.
Beauvilliers (Anne de), femme de P. Foyer, p. 249, 250, 253, 254, 257.
Beine, seigneurie, p. 217, 223.
Bellus, Mathieu, p. 96, 97.
Benoist, Marie, prieure du cloître aux Saints-Martyrs, p. 261, 266.
— Françoise, sous-prieure aux Saints-Martyrs, p. 261, 266.
— Marguerite, religieuse, p. 266.
Bercillis (Insula de), p. 81, 99.
Bercy, village, p. 61.
Bernard, archidiacre de Paris, p. 88.
— écrivain, p. 84.
Bernardus parmentarius, p. 58.
— hospitalis, p. 58.
Berner, pêcheur, p. 88, 111.
— doyen, 113.
Berruyer, Marie, prieure du cloître de l'abbaye, p. 274, 266.
Berthe, nièce de l'abbesse Edeline, p. 146.
Berthélemy, Jean, notaire, p. 212.
Bertrand, fils de Ferlo, p. 64.
Béthisy, village, p. 73, 74, 75, 81, 82, 100, 138, 144.
— (Gui de), p. 74, 166.
— (Chapelle de), p. 100.

Béthisy (Pierre de), p. 138, 171, 172.
— (Robert de), p. 138.
— (G., prévôt de), p. 144.
— (Richildis de), p. 171.
— (Gilon de), p. 182.
Biaumes (Pons de), p. 326.
Bien, Parfait, bourgeois de Paris, p. 199.
Billancourt, lieu, p. 175.
Blaise (Jean de), maître des eaux-et-forêts, p. 211.
Blardel, Marie, religieuse, p. 266.
Bois de l'Evêque (Le) près Paris, p. 175.
Boisdehaire, Adam, p. 202.
Boissy, village, p. 63, 86, 101, 102, 150, 151, 201, 202, 241.
Bollencort, lieu, p. 95.
Bonelniqueham (Hubert de), p. 106.
Bonnefille (Pétronille dite), religieuse, p. 186.
Bonnette, Marguerite, religieuse, p. 264.
Booron (Gauthier de), p. 82, 93, 100.
Boscherello (Falco de), p. 64.
Bosco (Petrus de), miles, p. 124.
— Aveline, sa femme, p. 124.
Botenangle, Jean, chan. de Senlis, p. 121.
Boulogne la Petite (Confrérie de N.-D. de), p. 192.
— village, p. 100, 201, 241, 289.
Boursier, Jean, maître boursier, p. 236.
Bourdel, Marguerite, célérière aux SS. Martyrs, p. 261.

— Marie, religieuse, p. 266.
Bouret, notaire de Paris, p. 274.
Bourg la Reine, p. 57, 102, 139, 201, 241, 268, 304.
— (Grange des Merciers à), p. 201, 218, 220.
— (Garnier, boucher à), p. 139.
Bourgogne (Jeanne de), reine, p. 191.
Bouton, Renaud, receveur de la vicomté de Paris, p. 195.
Bouvier (Raoul dit), p. 182.
Bovenelli, Raoul, chev., p. 171, 172, 173.
Bovillare, lieu, p. 139.
Bray, village, p. 61, 72, 77, 81, 99.
Breleau, Léger, p. 226.
Brion, Geneviève, relig., p. 266.
Bronay (Ferry de), p. 128.
— Helisende, sa mère, p. 128.
Brumille, lieu, p. 82, 100.
Brunel, Pierre, p. 226.
Bruslart, secrétaire d'Etat, p. 241.
Bruyeres (Thomas de), p. 136.
— Marguerite, sa femme, p. 136.
— (Gauthier, chevalier de), p. 137.
— Barthélemi, son père, p. 137.
Bue (Guillaume, chevalier de), p. 148.
Buno (Garsilien de), p. 64.
Bunocensis, Tecelin. p. 151.
Bureau, Jean, trésorier, p. 219, 220.
Buters, dime, p. 104.
Buyer, Guillaume, prêtre, p. 226.

C

Calli (Ansoaldus de), p. 66.
Calliaco (Hugo mayeur de), p. 107.
Calvo Monte (Chapelle de), p. 82, 106.

Cambitor, Bernardus, templier, p. 325.
Campanis (Arnold de), p. 107.
Campellis (Pierre de), diacre, p. 136.

Camptembro (Renaud de), p. 104.
— (Robert de), p. 104.
Canis, Eustache, maître du Temple à Paris, p. 118, 315.
Capella (Gaufridus, prévôt de), p. 105.
Carbon, Madeleine, religieuse, p. 266.
Carre, Eléonore, religieuse, p. 266.
Cartois, Perrin, p. 202.
Castris (Jean de). diacre, p. 136.
Castello (Gervais de), p. 65.
— (Guibert de), p. 130.
Cauda (Pierre de), p. 186.
Cauz (Roger de), p. 177.
Caverciaco (Pierre de), p. 131.
Celsi, rue, p. 66.
Challemart, Jean, procureur de l'abbaye, p. 207.
Chamissi, lieu, p. 112.
Chamois, Hélène, relig., p. 266.
Charenton (Pont de), p. 201.
Charles VIII, roi, p. 203.
Charles, roi de Navarre, p. 198.
Charpentier, Jean, procureur de la Grande Boucherie, p. 225.
Charz (Raoul de), p. 111.
Chastel (Du), Tanneguy, garde de la prévôté de Paris, p. 207.
Chaulnes (De), Charlotte, secrétaire du chapitre de l'abbaye, p. 261, 266, 274, 276.
Chaumont (Pierre de), p. 125.
— Raoul et Odon ses frères, p. 129.
— (Jean de), p. 129.
Chaumontel-les-Nonains, p. 298.
Chaverciaco (Pierre de), chevalier, p. 170.
— (Isabelle de), relig., p. 170.
Chelles, village, p. 72, 81, 99, 202, 299, 304.
Chemin (Du), Jean, prêtre, p. 193.
Chemino (Alexandre de), p. 312.
Cheron (l'abbé), vicaire général de Paris, p. 272.

Chest, Simon, bourgeois de Paris, p. 199.
Chevet, lieu, p. 129.
Choisel (Jean dit), chev., p. 166.
— (Pierre dit), chev., p. 137, 166.
Choisin, Simon, p. 215.
Cholet, Pierre, p. 157.
Chrétienne, abbesse de Montmartre, p. 69, 84, 93, 101, 105.
— Cécile et Hildeburge, ses sœurs, p. 82, 101, 105.
Christianus, Roger, p. 164.
Clausus Episcopi, lieu, p. 167.
Clément VII, antipape, p. 196.
Clervaux (Gille de), p. 326.
Clichy, village, p. 61, 71, 80, 99, 198, 258.
Clignancourt, seigneurie, p. 268.
— ferme, p. 252.
Clippiacum (Voir Clichy).
Coccebronna (Eustache de), p. 106.
Colbert, Thérèse, relig., p. 266.
Colentin (Jean de), p. 104.
Collégien en Brie, p. 298.
Colombi, Sévestre, receveur du comté d'Evreux, p. 198.
Compiègne (Raymond, chantre de), p. 108.
— ville, p. 140, 149, 300, 304.
— (Egide, mayeur de), p. 149.
Constance, comtesse de Toulouse, p. 107, 108, 109, 112, 123.
Constantinople, ville, p. 145.
Cornu, Alix Repont, veuve, p. 231.
Cornuty, Louise, prieure de l'abbaye, p. 266, 281.
— Anne, religieuse, p. 266.
Cortebronna (Goth de), p. 106.
Coulange (Marguerite de), sous-prieure de l'abbaye, p. 261.
Coutances (le vicomte de), p. 206.
Crispciensis, mesure, p. 132.
Crona (Jean de), p. 184.

D

Damien, Ph., bourgeois de Paris, p. 214.
Danemois (Gui de), p. 139.
Daniel (Frère), p. 125.
Dasche, Pétronille, relig., p. 188.
Daumont, Louis, p. 234.
— Jean, p. 234.
Daurat, J., tourière de l'abbaye, p. 266.
Demahaut, notaire à Paris, p. 284.
Deu, Jean, p. 326.
Dionis, notaire à Paris, p. 281.
Dives, Thomas, prévôt de Paris, p. 108.
— Thibaut, p. 127, 136.
Dives, Anceline, sa sœur, p. 127, 136.
Douai (Mathilde, châtelaine de), p. 134, 135.
Doignon, Barthélemy, chevalier, p. 120.
Dolc, Jean, bourgeois, p. 202.
Dreus (Martin de), p. 325.
Drogo, p. 58.
Duaco (Rob. de), templier, p. 325.
Dudot, Marie-Anne, religieuse, p. 266.
Dupron, Barbe, boursière de l'abbaye, p. 281.
Durand, prêtre, p. 84.
Duval, Marie, religieuse, p. 266.

E

Ebroinus (Dominus), p. 123.
Ederensis (Abbatia), p. 108.
Edeline, religieuse de Montmartre, p. 326.
Elysabeth, p. 108.
— abbesse de Montmartre, p. 110, 122, 125, 129.
Ermessende dite Canpanie, p. 169.
Ernoul (Frère), p. 311.
Ernoul, pécheur, p. 88.
Espies (Agnès d'), p. 142.
Essonne (Moulin sur l'), p. 329.
Estouteville (Robert d'), garde de la prévôté de Paris, p. 217, 223.
Etampes, four, p. 62, 72, 81, 100.
Etienne, chancelier du roi, p. 63.
Eugène III, p. 78, 79, 245.
Evrard, p. 115.

F

Fayel, Robert, escrinier, p. 235.
François Ier, p. 237.
Ferisy (Pierre de), p. 325.
Ferlo, p. 64.
Fernicle, Eustache, procureur de l'abbaye, p. 225.
Ferrand, Marguerite, cellerière de l'abbaye, p. 261, 266, 274.

Fishot, Jeanne, religieuse, p. 266.
Fournier, Gabrielle, relig., p. 266.
Fillandre, Marie, prieure de l'abbaye, p. 266, 272.
Fontainebleau, ville, p. 126.
For-aux-Dames, p. 304, 328.
Forget, Pierre, secrétaire d'Etat, p. 248, 249.

Fossé (Du), R. abbé, p. 156.
Fresneel, lieu, p. 132.
Fresnes (De), Mathurin, p. 202.
Fromantel, Françoise, cellerière de l'abbaye, p. 281.
Fulcherius, Galterius, maître du Temple en France, p. 325.

G

Gaancurt (Adam de), p. 129.
Galerannus, p. 64.
Galemart, Emery, p. 226.
Galo, prêtre, p. 70, 82, 101.
Garoul, Pierre, prêtre, p. 210.
Garsilia, feudum, p. 101.
Gastellarius, Renaldus, p. 122.
Gastinensis, pagus, p. 62, 63, 72, 81, 100.
Gautier, chambrier du roi, p. 126, 136.
— jeune, id., p. 142.
Gaydeau, Louis, sergent à verge, p. 210.
Gentili (Ferri de), p. 128.
— Aveline, sa femme, p. 128.
— lieu, p. 190.
Germain, chancelier de l'Eglise Romaine, p. 103.
Gernis (Jean du), chancelier de l'église de Soissons, p. 73.
Gien (Jean de), p. 234.
— (Guillaume de), p. 234.
Gilbertus, p. 113.
Gile Homont (la femme de), p. 188.
Girard, commandeur de l'hôpital de Jérusalem à Paris, p. 124.
Gisonville en Gastinois, dîme, p. 144, 145.
Glava, moulin, p. 129.
Gohier, Amelot, p. 226.
Gondy (Henri de), év. de Paris, p. 248.

Golier, templier, p. 325.
Gonessa (Pierre, doyen de), p. 125.
— (Frère Hugues de), p. 137.
Gormont, Guillaume, garde de la prévôté de Paris, p. 190.
Gorneio (Johannes de), p. 123.
Gossuin, Louis, notaire, p. 260.
Goudin, notaire à Paris, p. 282.
Gournay-sur-Marne, p. 327.
Gozon, p. 101.
Grandis Vallis, lieu, p. 145.
Grandpont, Jean, chanoine de Paris, p. 190.
Grés (Les) près Senlis, p. 328, 329.
Guédon, Claude, relig., p. 296.
Guerot, Jean, p. 226.
Guerric le Changeur (Maison de), p. 59, 61, 62, 71, 73, 81, 85, 90, 99, 146, 147.
Gui, bouteiller du roi, p. 87, 90, 91, 96, 114, 128, 134, 235.
Gui, cardinal chancelier de l'Eglise Romaine, p. 83.
Guillaume, év. de Paris, p. 58.
— bouteiller, p. 63, 65, 71, 73, 77.
— laïc de Senlis, p. 118.
— chapelain de Montmartre, p. 107.
Guimerus, Aubert, p. 111.
Guinemarus, p. 107.
Guise (Mademoiselle de), p. 301.

H

Hamel (Du), Raoul, p. 226.
Hamelin, Marguerite, religieuse, p. 266.
Hames (Marie de), portière de l'abbaye, p. 266, 274.
— Madeleine, grenetière de l'abbaye, p. 266.
Harcher, changeur, p. 91.
Hardi, Jean, receveur de la vicomté de Paris, p. 195.
Hardo, Jean, mayeur, 201.
Haubergue, Etienne, bourgeois de Paris, p, 327.
Hauloy, maître Raoul, p. 226.
Henault, Geneviève, religieuse, p. 267.
Henri III, p. 239.
Henri IV, p. 241, 244.
Henri, boucher, p. 130.
— prêtre, p. 111.
Henricus, filius Rotberti, p. 58.
Herbaudi Villam, lieu, p. 64, 174, 202, 244, 304.
Herbegarius, p. 56.
Herus, pêcheur, p. 88.
Hergotus, p. 58.

Herivallensis, Theobaldus, abbas, p. 125.
Herlebaldus, servus ecclesie S. Martini, p. 58.
Herluinus, p. 58.
Heustachius, p. 82.
Hodierna, p. 57, 58.
Holdenehem (Gundemnus de), p. 106.
Hormault (l'abbé de), p. 226.
Hermier, N., de Montmartrre, p. 194.
Hesse (le sieur de), p. 393.
Hilduin, chancelier du comte de Blois, p. 121.
Hinard, Louis, entrepreneur des tapisseries de Beauvais, p. 280.
Hobo, Robert, sergent du Châtelet, p. 325.
Hugo, filius Theodorici, p. 58.
— abbé de Cluny, p. 58.
— connétable, p. 63, 65, 71, 73.
— chambrier, p. 63, 71, 74.
— chancelier, p. 65, 87, 90, 91, 96, 114.

I

Innocent II, p. 67, 115.

Ivry, baronnie, p. 217, 223.

J

Jean, templier, p. 325.
Johannes, presbyter, p. 58.
Jolly, Nicolas, notaire, p. 250.

Jovin, maître des écoles d'Orléans, p. 115.

K

Kerisius, boucher, p. 130.

L

La Bretesche (Pierre de), p. 226.
La Brière, maison, p. 293.
La Chievre, Guillaume, p. 311.
La Commine, Thiephanie, p. 311.
La Ferté (Baudouin de), p. 64.
— (Evrard de), p. 64.
La Forest (Marie de), prieure du cloître de l'abbaye, p. 281, 267.
La Lancette, moulin, p. 293.
Lamarre, plâtrier à Clichy, p. 278.
La Motte (Gui de), chev., p. 73, 74.
— Béatrix, sa mère, p. 73, 74.
— Pierre, Hugnes, Ansoud, Manassès et Aelide, enfants de ladite, p. 74.
La Picarde, Françoise, sœur, p. 313.
Lavielle de Montmartre (Clément dit), p. 184.
Ladehors (Pierre de), maître de la boucherie, p. 232, 233.
Lai (Forcoins de), p. 125.
Lambert, Antoinette, religieuse, p. 266.
Langlois, Anceau, curé de Montmartre, p. 216.
Langlois, maître Audry, p. 226.
— Marguerite, prieure de l'abbaye, p. 261, 266.
— Marie, religieuse, p. 266.
Larche (Henri de), notaire, p. 235.
— (François de), id., p. 235.
Lardy, lieu, p. 201.
Le Barbier, Jean, p. 226.
Le Blanc, Denis, vic. gén. de Paris, p. 252.
Le Boutonnier, Gilles, chapelain des Martyrs, p. 193.
Le Boucher, Nicolas, sergent royal, p. 141, 142, 143, 145, 146.
— Marie, sa femme, p. 143.
Le Bourget, p. 202.

Le Camus, Louis, notaire, p. 250.
— Madeleine, religieuse, p. 266.
Le Chartier, Michel, p. 197.
Le Chacelier, Louis, p. 311.
Leclerc, Marguerite, relig., p. 266.
Lecointe, Jean, orfèvre, p. 229.
Lecoq, Elisabeth, portière de l'abbaye, p. 266, 281.
Le Coq, Pierre, p. 91, 92.
— Laurence, sa veuve, p. 101, 121, 132.
— Raoul, chevalier, p. 119.
— Guillaume, écorcheur, p. 286.
— Roger, id., p. 215.
— — ses filles, p. 215.
Le Coux, Adam, mercier à Paris, p. 313.
Ledoulx, Adam, p. 202.
Le Flamenc, Geoffroy, receveur général, p. 195.
Le For-aux-Dames, seigneurie, p. 268, 269.
Le Fournier, Guérin, p. 311.
Le Franc, Jean, receveur de Normandie, p. 198.
Legrand, Catherine, sous-prieure de l'abbaye, p. 266.
Le Grand, Girard, gainier, p. 212.
La Gaufrere, (Alese dite), p. 178.
— Petrus Marcellus (Odierne, veuve de), p. 179.
Le Gendre, Jean, boucher, p. 226.
Le Gort, lieu, p. 148.
Le Guenier, Th., p. 188.
Le Loup, Hugues, p. 134.
— Reutia, sa fille, p. 134.
Le Normand, Jensan, p. 179.
Le Picart, Etienne, poissonnier, p. 188.
Limousin (Bernard le), p. 158, 167.

H

Hamel (Du), Raoul, p. 226.
Hamelin, Marguerite, religieuse, p. 266.
Hames (Marie de), portière de l'abbaye, p. 266, 274.
— Madeleine, grenetière de l'abbaye, p. 266.
Harcher, changeur, p. 91.
Hardi, Jean, receveur de la vicomté de Paris, p. 195.
Hardo, Jean, mayeur, 201.
Haubergue, Etienne, bourgeois de Paris, p, 327.
Hauloy, maître Raoul, p. 226.
Henault, Geneviève, religieuse, p. 267.
Henri III, p. 239.
Henri IV, p. 241, 244.
Henri, boucher, p. 130.
— prêtre, p. 111.
Henricus, filius Rotberti, p. 58.
Herbaudi Villam, lieu, p. 64, 174, 202, 244, 304.
Herbegarius, p. 56.
Herus, pécheur, p. 88.
Hergotus, p. 58.
Herivallensis, Theobaldus, abbas, p. 125.
Herlebaldus, servus ecclesie S. Martini, p. 58.
Herluinus, p. 58.
Heustachius, p. 82.
Hodierna, p. 57, 58.
Holdenchem (Gundemnus de), p. 106.
Hormault (l'abbé de), p. 226.
Hermier, N., de Montmartrre, p. 194.
Hesse (le sieur de), p. 393.
Hilduin, chancelier du comte de Blois, p. 121.
Hinard, Louis, entrepreneur des tapisseries de Beauvais, p. 280.
Hobo, Robert, sergent du Châtelet, p. 325.
Hugo, filius Theodorici, p. 58.
— abbé de Cluny, p. 58.
— connétable, p. 63, 65, 71, 73.
— chambrier, p. 63, 71, 74.
— chancelier, p. 65, 87, 90, 91, 96, 114.

I

Innocent II, p. 67, 115.

Ivry, baronnie, p. 217, 223.

J

Jean, templier, p. 325.
Johannes, presbyter, p. 58.
Jolly, Nicolas, notaire, p. 250.

Jovin, maître des écoles d'Orléans, p. 115.

K

Kerisius, boucher, p. 130.

L

La Bretesche (Pierre de), p. 226.
La Brière, maison, p. 293.
La Chievre, Guillaume, p. 311.
La Commine, Thiephanie, p. 311.
La Ferté (Baudouin de), p. 64.
— (Evrard de), p. 64.
La Forest (Marie de), prieure du cloître de l'abbaye, p. 281, 267.
La Lancette, moulin, p. 293.
Lamarre, plâtrier à Clichy, p. 278.
La Motte (Gui de), chev., p. 73, 74.
— Béatrix, sa mère, p. 73, 74.
— Pierre, Hugnes, Ansoud, Manassès et Aelide, enfants de ladite, p. 74.
La Picarde, Françoise, sœur, p. 313.
Lavielle de Montmartre (Clément dit), p. 184.
Ladehors (Pierre de), maître de la boucherie, p. 232, 233.
Lai (Forcoins de), p. 125.
Lambert, Antoinette, religieuse, p. 266.
Langlois, Anceau, curé de Montmartre, p. 216.
Langlois, maître Audry, p. 226.
— Marguerite, prieure de l'abbaye, p. 261, 266.
— Marie, religieuse, p. 266.
Larche (Henri de), notaire, p. 235.
— (François de), id., p. 235.
Lardy, lieu, p. 201.
Le Barbier, Jean, p. 226.
Le Blanc, Denis, vic. gén. de Paris, p. 252.
Le Boutonnier, Gilles, chapelain des Martyrs, p. 193.
Le Boucher, Nicolas, sergent royal, p. 141, 142, 143, 145, 146.
— Marie, sa femme, p. 143.
Le Bourget, p. 202.

Le Camus, Louis, notaire, p. 250.
— Madeleine, religieuse, p. 266.
Le Chartier, Michel, p. 197.
Le Chacelier, Louis, p. 311.
Leclerc, Marguerite, relig., p. 266.
Lecointe, Jean, orfèvre, p. 229.
Lecoq, Elisabeth, portière de l'abbaye, p. 266, 281.
Le Coq, Pierre, p. 91, 92.
— Laurence, sa veuve, p. 101, 121, 132.
— Raoul, chevalier, p. 119.
— Guillaume, écorcheur, p. 286.
— Roger, id., p. 215.
— — ses filles, p. 215.
Le Coux, Adam, mercier à Paris, p. 313.
Ledoulx, Adam, p. 202.
Le Flamenc, Geoffroy, receveur général, p. 195.
Le For-aux-Dames, seigneurie, p. 268, 269.
Le Fournier, Guérin, p. 311.
Le Franc, Jean, receveur de Normandie, p. 198.
Legrand, Catherine, sous-prieure de l'abbaye, p. 266.
Le Grand, Girard, gainier, p. 212.
La Gaufrere, (Alese dite), p. 178.
— Petrus Marcellus (Odierne, veuve de), p. 179.
Le Gendre, Jean, boucher, p. 226.
Le Gort, lieu, p. 148.
Le Guenier, Th., p. 188.
Le Loup, Hugues, p. 134.
— Reutia, sa fille, p. 134.
Le Normand, Jensan, p. 179.
Le Picart, Etienne, poissonnier, p. 188.
Limousin (Bernard le), p. 158, 167.

Limousin Odeline, sa femme, p. 158, 167.
— Isabelle et Adeline, leurs filles, relig., p. 158, 159, 167.
Le Maistre, Jean, p. 234.
Lemercier, Elisabeth, maîtresse des pensionnaires, p. 366.
Le Merne, village, p. 61.
Le Normand, G., p. 92, 116, 117, 119.
Le Platrier, Henri, p. 184.
Le Riche, Robert, notaire, p. 232.
Le Roy, Nicolas, frippier, p. 226.
Le Sergent, Robert, p. 311.
Lesueur, Jean, procureur, p. 225.
Le Tailleur, Raoul, p. 179.
Le Tellier, Cath., portière des SS. Martyrs, p. 266.
Le Tillier, Hilaire, relig., p. 266.
Le Vallet, Clément, p. 311.
Levesque, Gillette, secrétaire du chapitre à l'abbaye, p. 281.
Li Viautres. Galerennus, p. 130.
Livres (Pierre de), maître de la boucherie, p. 232.
Leschaut, Pierre, p. 122.
Lesclat (Pierre de), p. 207.
Lespinete, lieu, p. 000.
Lomenie, secrétaire d'Etat, p. 256, 260.
Longueville, Arnoul, notaire, p. 212.
Lormier, Laurent, orfèvre, p. 229.

Lorraine (Charles de), duc de Guise, p. 267.
— (Henriette de Joyeuse, veuve dudit), p. 267.
— (Marie de), p. 267, 273, 288.
— (Henriette de), p. 267.
— (Henri de), duc de Guise, p. 267.
— Marie de Bellefont, p. 281, 282, 284.
Louis, roi, p. 59, 60, 63, 65, 67, 70, 71, 85, 95, 98, 100, 245.
— fils du roi, p. 63, 65, 66, 71, 75, 76, 81, 85, 89, 90, 91, 92, 93, 94, 95, 97, 100, 101, 104, 109, 119, 151, 155, 233, 245.
Louis VIII, p. 155.
Louis XI, p. 220.
Louis XIII, p. 248, 256, 257.
Louis XIV, p. 248, 265, 270, 276, 282.
Louis XV, p. 248, 282, 288, 289.
Lubin, puer, p. 136.
Lurcus, Hugues, p. 66.
Luzarches (Pierre de), p. 129.
— (Hugues, mayeur de), p. 129.
— lieu, p. 202.
— Moustel-les-Nonnains à), p. 202.

M

M., archidiacre de Paris, p. 136.
Mainbervillers, village, p. 63, 86, 101, 102, 150, 202, 241.
Maingotus, salinarius, p. 130.
Malaquin boulanger, p. 226.
Male-Herbe, Odon, p. 105, 202.
Malo Respectu (Richard de), p. 163.
— (Odo de), p. 163.

Mambron (Antoinette de), relig., p. 266.
Monchon, Anne, religieuse, p. 267.
Mansionillum, villa, 61, 71, 80, 99, 175.
Maquard, Elisabeth, relig., p. 266.
Marcadé, Catherine, boursière de l'abbaye, p. 266, 274.

Marchecon, Mathieu, seigneur de Passy, p. 239.
Mareis, prés, p. 82, 101.
Maresio (Grangia de), p. 160, 200.
Mariavale, Henrict, p. 213, 214.
Maci (Jean de), d. 128.
Marin, Catherine, relig., p. 266.
Marin, Marguerite, relig., p. 266.
Marin, Marie, abbesse de N.-D. de la Blanche, p. 275.
Mathie, village, p. 82, 100.
Matheus filius Manigoti, p. 125.
Mathieu, prieur de Montmartre, 80, 99.
— connétable, p. 87, 90, 91, 96.
— chambrier, 90, 91, 96, 114, 178.
Mathilde, femme de Ferlo, p. 64.
Maurepart (Robert de), templier, p. 325.
Maurice, chapelain de l'abbaye, p. 111.
— archidiacre de Paris, p. 115, 117.
Meaux, p. 79.
Meaux (Catherine de), sœur infirmière de l'abbaye, p. 267
Mellento (Hugues de), p. 133.
Merault, Jordain, p. 226
Mercator, frater, p. 120.
Merlanval, village, p. 63, 86, 101, 102.
Merlot, Jean, comm. pour le roi au temporel de l'abbaye, p. 224.
Meullento (Aveline de), p. 166.
Milliaco (Thierry de), p. 64, 151, 152, 153.
— (Jean de), p. 86, 101.
— Bosleria, sa femme, p. 86.
— (Robert de), chevalier, p. 142.
— Isabelle, sa fille, p. 142.
Millodunensis, pagus, 62, 81, 160.
Milon, archidiacre de Paris, p. 106.
Mirabel, terre, p. 66.
Mitery (Jean de), p. 326.
Moldon (Scrispinus de), p. 88.

Molendinis (Rogerus de), maître de l'hôpital de Jérusalem, p. 124.
Mondol, Eustache, p. 107.
Mons (Pietri de), p. 226.
Mons Desiderii, lieu, p. 118, 121
Montreuil (Etienne de), p. 325.
Montemirabili (Valesia de), religieuse, p. 186.
Montengny (Jean de), garde de la prévôté de Paris, p. 000.
Montfort (Guillaume, curé de), p. 163.
Montlhéry (Geoffroy, prévôt de), p. 135.
— chevallerii, p. 201.
Montmartre (Hermer de), écuyer du roi, p. 313, 315, 318.
Montmartre (Pierre de), p. 118.
Montmartre Aalix, sous-prieure, p. 137.
— (Ada de Miciaco, abbesse de), p. 318, 324.
— (Adélaïde, sous-prieure de), p. 325.
— Alix, abbesse, p. 183.
— Anne de Lorraine, abbesse, p. 275, 236.
— (Arnoul de), p. 125.
— Catherine de la Rochefoucaud, abbesse, p. 250.
— Edeline, abbesse, p. 145, 311.
— Elisabeth, abbesse, p. 146.
— Emmeline, abbesse, p. 182.
— Françoise de Lorraine, abbesse, p. 256, 260, 266, 268, 272, 274.
— (G., abbesse de), p. p, 130, 140.
— Helissende, abbesse, 150, 134, 159.
— Helissendi, chantre, p. 137.

DE MONTMARTRE 341

Montmartre, Hodierne, cellerière, p. 325.
— Isabelle, prieure, p. 137.
— Isabelle, abbesse, p. 199.
— Jeanne de Coudray, abbesse, p. 296, 326, 328.
— Jeanne de Valengoujart, abbesse, p. 193, 195.
— Louise de la Tour d'Auvergne, abbesse, p. 288.
— Marguerite, abbesse, p. 227.
— Marie de Beauvilliers, abbesse, p. 249.
— Montmorency, abbesse, p. 304.
— Pétronille, abbesse, p. 15, 167, 169, 171.
— (Bail de la chasse de l'abbaye de), p. 223.

Montmartre (Chapelains de), p. 000.
— (Mabille, chantre de), p. 325.
— (Maisons à), p. 305.
— (Louis Compagnon, curé de), p. 290.
— (Rissendis, prieur de), 135, 325.
Montmorency (Bouchard de), p. 58.
Moreau, Raoul, p. 202.
Morelli, cultura, p. 80, 99.
Morellus (Nevelon dit), p. 175.
Morges (Louise de), portière de l'abbaye, p. 24, 266..
Marhier, Simon, garde de la prévôté de Paris, p. 212, 214.
Mosterolium, village, p. 113, 202.
Mosterolo (Berner, doyen de), p. 125.
Mousnier, Bernard, notaire, p. 260.
Mota (Philippe de), chev., p. 166.
Musnier, Hubert, prêtre châlonnais, p. 274.

N

Nantoil (Ferlo de), p. 64.
— (Teonus de), p. 86, 95, 102, 104.
Nanteuil (Jourdain de), p. 199.
Nemours (Baillage de), p. 241.
Neufville (Nicolas de), p. 226.
Neuilly (Nicolas de), p. 111.
— (Guillaume de), p. 111.

Nevelo, frère du bouteiller, p. 131.
Nixart, domaine, p. 64.
Nogent (De), Michel, p. 214.
Noue (Claude de), religieuse, p. 266.
— Renée, religieuse, p. 266.
Novy (Jean de), p. 226.

O

Odo filius Odonis, p. 000.
Oise (L') (Ysara), rivière, p. 149.
Orléans - Longueville (Catherine d'), p. 249, 250.

Orléans-Longueville, Marguerite, dame d'Estouteville, p. 249, 250.
Ourcel, Marie, religieuse, p. 266.
— Denise, religieuse, p. 267.

P

Pacy (Renaud de), p. 111.
Paciaco (Louis de), p. 175.
Pácy (Le moulin de), p. 198.
Paganus dicitur Walterius, p. 57, 58.
Panchard, Geoffroy, p. 151.
Paon, Jean, p. 188.
Parfait, Elisabeth, relig., p. 266.
— Linois, bourgeois de Paris, p. 199.
Paridan, Pierre, p. 311.
Paris, Ernulf, p. 122.
Paris, p. 61.
— (Four de l'abbaye à), p. 61, 71, 80, 99.
— Maison près du petit pont, p. 82, 85, 100, 101.
— (Château du roi à), p. 87.
— (Les marchands de poissons de), p. 87.
— Etaux des bouchers, p. 82, 85, 100, 203, 206.
— (Maurice, év. de), p. 107, 120, 124.
— (Hospitaliers de), p. 123, 215.
— (Rue du Sablon à), p. 127, 148, 205, 215.
— Maison entre les ponts, p. 130.
— (Marché de), p. 134.
— (Clément, doyen du chapitre de), p. 135, 136.
— (Odon, év. de), p. 138.
— Le Châtelet, p. 141, 142, 143, 187, 198, 197, 254.
— (Les bouchers de), p. 146, 147, 223, 225, 232, 295.
— (Rue Charrauri à), p. 163.
— Le grand pont, p. 166, 186, 216.
— (La Hauterie, four de l'abbaye à), p. 166, 167, 169.
Paris (Le cimetière S. Landric à), d. 177, 178.
— Rue Carus Amicus, p. 177.
— Rue Mons Presbyterorum, p. 180.
— Hôtel-Dieu, p. 183.
— Rue Saint-Martin-aux-Champs, p. 184, 295.
— Rue des Petits-Champs, p. 186, 295.
— La voûte S. Eloy du Châtelet, p. 197.
— Rue S. Mery, p. 312.
— Chambre de l'abbaye au Châtelet, p. 210.
— Rue de la Heaumerci, p. 214, 241, 294, 328.
— (Guillaume, év. de), p. 217, 315, 323.
— (Et. Poncher, év. de), p. 231.
— (Henri de Gondi, év. de), p. 248.
— (Fr. de Harlay, archev. de), p. 271.
— (Le Temple de), p. 324.
Passy, village, p. 239.
Penthièvre, (Mlle de), p. 294.
Peché, Geneviève, relig., p. 266.
Pepin, Jean, escrinier, p. 197.
Perruchei (Simon de), p. 113.
Petrus, miles, p. 58.
Peveres (Helnard), p. 000.
Philippe, archidiacre de Paris, p. 106.
Philippe, roi, p. 58, 235.
Philippe-Auguste, p. 112, 121, 126, 127, 139, 141, 146.
Philippe-le-Bel, p. 313.
Philippe de Valois, p. 190.
Philippe, frère du roi Louis VII, p. 96, 97.
Phelippeaux, secrétaire d'Etat, p. 287.

Philippus, vitrearius, p. 163.
Picart, Madeleine, prieure du Saint-Martyr, p. 261.
Piel, Pierre, chancelier du chapitre de Paris, p. 136.
Pierre, prieur de l'hôpital de Jérusalem à Paris, p. 124.
— prieur du maître de l'hôpital de Jérusalem, p. 121.
— jardinier, p. 154.
— Marie, sa femme, p. 154.
— domestique de l'abbesse, p. 122.
— maréchal, p. 135.
— Raoul, prieur, p. 113.
Pierrevive (seigneur de), chancelier de l'Eglise de Paris, p, 252.
Piloc, Hugues, p. 148.
Pissiaco (Simon de), p. 148.
Platea, Baudouin, p. 135.
Poeta, Jean, chanoine de Senlis, p. 121.
Polalion, Marie, religieuse, 266.
Pomponne, village, p. 82, 100.
— (Hubert de), p. 115, 116, 177, 118, 119, 120, 121, 133.
— Marie, sa femme, p.116, 117, 118, 119, 120,

Poncher, Jeanne, religieuse, p.266.
Porcher, Marguerite, religieuse, p. 266.
Poncte, terre, p. 61, 72, 81, 99.
Ponier, notaire à Paris, p. 296.
Pont la Reine, lieu, p. 95, 197.
— (Valeran de), p. 112.
— (Pierre de), son fils, 112.
Pontibus (Galeran de), p. 121.
Pontrouville, lieu, p. 203.
Portu (Warner de), p. 80, 99.
Porcherons (Le marais des), p. 171, 172.
— grange, p. 173, 183.
— seigneurie, p. 268.
Porcus, Adam, p. 133.
Pour (Helissende de), p. 118.
Porta (Pierre de), templier, p. 325.
Poulet, Catherine, prieure du cloitre de l'abbaye, p. 261.
— Elisabeth, sacristine de l'abbaye, p. 266.
Pré (Du), Guillaume, orfèvre, p. 229.
Préau des Holdes (Le), village, p. 62, 66, 73, 81, 100.
Priault, Jean, p. 226.
Prieur, notaire à Paris, p. 274.

Q

Quarre, Thibaut, prêtre, p. 227.

R

Radoc (Guillaume de), p. 121.
Raginaudus, p. 104.
Ragis (Pierre dit), p. 139.
Rainier, chapelain de Montmartre, p. 88.
Raoul, connétable, p. 114, 108.
Reginauld, templier, p. 325.

Reginald, domestique de l'abbesse, p. 122.
Regnier, René, p. 203.
Rembault, Jean, chevalier, p. 144, 145.
— Theofonia, sa femme, p. 145.

Remis (Adeline de), religieuse de Montmartre, p. 425.
Renaud, rémois, p. 118.
Reneriis, Barthélemi, chapelain de l'abbaye, p. 137.
Renier, cordonnier, p. 130.
— prêtre, p. 145.
Retz (Le cardinal de), p. 252.
Rex, Garinus, p. 130.
Richard, prêtre, p. 164.
— filius Theodorici, p. 58.
Richeldis, p. 113.
Rigsendis, prieure de Montmartre, p. 88.
Robert, sous-chantre du chapitre de Paris, p. 136.
— prévôt, p. 129.
Robertus, carpentarius, p. 113.

Roissy en Brie, p. 299.
Rotbertus filius Stephani, p. 58.
— sartor, p. 58.
— fils de Hugues, p 64.
— fils de Gemard, p. 72.
Rotgerius Sartor, p. 58.
Rouvray, lieu. p. 131, 155.
— forêt, p. 111.
Rubenpré (Femme de), p. 233.
Ruel (Henri, curé de), p. 88.
— (Durand de), p. 88.
— (Renaud. mayeur de), p. 88.
Ruemunt (Grilebert de(, p. 64.
— Alix, sa femme, p. 64.
— Adam, p. 186.
Rufus, Aubert, p. 111.
— Garin, p. 130.

S

S. Andrieu, seigneurie, p. 217, 223.
S. Benoît (Pierre de), p. 180.
S. Clodoaldo (Hudo de), p. 58, 71, 155.
— villa. p. 60.
— (Garnier, prévôt de), p. 125.
— (Guy de), p. 325.
— (Jeanne de), p. 326.
— (Garnier de), p. 326.
S. Denis (Hugues, abbé de), p. 125.
— de Montmartre, église, p. 99.
S. Eloy de Paris, p, 157.
S. Florentin (Comte de), p. 297.
S. Frambaldi, Hermeric, doyen, p. 122.
S. Germain en Laye, ville, p. 140.
S. Gervais-les-prés, p. 203.
S. Jean (De), notaire, p. 268.
S. Jean en Grève (Marguillier de), p. 226.
S. Jonio (Philippe de), p. 86, 102.
S: Lazare de Paris (Le prieur de). p. 162.

S. Léger, moulin, p. 76, 81, 100.
Sainte-Lucie, grange, p. 73. 74, 75, 166.
Sainte-Luce, chapelle, p. 143, 144.
S. Marcello (Raoul de), p. 177.
S. Martin des Champs, église, p. 57, 58. 73.
— Tirsion, prieur, p. 58.
— Thibaut, id., p. 59, 60.
— Odon, sous-prieur, p. 60.
— Gislemer, prieur, p. 60.
S. Martirio (ecclesia de), p. 99.
S. Médéric (Odon de), p. 133.
S. Reguli, Etienne, doyen, p. 122.
S. Severin (Durand, curé de), p. 88.
S. Victor (Abbaye de), p. 150.
— Gilduin, abbé, p. 151.
S. Vinceniii, Herimardus, p. 122.
Sainte-Geneviève (Jean, abbé de), 148.
— Fulcon, prieur, p. 149.
— Ricard, sous-prieur, p. 149.

Sainte-Opportune (Chanoines de), p. 200.
— censive, p. 200.
Sainfray, notaire, p. 268, 276, 277.
Saintion (Adrien de), maître de la boucherie, p. 232.
— (Jean de), aîné, id., p.232.
— (Jacques de), aîné, id., p. 232.
— (Jacques de), cadet, id., p. 232.
— (Nicolas de), id., p. 233.
— (Claude de), id., p. 232.
— (Martin de), id., p. 233.
— (Odon de), id., p. 233.
— (Anceaume de), id., p. 233.
— (Jean de), id., p. 233.
— (Pierre de), p. 233.
— (Charles de), p. 233.
— (Antoine de), p. 233.
— (Jean de), p. 233.
— (Pierre de), p. 233.
Saives. Vid. Sevres.
Salhenbien, Gautier, p. 111.
Salli (Baudouin de), p. 134.
Salomon, chapelain de l'abbaye, p. 111, 137.
Savies, mont, 82, 100.
Sedilie, religieuse à Montmartre, p. 186.

Scibertus, p. 113.
Scrispanus, doyen, p. 88.
Seine (La), pêche, p. 61.
— rivière, p. 62, 72, 78, 81, 82, 100.
Senlis (Guillaume, év. de), p. 61, 72.
— pagus, p. 61, 72, 81, 99.
— ville, p. 92, 119, 324.
— (Henri, év. de), p. 112, 120.
— (Geoffroy, prévôt de), p.121.
— (Geoffroy, év. de), p. 121, 132, 137.
— (Gilon et G., chevaliers de), p. 133.
— (Robert; abbé de S. Vincent de), p. 161, 162.
Sens (Pierre, archev. de), p. 144.
Seve (Claude de), boursière de l'abbaye, p. 261.
Sèvres, village, p. 124, 125, 134, 135, 156, 157, 239.
Silli (Hervé de), p. 119.
Silvestre, prêtre, p. 84.
Sircoquis (Hugues de), p. 107.
Sorel (Adam de), p. 104.
Soreniis (Jean de), p. 175, 176.
Stampensis, pagus, p. 62, 72, 81, 99.
Stephanus, custos equorum; p. 58.
Succo (Fulco de), p. 70.

T

Taregni, lieu, p. 112.
Teobertus, filius Gemardi, p. 61.
Tevinus, p. 113.
Theobaldus, Faber, p. 58.
Thérouanne (Milon, év. de), p. 105.
Thibaut (comte), dapifer, p. 90, 91, 96, 114, 119, 127.
— comte de Blois, sénéchal, p. 120.
Thomas, fils d'Adeline, p. 64.

Tignevilie, Anne, relig., p. 266.
Tignonville (Guillaume de), prévôt de Paris, p. 215.
Tircis (Raoul de), prêtre, p. 184.
Tivalare, Simon, bourgeois de Paris, p. 199.
Torfou, village, 62, 72, 81, 100, 137, 201.
— (Etienne, mayeur de), p. 137.

Torchart, Pierre, p. 122.
— Jean, p. 122.
— Guillaume, p. 122.
— Guillaume et Louis, neveux de Pierre, p. 122.
Trencebise (Fief de Pagan), p. 82, 100.
Tresentii (Guill. de Josaco, chev. s^r de), p. 173.
— (Marais de), p. 173.
Tresins (Constantin de), p. 64.

Triault, maître Jean, p. 233.
Teudo, frater Warini, p. 58.
Touvenot, notaire à Paris, p. 291.
Tres-Luga (Philippe de), p. 58.
Trochart, Pierre, chev., 181.
Tronson, Catherine, relig., p. 266.
Tuillerie (Robert de), p. 207.
Turonicus (Richard dit), p. 175, 176.
Turre (Raoul de), p. 129.

U

Ulrichus, falconarius, p. 58.
Ulmis (Robert, curé de), p. 84.

Unfredi, domus, à Paris, p. 148.
Urbain V, p. 329.

V

Venve, lieu, p. 148.
Varengelier, maître Jean, p. 226.
— Pierre, 226.
Vaus (Jean de), p. 325.
Veilli (Raoul de), official de Soissons, p. 73.
Veriniaco (Rubert de), p. 64.
Vermandois (Raoul, comte de), p. 63, 65, 71, 73.
Viarius, Willelmus, p. 95.
— Dotha, Odon, ses enfants, p. 95,
— Guillaume et Amalric, ses père et mère, p. 95.
Vileron (Herloin de), p. 128.
Vigueros, Raoul, p. 141.

Vilers (Herbert de), p. 58.
Villers (Marie de), p. 280.
Villiers seigneurie, p. 212.
Villeconte, seigneurie, p. 211.
Ville-l'Evêque (La), lieu, p. 260.
Vincennes, bois, p. 94. (Vid. Vulcenia), p. 202, 211.
Viniaco (Adam de), p. 101.
Vitry-sur-Seine, village, p. 70, 82, 100, 202.
Voirines (Gilon de), p. 125.
Vouireau, Jean, recev. de Paris, p. 206.
Vulcenia, forêt, p. 71, 80, 99, 113.

W

Walo, miles, p. 58.
— frater Rotberti, p. 58.
Walterius, major, p. 58.
Walterius, custos equorum, p. 58.
Warenna (Hugo de), p. 58.
Warinus, p. 58.

Werritius, changeur, p. 101.
Wiardus, p. 58.
Wido, comes, p. 58.
Willelmus Marmerellus, p. 58.
Wirstenford (Godefroy de), p. 215.

ERRATA

Page 5, note 1, ligne 7. Fondé au lieu de : fondée.
— 8, ligne 1re. 1376, au lieu de : 1,376.
— 8, ligne 7. Armagnacs au lieu de : Armagnac.
— 9, ligne 7. 1469 au lieu de : 1468.
— 10, ligne 3. Marguerite au lieu de : Marie.
— 17, lihne 27. Au blanc au lieu de : en blanc.
— 18, note 1, ligne 4. Rétablie au lieu de : retabli.
— 19, note 11, ligne 2. Helyot au lieu de : Helyat.
— 23, ligne 21. Bellefonds au lieu de : Bellefont.
— 28, ligne 22. Beatissima au lieu de : beatissime.
— 28, ligne 24. Ecclesia au lieu de : ecclesiæ.
— 28, lignes 1 et 2 de la note. *Gallia* au lieu de : *Gallie*.
— 30, ligne 6. Religieux au lieu de : religieuses.
— 33, ligne 3. Nommée au lieu de : nommé.
— 47, ligne 11. Chatelet au lieu de : parlement.
— 47, — Le 30 au lieu de : le 3.
— 47, ligne 18. Martyre au lieu de : martyr.
— 58, ligne 18. Coram au lieu de : corani.
— 81, ligne 4. Bercillis au lieu de : Berullis.
— 82, ligne 16. Alodium au lieu de : alodiam.
— 108, ligne 13. Tunc au lieu de : teme.
— 112, note 1. Senlis au lieu de : Sculte.
— 136, ligne 4. Anceline au lieu de : Saincelina.
— 171, ligne 16. Hemerici au lieu de : Henrici.
— 177, ligne 15. Parisiis au lieu de Parisius.
— 177, ligne 16. Amicus au lieu de : Amici.
— 196, ligne 8. 1381 au lieu de : 1361.
— 199, page 199 au lieu de 196.
— 226, ligne 11. Héritière au lieu de : hiretiere.
— 266, ligne 7. Chaulnes au lieu de : Launes.
— 312, ligne 3. Parisiis au lieu de : Parisius.

Arcis-sur-Aube. — Typ. Léon FRÉMONT.

www.ingramcontent.com/pod-product-compliance
Lightning Source LLC
Chambersburg PA
CBHW050805170426
43202CB00013B/2574